古代文史名著选译丛书

清史稿选译

修订版

主编 章培恒 安平秋 马樟根

译注 黄 毅

审阅 章培恒

凤凰出版传媒集团 凤凰出版社

图书在版编目（CIP）数据

清史稿选译 / 黄毅译注. -- 南京 : 凤凰出版社, 2011.5（2018.5重印）
（古代文史名著选译丛书）
ISBN 978-7-5506-0386-8

Ⅰ. ①清… Ⅱ. ①黄… Ⅲ. ①中国历史—清代—纪传体 Ⅳ. ①K249.042

中国版本图书馆CIP数据核字(2011)第045883号

书　　名　清史稿选译
译 注 者　黄　毅
责任编辑　陈晓清
出版发行　凤凰出版社(原江苏古籍出版社)
　　　　　发行部电话025-83223462
出版社地址　南京市中央路165号,邮编:210009
出版社网址　http://www.fhcbs.com
照　　排　江苏凤凰制版有限公司
印　　刷　江苏凤凰通达印刷有限公司
　　　　　南京市六合区冶山镇,邮编:211523
开　　本　960×1304毫米　1/32
印　　张　10.5
字　　数　170千字
版　　次　2011年5月第1版　2018年5月第2次印刷
标准书号　ISBN 978-7-5506-0386-8
定　　价　32.00元
（本书凡印装错误可向承印厂调换,电话:025-57572508）

《古代文史名著选译丛书》编委会

《古代文史名著选译丛书》修订版出版说明

呈献在读者面前的这套《古代文史名著选译丛书》是2011年的修订版。全书共134册,包括了中国从先秦至清末两三千年间的著名典籍。每部典籍都选其精粹(《论语》《老子》则全文收录),收录原文,加以简明的注释,力求准确地译为现代汉语,并于每一篇之前写有对该文的提示性说明。这是近一个世纪以来,规模最大、收录种类相对齐全、译注质量较高的一套普及传统文化的今译丛书。

这套丛书,原在1992年—1994年由巴蜀书社分三批出齐,印行过万套;不久,又由台湾的出版机构买去海外版权在台湾及海外发行,可见这套丛书当年在两岸受欢迎的程度。时隔17年,丛书编委会决定重新修订,改由江苏凤凰出版集团所属的凤凰出版社出版。

这套丛书是由教育部属下的全国高等院校古籍整理研究工作委员会(简称古委会)于1985年策划的。古委会组织了全国18所大学的古籍整理研究所的所长任编委会编委,由我们三人任主编,在全国范围内选请学有专长的学者承担各书的译注。从1986年—1992年,历时7年完成。当时,编委会制订了严明、可行的体例和细则,译注者按要求完成书稿。每部书稿完成后,都在全国范围内请编委会之外的专门研究这一学术领域的两位专家初审,合格后再请两位编委参照初审意见审改,然后退还原译注者改正。待原译注者改正后,再由编委会集中常务编委和部分编委、相关专家在一地将每部书稿从头至尾审改。这样的集中审稿会一般都在8—15天,7年中开了12次审改会。审改后,三位主编再集中在一起逐一审定,交付出版社。这一工作程序,使得这套丛书的译注质量有了一定的提高。所以,这套丛书,在一定程度上是个人与多人合作的结果。关于这套丛书的编纂始末,我们曾在1992年4月全书交稿后写有一篇文章,这次附在修订版书末,便于读者了解。

这次修订，是交由原译注者自己修改。少数译注者已去世，则书稿一仍其旧。个别译注者已联系不上，也保持原貌。

1992年—1994年出版时，书前有当时古委会主任周林先生写的序。周林先生是这一丛书的发起者。他已于1997年6月去世，至今已14年了。为了尊重历史，也为了纪念他，修订版仍用他的序。

我们三人在1985年—1992年主持这套丛书工作时，年龄大的是从51岁到58岁之间，年龄小的是从44岁到51岁之间，那时尚有精力组织、参与这一工作，今天我们都已年逾古稀。全书修订版出版之际，心情似乎比当年更惴惴不安地期待着读者的评头品足，期待着不要对读者贻误太多。

回想这套丛书，真应该感谢我们的祖先为我们留下了这样深厚、丰富的思想、文化遗产，使我们今天仍然受用无穷。应该感谢这套丛书的全体译注者、审阅者、编委和当年的出版者巴蜀书社、今天的出版者凤凰出版社，是他们的学识、辛勤与真诚使得这套丛书得以面世。

章培恒　马樟根　安平秋

2011年3月15日

序

《古代文史名著选译丛书》与广大读者见面了。这是丛书编委会的同志与众多专家学者通力协作、辛勤耕耘的结果。

中华民族在五千年漫长的岁月里，创造了光辉灿烂的文化，给人类留下了丰富的精神财富。“观今宜鉴古，无古不成今”。今天，以马克思主义的科学理论为指导，整理研究我国古代文化典籍，做到汲取精华，剔除糟粕，古为今用，推陈出新，使人们在正确认识民族历史的同时，得到爱国主义的教育，陶冶道德情操，提高全民族的文化素质，促进社会主义文化的繁荣，使文明古国的历史遗产得以发扬光大，这是我们每个炎黄子孙的责任。而要做到这样，对古籍进行整理与研究是重要的基础工程。但是，整理与研究古籍仅作标点、校勘、注释、辑佚还不够，还要有今译，使老年人、中年人、青年人都愿意去读，都能读懂，以便从中得到教益。

基于以上认识，全国高等院校古籍整理研究工作委员会于1986年5月组成了以章培恒、安平秋、马樟根三位同志为主编的《古代文史名著选译丛书》编委会，确定了以全国十八所大学的古籍整理研究所为主力承担这一看似轻易、实则艰巨的今译任务。在第一次编委会议上，拟定了《凡例》、《编写与审稿要求》、《文稿书写格式》和一百余种书目。以每一种书为十万至十五万字计算，这套丛书大约有一千余万字，应该说是一项大工程。经过一年的努力，完成了第一批三十六部书稿的译注任务。在各研究所的专家与所长把关的基础上，于1987年5月和7月，先后在复旦大学、北京大学召开了部分编委参加的审稿会，通过了二十五部书稿，作为《古代文史名著选译丛书》与广大读者见面的第一批作品。与此同时，在1987年7月6日，邀请了在京的十几位专家教授与编委会十几位编委一起座谈这套丛书与古籍今译的问题。专家们肯定了今译工作的必要性与深远意义，并以他们数十年的教学科研和创作的经验，说明今译是一项难度很大的工作，是培养人才，使之打下坚实基本功的一种有效方法；专家们还对《古代文史名著选译丛书》提出了宝贵的建议，这对当时的审稿工作和保证《丛书》的质量起了很好的作用。

实践证明，古籍的今注不易，今译更难。没有对作品的深入、透彻的研究，没有准确、通俗、生动的语言表达能力，要想做好今译是不可能的。两年多来，全国高等院校古籍整理研究工作委员会在探索古籍的今注、今译的道路上，做了一些工作。这部丛书的出版，是系统今译的开始，说明古籍整理研究工作有了新的进展。更可喜的是，一批中青年学者参加了今注今译工作，为古籍整理增添了新生力量，相信他们会在实践中，在学习中，成长成熟。我希望，这套丛书的编委会和高校各古籍整理研究所要敞开大门，加强同国内外专家学者的联系，征求他们和广大读者的意见，并向有真才实学而又适宜做今译工作的专家学者约稿，以提高古籍译注的水平，使《古代文史名著选译丛书》的第二批、第三批作品的质量更上一层楼。

这是一套以文史为主的大型的古籍名著今译丛书。考虑到普及的需要，考虑到读者对象，就每一种名著而言，除个别是全译外，绝大多数是选译，即对从该名著中精选出来的部分予以译注，译文力求准确、通畅，为广大读者打通文字关，以求能读懂报纸的人都能读懂它。我希望这套丛书能成为中小学教师的语文、历史教学的参考书，成为大专院校学生的课外读物，成为广大文史爱好者的良师益友。由于系统的古籍今译工作还刚刚起步，这套丛书定会有不少缺点、错误，也诚恳地希望读者批评指正。

巴蜀书社要我为这套丛书写序，我欣然接受了。我相信这套丛书不仅会使八十年代的人们受益，还将使子孙后代受益，它将对祖国的繁荣昌盛起到点滴的作用。最后借此机会向曾给予我们支持、帮助的专家学者和巴蜀书社的同志表示衷心的感谢！并殷切地希望台湾同胞、港澳同胞、海外侨胞和我们一同做好祖先留给我们的文化遗产的整理工作，为中华民族灿烂的文化再放异彩而努力！

周　林

1987年10月于北京

目　录

前 言

清朝是我国历史上的一个很重要的朝代。作为清朝“正史”的《清史稿》，尽管属于我国列代“正史”里最差的几部之列，但仍是一部重要的历史著作。

所谓“正史”，本指纪传体的史书，也即由“本纪”、“列传”等部分所构成的史书，后来曾有一度把编年体史书也列入“正史”，到清代编《四库全书》时，不但把编年体史书从“正史”中剔去，而且规定列入“正史”的史书必须由皇帝选定。于是由乾隆皇帝“钦定”了二十四部史书作为“正史”，这也就是大家都知道的“二十四史”，起于《史记》，终于《明史》。到北京政府时期，又把《新元史》也列为“正史”,所以又有《二十五史》的名称。但“正史”须由皇帝或政府来选定,这实在是一件相当可笑的事;而且,无论是“二十四史”或“二十五史”,都不包括清朝的历史,假如恪守乾隆时期的那个规定,清朝就没有“正史”了,那也实在说不通。所以,撇开乾隆时期的规定,根据“正史”原来的定义而把《清史稿》列为“正史”,乃是理所当然的事。因为,以清朝为记述对象的大规模纪传体史书只有《清史稿》一部。尽管它有很多严重的缺点(参见下文),但要研究清代的历史仍然离不开它。

那么,《清史稿》的缺点是什么呢?这要从清朝的历史作用说起。

清代是中国历史发展的关键时期之一。从鸦片战争失败以后,中国就沦为所谓半封建、半殖民地社会。但鸦片战争的失败并非偶然。清王朝建立之初,中国已处于封建社会的末期,社会矛盾本来就很尖锐,加以其最高统治集团——满族贵族集团——又对广大的汉族人采取歧视和压迫的政策,尤其在其前期,民族压迫更为残酷,这就使社会矛盾愈臻激烈和复杂。面对这样的现实,清朝政府不是力图顺应社会的潮流,推动新的因素的成长、壮大，而是采取了相反的做法。清兵入关之初的掠夺和残杀固然对社会的发展具有明显的滞迟、倒退作用，就是顺治、康熙等皇帝为安定社会所作的努力，也主要是以传统的理想社会为模式的。所以，清朝建立后的很长一段时期里，在经济上重农业而轻工商；在思想上主醇正而黜异端；在对外关系上则采取自大和抵御相结合的奇特态势，除天文、历数等少数技术性领域外，对外来文化的抵斥十分强烈。在推行这一切的时候，对思想的统制一直作为极其重要的一环而处于突出的地位。到乾隆皇帝时，更把凶残的镇压——匪夷所思的文字狱——和精心的改造——《四库全书》的编纂以及与此结合的禁书、对古籍的篡改——巧妙地合并使用，收到了相当满意的效果。而其结果，则不仅在当时延缓了社会的进程，而且对以后的中国人的思想也产生了重大的影响。关于后一点，鲁迅曾不止一次地指出过，现引其在《买〈小学大全〉记》中的有关论述为例：

……清的康熙、雍正和乾隆三个，尤其是后两个皇帝，对于“文艺政策”或说得较大一点的“文化统制”，却真尽了很大的努力的。文字狱不过是消极的一方面。积极的一面，则如钦定《四库全书》，于汉人的著作，无不加以取舍，所取的书，凡有涉及金、元之处者，又大抵加以修改，作为定本。此外，对于《七经》，《二十四史》，《通鉴》，文士的诗文，和尚的语录，也都不肯放过，不是鉴定，便是评选，文苑中实在没有不被蹂躏的处所了。……

……倘有有心人加以收集（指收集《东华录》、《御批通鉴辑览》、《上谕八旗》、《雍正朱批谕旨》等书。——引者），一一钩稽，将其中的关于驾御汉人，批评文化，利用文艺之处，分别排比，辑成一书，我想，我们不但可以看见那策略的博大和恶辣，并且还能够明白我们怎样受异族主子的驯扰，以及遗留至今的奴性的由来的罢。

这是说得很透辟的。总之，在清代前期，通过顺治到乾隆这四位皇帝的努力，社会秩序是建立起来了，经济不但从清初的大破坏中复苏了起来，而且较之明末还有所发展，国力似乎也相当强盛；但与世界上的先进国家相比，则其经济、文化上的差距实大于明末时期，而人们的思想特点——鲁迅所说的“奴性”——更成为社会进步的严重障碍。在这样的情况下，鸦片战争的失败以及随之而来的一系列的民族悲剧，原都有其历史的必然性。

所以，一部好的清朝“正史”，理当对此作出客观的描述，既显示出社会在经过明末清初的大破坏之后的复兴，以及历届清朝政府在这复兴过程中的作用，也显示出清朝统治集团自清初以来的各种负面作用以及社会在这负面作用影响下的走向。如果做不到这一点，至少也应提供足够的有关史料，使读者可借以获得应有的认识。

然而，《清史稿》却并未能达到上述要求。这有多种原因。

首先，《清史稿》是由民国初年设立的“清史馆”纂修的。清史馆由赵尔巽任馆长，先后参加纂修的有柯劭忞、缪荃孙、张尔田等一百余人。主持者为清代遗老，纂修人中有不少与其观点接近。因此，对于清朝的统治采取歌功颂德、隐恶扬善的态度。许多凶残的事件在《清史稿》中都不见记录。例如清朝入关以后，特别是清兵南下时的屠杀焚掠，乾隆时的文字狱，《四库全书》纂修过程中大规模的禁毁、抽毁、窜改书籍等事，都未记述。这不仅仅是纂修时史料不足所可解释的。因为从清朝末年到民国初年，许多记载清朝统治集团暴行的书籍——如《扬州十日记》、《嘉定屠城纪略》等都出版了，在《清史稿》编纂时，这些书都很容易得到。

其次，《清史稿》纂修时，正值北京政府统治时期，经费不足，工作不时停顿。从1914年开始纂修，到1927年虽大致告一段落，而实在仍是未定稿。编修既出于众手，彼此缺少照应；其后又未进行认真的统一加工，是以体例不一，史事牴牾，繁简失当，援据差讹，译名互歧之处，所在多有。刊行时也颇匆促，没有认真校勘，这就更增加了书中的错误。现引本书选入的《年羹尧传》中一段文字为例：

> ……五十七年，羹尧令护军统领温普进驻里塘，增设打箭炉至里塘驿站，寻请增设四川驻防兵，皆允之。上嘉羹尧治事明敏，巡抚无督兵责，特授四川总督，兼管巡抚事。……

按，从“皆允之”这句话来看，年羹尧所请求的事应不止一件，但就此句的上文来看，他所请求的又明明只有“增设四川驻防兵”一件事。又，此段文字已经说明，“巡抚无督兵责”，那么，在年羹尧获得总督职衔以前又怎能“令护军统领温普进驻里塘”呢？经过查核，可知《清史稿》的这段记载实出于清代《国史列传》的《年羹尧传》，该传是说：羹尧“请令护军统领温普驻里塘，自打箭炉至里塘增设驿站，八月，又请增驻防四川兵，允之。”在此处，显然漏掉了一个“请”字，以致造成了史实的严重失误。但这“请”字的遗漏，是纂修者的疏忽，抑或刊行时的问题，那就不得而知了。

然而，尽管存在着以上的缺点，《清史稿》仍然值得重视，是今天研究和了解清代历史不可或缺的著作。

首先，编纂者把许多资料如《清实录》、《国史列传》（即《清史列传》）、《清会典》、《上谕八旗》、《雍正朱批谕旨》等汇集起来，作了初步的综合整理，成为一部总共五百二十九卷的大书，其中本纪二十五卷，志一百三十五卷，表五十三卷，列传三百十六卷，勾勒了清王朝的兴起到衰亡的大致轮廓。虽然就其细部来说，尚有不少缺失讹误，甚至在轮廓上也未必没有不准确之处，但有了这大致的轮廓总比连轮廓都没有要好得多。自然，我们如果不读《清史稿》而去读《清实录》或根据《清实录》节录而成的

《东华录》①，也可以对比得到一个大致的轮廓，但一则《东华录》的分量就大大超过《清史稿》，更不必说《清实录》了，读完《东华录》、《清实录》所要耗费的时间和精力比起读《清史稿》来不知要多出多少倍；再则《清实录》（以及据此节录的《东华录》）也有许多粉饰、掩盖和对史实的歪曲，例如清兵南下时的残酷屠杀在《清实录》中是同样看不到的；何况《清史稿》是对许多资料进行初步整理、综合而编成的，因而其中许多内容为《清实录》所未载。这样说并非认为《清实录》不必读，而只是说明《清史稿》确实具有《清实录》等书所不可替代的作用。

其次，《清史稿》对清王朝从兴起到衰亡过程中的许多具体事件作了简明扼要的叙述，使我们可以对它们获得不同程度的了解。即使在那些含有粉饰或歪曲的记载中，也仍然接触到了事实的某个或某些方面。例如《世祖本纪》和《圣祖本纪》，固然分别对顺治、康熙两位皇帝歌功颂德，而对发生在当

---

①《清实录》：是对清代列朝皇帝在位期间每天所处理的重要政治事件——包括由中央政府各部门处理、经皇帝批准的重要事件——以及皇帝本人的重要言行的按日记录，也记及另一些重要情况，如某一年的人口统计、某皇子的出生等。

时的残酷镇压汉族人民的事件加以掩饰，但从中也可看出这两位皇帝确有力图缓和满族与汉族的矛盾（当然以不损害满族贵族统治集团的利益为前提），整顿吏治，使社会逐步趋向稳定的一面，从而为清朝统治的稳固打下了基础。由此我们也可知道，清王朝能延续二百几十年绝非偶然。——一个政权如果光靠镇压，是绝对维持不了这么久的。

第三，《清史稿》在交代史实的同时，在若干方面也能提供一些历史的因果关系或内在联系。例如，在《世祖本纪》中有这样的一段：

> ……上问汉高祖、文帝、光武及唐太宗、宋太祖、明太祖孰优。陈名夏对曰："唐太宗似过之。"上曰："不然，明太祖立法可垂永久，历代之君皆不及也。"

这似乎只是君臣间评论历代的"明君"，至多显示了顺治皇帝对汉族历史和汉文化的深切了解，但如仔细一想就可发现，说明太祖"立法可垂永久"，不就意味着他要继承明太祖所立的"法"——所定下的制度吗？而这一点也为其后继者所继承。所以，除了把满族统治集团置于汉族统治集团之上、满族的地位优于汉族（以及由此所引起的矛盾和根据这矛盾采取的对策）之外，实在可以说是“清承明制”。即使在文化思想上，清王朝也秉承了明王朝的那一套：崇孔、孟，尊程、朱，黜异端。例如，明朝的万历皇帝以“敢倡乱道”的罪名把当时的进步思想家李卓吾逮捕入狱，李最后死于狱中，清朝的乾隆皇帝在编《四库全书》时也把李卓吾的所有著作列入应销毁者之列，并在《四库全书总目》的“存目”提要中对之进行口诛笔伐。所以，《世祖本纪》中的上述记载，看似无关紧要，其实是从一个方面显示了清王朝与明王朝的内部联系，为我们理解清王朝与明王朝之间所存在的共同性提供了钥匙。

第四，《清史稿》的“志”共分十六类：天文、灾异、时宪、地理、礼、乐、舆服、选举、职官、食货、河渠、兵、刑法、艺文、交通、邦交。这实是各有关门类的专史。例如，《交通志》就是清代交通史，《邦交志》是清代外交史，等等。这种性质的专史，为我们了解各有关的情况提供了较为系统、扼要的材料。其中虽有若干的现成书籍——如《清通典》、《清通志》、《清文献通考》等可供参考，但这些书都编于乾隆时期，从那以后直到清末的有关历史，就得另起炉灶了。另有《清续文献通考》，虽然所述内容也截止于清末，但该书是1921年完成的，《清史稿》的编纂者显然不能等看到这部书后再来动手写“志”。总之这些“志”的部分实是对读者颇为方便的、且含有较多创造性劳动的断代专史，只是内容较为专门、枯燥，一般读者对此也许不感兴趣，本书就不选入了。至于《清史稿》的“表”，也是从大量资料中勾勒出来的、很具实用价值的文献，例如《大学士年表》、《军机大臣年表》、《部院大臣年表》、《疆臣年表》等，分别对各大学士、军机大臣、尚书、侍郎、总督、巡抚等的任职起讫年月作了详细记载，为研究清史者所必需；但基于同样的理由，本书也不入选。

第五，《清史稿》所依据的材料，绝大部分现都存在，而且不难见到，如《清实录》等；但也有一些记载，例如部分“志”和清末人物的传，其所依据的材料至今尚不清楚。这些记载虽不无以讹传讹的可能，但也不会全是如此。换言之，在《清史稿》中还保存着一些稀见、珍贵的史料。

基于以上五点，《清史稿》仍是“正史”中的一部重要著作。因此通过选译,将它介绍给广大读者,仍是一项有意义的工作。

既要从事选译,就有一个以什么版本作为选择依据的问题。而在这方面,《清史稿》又有一些复杂的情况,需要在这里交代一下。

如上所述,《清史稿》的编纂到 1927 年初步告一段落,但实在尚未定稿。不过由于种种原因,编纂者已决定加以印行;名之为《清史稿》则表示其尚需修改,并非定本。印行工作由袁金铠主持,金梁经办,在 1928 年出书,当时共印了一千一百部。其中四百部由金梁运往东北销售。后来,清史馆的人们发现了金梁对原稿私自作了改动,他们不同意这种做法。除了已发往东北的书他们无法可想外,对存在北京的书他们又进行了若干抽换。通常把金梁发往东北销售的《清史稿》称为“关外本”,而将在“关外本”基础上进行过抽换的称为“关内本”。到抗日战争时期,又有人在东北印行《清史稿》,在内容上又有所改动,也称“关外本”。后因这二种关外本实在并不一样,所以也有人称金梁运往东北发售的为“关外一次本”。后来在东北印的为“关外二次本”。为避免混淆,我认为后一种称呼是可取的。

这三种版本间的主要区别如下：关外一次本有《张勋传》和《康有为传》，《张勋传》并附《张彪传》，关内本认为这是原稿所没有的，把它们删去了。同时，关内本还抽换了关外一次本的《艺文志·序》，删去《艺文志》中"易类"书目六十四种，修改了劳乃宣、沈曾植的传论。关外二次本则把《张勋传》、《康有为传》加以恢复，但删去了《张勋传》所附《张彪传》。此外，还抽掉了《公主表·序》和《时宪志》中的"八线对数表"，增加了原来没有的陈黉举、朱筠、翁方纲传，压缩了《赵尔丰传》。目前较为流行的是关外二次本，所以这次选译也就以关外二次本为依据。

选文的原则，是尽量把各个时期、不同类型的传纪多选入一些。然而，重要人物的传纪几乎都很长，如果整篇选录，就没有几篇好译了，因而不得不采用节选的办法。删节之处，都用删节号表明。删节得是否恰当，尚祈读者、同行指正。所选各篇在排列上也作了一些调整，以所叙人物的时代先后为序，与《清史稿》原来排列顺序有所不同。《清史稿》原无注释，加以我学识浅陋，所加的注恐也难免有错误之处，也祈不吝教正。此书从头至尾，得到我的老师章培恒教授的悉心指导，在此特致谢意。

黄毅（复旦大学古籍研究所）

世祖本纪

清世祖福临是清兵入关后清朝的第一个皇帝。他六岁登位。开始时由叔父多尔衮摄政。顺治七年,多尔衮去世,福临亲政。他在维护满族统治集团利益的前提下,也采取了一些缓和满汉矛盾、笼络汉人的措施,并注意整顿吏治,打击贪污,努力吸取明朝的统治经验,对此起彼伏的抗清武装力量则采取严厉镇压与招抚并用的政策,有效地巩固了清王朝的统治。本篇除记载他的这些政策措施外,也反映了满族统治集团之间的矛盾,记述了他在多尔衮死后逐步将政权掌握在自己手中的过程。这里主要选录了福临亲政后的情况。与《多尔衮传》相互参照，可对其亲政前的重大政治事件有较多的了解。

世祖体天隆运定统建极英睿钦文显武大德弘功至仁纯孝章皇帝，讳福临①，太宗第九子②。母孝庄文皇后方娠，红光绕身，盘旋如龙形。诞之前夕，梦神人抱子纳后怀曰："此统一天下之主也。"寤，以语太宗。太宗喜甚，曰："奇祥也，生子必建大业。"翌日上生，红光烛宫中，香气经日不散。上生有异禀，顶发耸起，龙章凤姿，神智天授。

八年秋八月庚午，太宗崩③，储嗣未定。和硕礼亲王代善会诸王、贝勒、贝子、文武群臣定议④，奉上嗣大位，誓告天地，以和硕郑亲王济尔哈朗、和硕睿亲王多尔衮辅政。丙子，阿济格、尼堪等率师防锦州。丁丑，多罗郡

① 福临：即爱新觉罗·福临，清代第一位皇帝。1644—1661年在位。讳：隐瞒、避忌。旧时对帝王将相或尊长不能直呼其名，要避讳，因而亦称其名为讳。 ② 太宗：即清太宗爱新觉罗·皇太极。1592—1643年在位。 ③ 崩：皇帝死称为"崩"。 ④"和硕"句：清崇德元年（1636）定满族宗室爵位称号，按其地位高低依次为：亲王、郡王、贝勒、贝子，其尤尊者分别加"和硕"二字。礼亲王为代善的封号。诸王，亲王、郡王的统称。

王阿达礼、固山贝子硕托谋立和硕睿亲王多尔衮。礼亲王代善与多尔衮发其谋。阿达礼、硕托伏诛。乙酉，诸王、贝勒、贝子、群臣以上嗣位期祭告太宗。丙戌，以即位期祭告郊庙①。丁亥，上即皇帝位于笃恭殿。诏以明年为顺治元年，肆赦常所不原者。颁哀诏于朝鲜、蒙古。

顺治元年春正月庚寅朔，御殿受贺②，命礼亲王代善勿拜。……郑亲王济尔哈朗谕部院各官，凡白事先启睿亲王，而自居其次。

……

七年……十二月戊子，摄政和硕睿亲王多尔衮薨于喀喇城③。壬辰，赴闻，上震悼，臣民为制服。丙申，丧至，上亲奠于郊。己亥，诏曰："太宗文皇帝升遐，诸王大臣吁戴摄政王。王固怀㧑让④，扶立朕躬⑤，平定中原，至德丰功，千古无二。不幸薨逝，朕心摧痛。中外丧仪，合依帝礼。"庚子，收故摄政王信符，贮内库。……乙巳，

---

① 郊庙：即指天地祖宗。郊，祭祀天地的场所，一般在郊外。庙，太庙，皇帝祭祀祖先的地方。 ② 御：对帝王所作所为及所用物的敬称。此处作动词用，御殿即登殿之意。 ③ 薨（hōng 烘）：古代诸侯王或有爵位的大官去世称为薨。喀喇城：在今河北承德市滦平县西。 ④ 㧑（huī 灰）：谦逊。 ⑤ 朕：皇帝自称。躬：自身。

谕曰："国家政务，悉以奏闻。朕年尚幼，暗于贤否，尚书缺员①，其会推贤能以进。若诸细务，理政三王理之。"

八年春正月己酉朔，蒿齐忒部台吉噶尔马撒望、储护尔率所部来归②。辛亥，以布丹为议政大臣③。甲寅，和硕英亲王阿济格谋乱，幽之。其党郡王劳亲降贝子，席特库等论死。乙卯，以苏克萨哈、詹岱为议政大臣。……庚申，上亲政，御殿受贺，大赦。诏曰："朕躬亲大政，总理万几。天地祖宗，付托甚重。海内臣庶，望治甚殷。自惟凉德，夙夜祗惧。天下至大，政务至繁，非朕躬所能独理。凡我诸王贝勒及文武群臣，其各殚忠尽职，洁己爱人，利弊悉以上闻，德意期于下究。百姓亦宜咸体朕心，务本乐业，共享泰宁之庆。"孔有德克桂林，斩故明靖江王及文武官四百七十三人，余党悉降。

闰二月……乙卯……谕曰："榷关之设，国家藉以通商，非苦之也。税关官吏，扰民行私，无异劫夺。朕灼知商民之苦。今后每关设官一员，悉裁冗滥，并不得妄咨

① 尚书：明清两代中央行政机构吏、户、礼、兵、刑、工六部的最高长官均称尚书。 ② 台吉：历史上蒙古贵族的称号。清朝沿用它作为封爵之一，在王、贝勒、贝子、公之下，用来封赠蒙古及西北地区部分民族的贵族首领。 ③ 议政大臣：清顺治时设立的辅佐大臣。

勤劳，更与铨补。”丙辰，谕督抚甄别有司①，才德并优兼通文义者擢之，不识文义任役作奸者黜之。吏部授官校试文义不通者除名②。……乙丑……谕曰：“国家设官，必公忠自矢，方能裨益生民，共襄盛治。朕亲政以来，屡下诏令，嘉与更始。乃部院诸臣因仍前弊，持禄养交。朕亲行黜陟③，与天下见之。自今以后，其淬砺前非④，各尽厥职。若仍上下交欺，法必不贷。”丙寅，谕曰：“各省土寇，本皆吾民，迫于饥寒，因而为乱。年来屡经扑剿，而管兵将领，杀良冒功，真盗未歼，民乃荼毒，朕深痛之。嗣后各督抚宜剿抚并施，勿藉捕扰民，以称朕意。”丁卯，孔有德克梧州、柳州⑤。……壬申，免涿、良乡等十三州县圈地⑥。乙亥，定阿附多尔衮诸臣罪，刚林、祁充

---

① 督：总督，官名。清代的总督为地方最高长官，综理一省或二省军民要政。抚：巡抚，官名。清代巡抚为省级地方政府的长官，总揽一省军事、吏治、刑狱等，地位略次于总督。有司：古代指负有专职的官吏。 ② 吏部：官署名，为六部之首，掌管全国官吏的任免、考课、升迁、调动等事务。 ③ 黜陟(chù zhì 触志)：官吏的进退升降。黜，降职，罢免。陟，提升。 ④ 淬(cuì 翠)砺：刻苦磨炼的意思。 ⑤ 梧州、柳州：均在今广西。 ⑥ 涿：今河北涿州。良乡：今北京房山区良乡。圈地：清代满族统治者用政治强制手段掠夺土地的一种方式，所圈之地用以设置皇庄及八旗官兵庄田，安置由关外内迁的旗人。

格俱坐罪。丁丑,谕曰:“故明宗藩,前以恣行不轨,多被诛戮,朕甚怜焉。自后有流移失所甘心投诚者,有司礼送京师,加恩畜养。镇国将军以下①,即其地占籍为民,各安厥业。”

三月壬午,端重亲王博洛、敬谨亲王尼堪以罪降郡王。癸未,命诸王、贝勒、贝子分管六部、理藩院、都察院事②。……丙午,许满洲、蒙古、汉军子弟科举③,依甲第除授。

夏四月庚戌,诏行幸所过,有司不得进献。遣官祭岳镇海渎、帝王陵寝、先师孔子阙里④。

五月丁丑朔,……夏一鹗击明唐王故将傅鼎铨等⑤,

---

① 镇国将军:明代宗室的一种爵位称号。 ② 理藩院:清代创设的官署名,负责蒙古、西藏、新疆的少数民族事务。都察院:官署名。全国最高的监察、弹劾及建议机关。 ③ 汉军:汉人而隶于旗籍的,即八旗汉军。清代八旗组织的三个组成部分之一。与八旗满洲、八旗蒙古共同构成清代八旗的整体,但地位低于前者。汉军八旗主要由清兵入关前降附的汉人及其后裔组成。 ④ 岳镇海渎:山岳河海。镇,一方的主要山峰。渎,河流。 ⑤ 唐王:南明皇帝朱聿键。1645—1646年在位。崇祯五年(1632)继承唐王封爵。清兵进攻江南时,受郑鸿逵、黄道周等拥戴,在福州监国,旋即帝位,年号隆武。次年,清兵入福建,因郑芝龙降清,他逃到汀州被俘,死于福州。

追入福建，擒鼎铨等斩之。

秋七月丙子朔，……谕曰："大小臣工，皆朝廷职官，待之以礼，则朝廷益尊。今在京满、汉诸臣犯罪，有未奉旨革职辄提取审问者，殊乖大体。嗣后各衙门遇官员有犯，或被告讦，皆先请旨革职，然后送刑部审问，毋得径行提审，著为令。"

八月……乙卯……定顺天乡试满洲、蒙古为一榜①，汉军、汉人为一榜，会试、殿试如之②。戊午，册立科尔沁卓礼克图亲王吴克善女博尔济锦氏为皇后③。……乙酉，大婚礼成，加上太后尊号为昭圣慈寿恭简皇太后。丙寅，御殿受贺，颁恩赦。戊辰，追复肃亲王豪格爵。

九月庚辰，定朝仪。壬午，命平西王吴三桂征四川。

① 顺天：顺天府，今北京及其周围地区。乡试：明清两代每三年一次在各省省城（包括京师）举行的考试。考中的称为举人。 ② 会试：每三年一次在京城举行的考试，各省举人均可参加。考中者称为贡士。殿试：也称廷试，指会试之后在朝廷上举行的由皇帝亲发策问的考试。考中的称为进士。 ③ 科尔沁：蒙古旧部名。其牧地约包括今内蒙古、黑龙江、吉林交界处大片土地。首领为成吉思汗弟哈萨尔后裔，是最早归附清王朝的蒙古部落。与清皇室联姻，关系密切。

陈锦、金砺克舟山①，故明鲁王遁走②。

九年……三月……丙戌，罢诸王、贝勒、贝子管理部务。

五月丁丑，诏京察六年一举行。

秋七月癸酉，胡明将孙可望陷桂林，定南王孔有德死之。丙子，名皇城北门为地安门。浙闽总督陈锦征郑成功，至漳州③，为其下所杀。……丁亥，吴三桂、李国翰定漳腊、松潘、重庆④。遣梅勒章京戴都围成都⑤，故明帅刘文秀举城降。

九月……辛卯，幸太学释奠。癸巳，赉衍圣公、五经博士、四氏子孙、祭酒、司业等官有差⑥。敕曰："圣人之道，如日中天，上之赖以致治，下之资以事君。学官诸生

---

① 舟山：今浙江舟山市。 ② 鲁王：即南明监国朱以海。崇祯十七年(1644)嗣鲁王位。次年，清军攻陷南京，张国维、钱肃乐等起兵浙东，拥他监国。清兵攻击浙东，他流亡海上。后在台湾病死。 ③ 漳州：今福建漳州及周围地区。 ④ 漳腊：在四川松潘北部，清置漳腊营，为屯守之地。 ⑤ 梅勒章京：满语音译。官名，汉名为副都统。 ⑥ 衍圣公：专门封给孔子后裔的爵号。五经博士：中国古代教授五经的学官。五经指《诗》、《书》、《礼》、《易》、《春秋》。四氏：清代专为孔、孟、颜、曾(孔子、孟子、颜回、曾子的后裔)四姓别立学馆，教授四姓子弟，称四氏子孙。祭酒：学官名。清代国家最高学府国子监的长官。司业：国子监副长官。

当共勉之①。”

冬十月庚子，……尚可喜、耿继茂克钦州、灵山②，故明西平王朱聿锲缚贼渠李明忠来降，高、雷、廉、琼诸郡悉平③。壬寅，官军复梧州。……甲寅，孙可望寇保宁④，吴三桂、李国翰大败之。

十一月庚午，以卓罗为靖南将军，同兰拜等征广西余寇。……庚寅，故明将白文选寇辰州⑤，总兵官徐勇、参议刘升祚、知府王任杞死之。辛卯，尼堪抵湘潭⑥，故明将马进忠等遁宝庆⑦，追至衡山⑧，击败之，又败之于衡州⑨。尼堪薨于军。追封尼堪为和硕庄亲王。

十年春正月庚午，谕曰：“朕自亲政以来，但见满臣奏事。大小臣工，皆朕腹心。嗣凡章疏，满、汉侍郎、卿以上会同奏进，各除推诿，以昭一德。”辛未，谕：“言官不

① 诸生：明清两代对就学于府、州、县学读书的生员的统称。 ② 钦州、灵山：指今广西钦州市、灵山县。 ③ 高、雷、廉、琼：指清代所置广东的高州府（今广东高州及周围地区）、雷州府（今广东海康及周围地区）、廉州府（今广西合浦及周围地区）、琼州府（今海南省）。 ④ 保宁：清置保宁府，即今四川阆中及周围地区。 ⑤ 辰州：清置辰州府，即今湖南沅陵及周围地区。 ⑥ 湘潭：今湖南湘潭。 ⑦ 宝庆：今湖南邵阳市。 ⑧ 衡山：今湖南衡山。 ⑨ 衡州：今湖南衡阳市。

得捃摭细务①,朕一日万几,岂无未合天意、未顺人心之事?诸臣其直言无隐。当者必旌,戆者不罪。”……丙申,幸内苑。阅《通鉴》。上问汉高祖、文帝、光武及唐太宗、宋太祖、明太祖孰优。陈名夏对曰:“唐太宗似过之。”上曰:“不然,明太祖立法可垂永久,历代之君皆不及也。”

三月戊辰,幸南台较射。上执弓曰:“我朝以此定天下,朕每出猎,期练习骑射。今综万几,日不暇给,然未尝忘也。”赐太常寺卿汤若望号通玄教师。……辛巳,设宗学,亲王、郡王年满十岁,并选师教习。

夏四月丁酉,亲试翰林官成克巩等。庚子,御太和殿,召见朝觐官,谕遣之。谕曰:“国家官人,内任者习知纪纲,外任者谙于民俗,内外扬历②,方见真才。今亲试词臣,其未留任者,量予改授,照词臣外转旧例,优予司、道各官③。”始谕吏部、都察院举京察。……甲寅,命提学御史、提学道清厘学政④。定学额,禁冒滥。改折民间充解

① 言官:即谏官,负有监察、弹劾、向君主进谏等责任的官员。捃摭(jùn zhí 郡直):摘取,搜集。② 扬历:指做官所经历的。③ 司:布政使司、按察使司称为司。道:明清时在省、府之间所设置的监察区,长官称道员。④ 提学御史:指负责学校、教育方面的御史。御史,官名,隶属都察院,负责纠察。

物料，行一条鞭法①。

六月……辛酉，增置内三院汉大学士②，院各二人。癸亥，谕曰："唐、虞、夏、商未用寺人③，至周仅具，其职司阍闼洒扫、给令而已④。秦、汉以来，始假事权，加之爵禄，典兵干政，贻祸后代。小忠小信，固结主心；大憝大奸⑤，潜持国柄。宫庭邃密，深居燕闲，淆是非以溷贤奸⑥，刺喜怒而张威福，变多中发，权乃下移。历览覆车，可为鉴戒。朕酌古准今，量为设置，级不过四品。非奉差遣，不许擅出皇城。外官有与交结者，发觉一并论死。"

八月壬午，以太宗十四女和硕公主下嫁平西王吴三桂子应熊。尚可喜克化州、吴川⑦。甲申，定武职品级。……己丑，废皇后为静妃。

---

① 一条鞭法：也叫"总赋法"，明代开始实行的一种对旧赋役制度进行改革的新法。其主要内容为简化税制，将各种赋税、徭役归并，并折合成银两支付，由实物税改为货币税，是对中国田赋制度的重大改革。 ② 内三院：清初设置的政治机构，分别为国史院、秘书院、弘文院。 ③ 唐、虞：即陶唐氏、有虞氏，均为传说中的远古部落名。前者居于平阳（今山西临汾西南），尧为其领袖。后者居于蒲阪（今山西永济西蒲州镇），舜为其领袖。寺人：太监。 ④ 阍：宫门。闼：门。 ⑤ 憝（duì 对）：坏，奸恶。 ⑥ 溷（hùn 混）："混"的异体字。 ⑦ 化州：今广东化州。吴川：清置吴川县，治所在今广东吴川西南吴阳。

九月壬子，复刑部三复奏例。丙辰，耿继茂、喀喀木克潮州。丁巳，孟乔芳讨故明宜川王朱敬镏于紫阳①，平之。

冬十月癸亥朔，命田雄移驻定海②。乙丑，马光辉等讨叛将海时行于永城③，时行伏诛。

十一年春正月辛丑，罢织造官④。

三月……戊申，皇第三子玄烨生，是为圣祖。

六月……甲戌，立科尔沁镇国公绰尔济女博尔济锦氏为皇后。庚辰，大赦。

冬十月……壬午……李定国陷高明⑤，围新会⑥，耿继茂请益师。

十二月……壬申，以济度为定远大将军，征郑成功。尚可喜、耿继茂、朱玛喇败李定国于新会，定国遁走。乙亥，郑成功陷漳州，围泉州。

十二年春正月……辛亥，修《顺治大训》。

二月……癸未，耿继茂、尚可喜败李定国于兴业⑦。

---

① 紫阳：今陕西紫阳。 ② 定海：今浙江定海。 ③ 永城：今河南永城。 ④ 织造官：清代在江宁（今南京）、苏州、杭州三府设置织造衙门，长官为织造监督，隶属内务府。专掌织造各项丝织品，以供皇室消费。 ⑤ 高明：清高明县，治所在今广东高鹤县西北的明城。 ⑥ 新会：今广东新会。 ⑦ 兴业：清兴业县，治所在今广西玉林市西北的石南镇。

广东高、雷、廉三府，广西横州平。

三月……壬子，谕曰："自明末扰乱，日寻干戈，学问之道，阙焉弗讲。今天下渐定，朕将兴文教，崇儒术，以开太平。直省学臣，其训督士子，博通古今，明体达用。诸臣政事之暇，亦宜留心学问，佐朕右文之治①。"癸丑，设日讲官。

夏四月……癸未，诏修太祖、太宗《圣训》。

五月……辛卯，和硕郑亲王济尔哈朗薨，辍朝七日。

六月……辛巳，命内十三衙门立铁牌。谕曰："中官之设，自古不废。任使失宜，即贻祸乱。如明之王振、汪直、曹吉祥、刘瑾、魏忠贤辈，专权擅政，陷害忠良；出镇典兵，流毒边境；煽党颂功，谋为不轨；覆败相寻，深可鉴戒。朕裁定内官职掌，法制甚明。如有窃权纳贿，交结官员，越分奏事者，凌迟处死。特立铁牌，俾世遵守。"

十一月……乙酉，巡按御史顾仁坐纳贿，弃市。丁亥，谕曰："国家设督抚巡按，振纲立纪，剔弊发奸，将令互为监察。近来积习，乃彼此容隐。凡所纠劾止末员，岂称设官之意？嗣有瞻顾徇私者，并坐其罪。"郑成功将陷舟山，副将把成功降于贼。

① 右文：因古时尚右，故"右"指较高的地位。此处"右"字作动词用。

十二月……乙丑，颁《大清满字律》。

十三年春正月……癸未，谕修《通鉴全书》、《孝经衍义》。

二月……戊辰，命两广总督移驻梧州。官军败李定国于南宁。庚午，定部院满官三年考满、六年京察例。

夏四月……丁丑，尚可喜复揭阳、普宁、澄海三县①。

六月己丑，谕曰："满洲家人皆征战所得，故立严法以儆逋逃。比年株连无已，朕心恻焉。念此仆隶，亦皆人子。苟以恩结，宁不知感？若任情困辱，虽严何益。嗣后宜体朕意。"

秋七月……戊申，官军败明桂王将龙韬于广西②，斩之。……庚戌，郑成功将黄梧等以海澄来降。

八月……壬辰，封黄梧为海澄公。停满官榷关。癸巳，郑成功军陷闽安镇③，进围福州，官军击却之。

十二月己卯，册内大臣鄂硕女董鄂氏为皇贵妃④，颁

---

① 揭阳：今广东揭阳。普宁：清代普宁县，其治所在今广东普宁北洪阳镇。澄海：今广东澄海。 ② 桂王：即南明皇帝朱由榔。1646—1661年在位。明神宗孙，思宗堂弟。南明隆武帝死后，受瞿式耜等拥戴，在广东肇庆即位。年号永历。永历十年(1656)，李定国迎他到云南，后被吴三桂所杀。 ③ 闽安镇：即今福建福州东闽安。 ④ 内大臣：侍卫处副长官。侍卫处是负责保卫皇宫的机构。

恩赦。

十四年春正月……戊午，谕曰："制科取士，计吏荐贤，皆朝廷公典。臣子乃以市恩①，甚无谓也。师生之称，必道德相成，授受有自，方足当之。岂可攀援权势，无端亲昵，考官所得，及荐举属吏，辄号门生？贿赂公行，径窦百出②，钻营党附，相煽成风。朕欲大小臣工杜绝弊私，恪守职事，犯者论罪。"……甲子，谕曰："我国家之兴，治兵有法。今八旗人民，怠于武事，遂至军旅隳敝③，不及曩时。皆由限年定额，考取生童，乡会两试，即得录用，及各衙门考取他赤哈哈番、笔帖式④，徒以文字得官，迁转甚速，以故人乐趋之。其一切停止。"

二月戊寅……命儒臣纂修《易经》。

八月……丙申，郑成功犯台州，绍台道蔡琼枝叛，降于贼。

冬十月……甲午，顺天考官李振邺、张我朴等坐受贿弃市。

十二月……甲戌，封孙可望为义王。癸未，命吴三桂自四川，赵布泰自广西，罗托自湖南取贵州。丙戌，明

① 市恩：犹言讨好，买好。 ② 径：小路。窦：孔、洞。此处指到处找门路的意思。 ③ 隳(huī 灰)：毁坏。 ④ 他赤哈哈番：满语音译。汉名笔帖式。笔帖式：官名。清代在各衙署中设置的低级官员，掌理翻译满、汉奏章文书。

桂王将谭新传等降。

十五年……六月戊辰，吴三桂等败李定国将刘正国于三坡，克遵义，拔开州①。……癸巳，郑成功犯温州，陷平阳、瑞安②。

十二月……壬午，故明宗室朱议滃率众降。

十六年春正月甲午，桂王将谭文犯重庆，其弟谭诣杀之，及谭弘等来降。丁酉，以徐永正为福建巡抚。庚子，多尼克云南，以捷闻。初，多尼、吴三桂、赵布泰会师于平越府之杨老堡③，分三路取云南。多尼自贵阳入，渡盘江至松岭卫，与白文选遇，大败之。三桂自遵义至七星关，不得进，乃由水西间道趋乌撒④。赵布泰自都匀至盘江之罗颜渡⑤，败守将李成爵于山谷口，又败李定国于双河口，所向皆捷，遂俱抵云南，入省城。李定国、白文选奉桂王奔永昌⑥。

三月……戊申……郑成功犯浙江太平县，官军击败之。……甲寅，命吴三桂镇云南，尚可喜镇广东，耿继茂镇四川。

---

① 开州：今贵州开阳。 ② 平阳：今浙江平阳。瑞安：今浙江瑞安。 ③ 平越府：今贵州福泉及周围地区。 ④ 乌撒：即今贵州威宁彝族回族苗族自治县。清初为乌撒府，康熙三年(1664)改为威宁府。 ⑤ 都匀：今贵州都匀。 ⑥ 永昌：今云南保山及其附近地区。清为永昌府。

夏四月甲寅，多尼、吴三桂军克镇南州①，白文选纵火烧澜沧江铁桥遁走。我军进克永昌，李定国奉桂王走腾越②，伏兵于磨盘山，我军力战，复克腾越。

五月……戊寅，官军击成功于定关，败之，斩获甚众。

六月……壬子，郑成功陷镇江府。

秋七月丁卯，以达素为安南将军，同索洪、赖塔等率师征郑成功。丙子，郑成功犯江宁。

八月己丑朔，江南官军破郑成功于高山，擒提督甘辉等，烧敌船五百余艘。成功败遁，我军追至瓜州③，敌兵大溃。先是，成功拥师十余万，战舰数千，抵江宁城外，列八十三营，络绎不绝，设大炮、地雷、云梯、木栅，为久困之计，军容甚盛。我军噶褚哈、马尔赛等自荆州以舟师来援，会苏松水师总兵官梁化凤及游击徐登第、参将张国俊等各以军至，总督郎廷佐合军会战，水陆并进，遂以捷闻。……甲辰，郑成功复犯崇明，官军击败之。

十七年……三月癸亥，定平西、靖南二藩兵制。……甲戌，定固山额真汉称曰都统，梅勒章京曰副都统，甲喇

---

① 镇南州：今云南南华县。 ② 腾越：今云南腾冲及周围地区。清初为腾越州。 ③ 瓜州：即瓜洲，在今江苏扬州南。

章京曰参领，牛录章京曰佐领，昂邦章京曰总管①。满仍其旧。

秋七月……壬午，以罗托为安南将军，率师征郑成功。

八月……壬寅，皇贵妃董鄂氏薨，辍朝五日。甲辰，追封董鄂氏为皇后。

十八年春正月壬子，上不豫。丙辰，大渐。赦死罪以下。丁巳，崩于养心殿，年二十四。

……

三月癸酉，上尊谥曰体天隆运英睿钦文大德弘功至仁纯孝章皇帝，庙号世祖，葬孝陵。累上尊谥曰体天隆运定统建极英睿钦文显武大德弘功至仁纯孝章皇帝。

【翻译】

世祖体天隆运定统建极英睿钦文显武大德弘功圣仁纯孝章皇帝，讳福临，是太宗第九个儿子。母亲孝庄文皇后刚怀孕时，有红光环绕身体，盘旋着好像龙的形状。诞生的前一个晚上，梦见神人抱着小孩，放入皇后的怀中说："这是统一天下的君主。"醒来，把这件事告诉

① 固山额真、梅勒章京、甲喇章京、牛录章京、昂邦章京：满语音译。均为清初武官名。

了太宗。太宗很高兴，说："这是异常吉祥的征兆，生下儿子必定会建大业。"次日皇上降生，红光照耀宫中，香气整天不散。皇上生下来就有异常的天赋，头顶心的头发耸起，神采风姿如同龙凤，如神的智慧是上天授予的。

八年秋八月庚午，太宗去世，皇位继承人尚未确定。和硕礼亲王代善会集诸王、贝勒、贝子、文武群臣作出决议，拥戴皇上继承皇位，盟誓祭告天地，以和硕郑亲王济尔哈朗、和硕睿亲王多尔衮协助处理政务。丙子，阿济格、尼堪等率领部队守卫锦州。丁丑，多罗郡王阿达礼、固山贝子硕托谋划推立和硕睿亲王多尔衮。礼亲王代善与多尔衮揭发了他们的阴谋。阿达礼、硕托被判处死刑。乙酉，诸王、贝勒、贝子、群臣把皇上继承皇位的日期祭告太宗。丙戌，把皇上登位的日期祭告天地祖宗。丁亥，皇上在笃恭殿登上皇帝的宝座。下诏以明年为顺治元年，大赦平常所不原谅的罪犯。颁发哀悼皇帝去世的诏书给朝鲜、蒙古。

顺治元年春正月庚寅初一日，登殿接受朝贺，命令礼亲王代善不要跪拜。……郑亲王济尔哈朗谕令部院各官，凡是禀报事情先启奏睿亲王，其次则禀告自己。

……

七年……十二月戊子，摄政和硕睿亲王多尔衮死于喀喇城。壬辰，讣告到达，皇上震惊悲痛，臣民为他服丧。丙申，死者的遗体到了，皇上亲自在郊外奠祭。己亥，下诏说："太宗文皇帝升天，各位亲王大臣呼吁拥戴摄政王，王坚持谦让，拥立朕为皇帝，平定中原，他那至高的德行和巨大的功绩，千古以来没有第二个。王不幸逝世，朕心中深感悲痛。中外为他所举行的服丧、哀悼仪式，应该按照为皇帝服丧的礼节。"庚子，收回原摄政王的印信，存放在宫内的库房。……乙巳，下谕说："国家的政务，都要上奏告知。朕年纪还小，对于人的贤德与否不明瞭，尚书缺员，还望集议推举有德行才能的人加以进用。假如是各种细小的事务，由管理政务的三位亲王处理。"

八年春正月己酉初一日，蒿齐忒部的台吉噶尔马撒望、储护尔率领所属部众来归顺。辛亥，以布丹为议政大臣。甲寅，和硕英亲王阿济格图谋作乱，所以把他幽禁起来。他的党羽、郡王劳亲降为贝子，席特库等人判处死刑。乙卯，任苏克萨哈、詹岱为议政大臣。……庚申，皇上亲自执政，登大殿接受朝贺，颁布大赦令。下诏说："朕亲自执掌国家大政，全面负责各种各样的国家政务。天地祖宗，托付给朕的责任十分重大。海内臣民，期望治理好国家的心情十分殷切。自思才德微薄，早晚谨慎畏惧。天下极大，政务极繁，不是朕能够单独处理的。凡是我诸王贝勒及文武群臣，还望各自尽忠尽职，洁身自好并爱护他人，政务的利弊都要上报，国家对百姓的恩惠要推及到最底层。百姓也应当体谅我的心意，以务农为本，愉快地从事自己的职业，共同享受安宁太平的欢乐。”孔有德攻克桂林，斩杀原明朝靖江王以及文武官员四百七十三人，余党全部投降。

闰二月……乙卯……颁发圣谕说：“征税关卡的设立，是国家借此通商，不是要困扰商人。税关的官吏，骚扰人民谋取私利，与抢劫掠夺没有什么不同。我清楚地知道商民的困苦。今后每关设官一员，将闲散多余的人员全都裁减掉，并且不得妄夸勤劳，再给他们选补官职。”丙辰，谕令总督巡抚甄别所辖官吏，对才德均优兼通文理的人加以提拔，对不通文理玩忽职守干犯法纪的人加以罢黜。吏部为任命官员而举行考试，文理不通的除名。……乙丑……下谕说：“国家所设官员，一定要以公正忠诚约束自己，这样才能有益于百姓，共同协助朕完成伟大的治国之业。朕亲自执政以来，屡次颁发诏令，很好地给予大家重新开始的机会。可是部院诸臣因袭以往的弊病，拿国家俸禄来培植私党。朕将亲自掌握官吏的升降进退，让天下的人都看到。从今以后，还望痛改前非，各尽其职。假若还是上下勾结欺瞒，王法一定不会宽恕你们。”丙寅，下谕说：“各省的土寇，本来都是我大清的百姓，被饥寒逼迫，因此而作乱。近年来已经多次追捕征剿，但是领兵的将领却杀戮良民假冒战功，真正的盗贼未歼灭，人民却受到残害，朕为此深感痛心。以后各总督巡抚应做到征剿安抚同时施行，不要借口追捕盗贼而骚扰人民，这样才能称朕的心愿。”丁卯，孔有德攻克梧州、柳州。……壬申，免除涿、良乡等十三个州县的圈地。乙亥，定奉承依附多尔衮诸臣的罪，刚林、祁充格都因此获罪。丁丑，下谕说：“原来明朝的宗室藩王，以前因为横行不法，多被诛杀，朕很是怜悯。从此以后有流离失所并心甘情愿投诚的，有关官吏当以礼相送到京城，由朕加恩养活。镇国将军以下的，就在当地占有户籍作百姓，各安其业。”

三月壬午，端重亲王博洛、敬谨亲王尼堪因有罪降为郡王。癸未，命令诸王、贝勒、贝子分管六部、理藩院、都察院的事务。……丙午，准许满洲、蒙古、汉军的子弟参加科举，按照考取的等第授官。

夏四月庚戌，下诏说：今后皇帝出行所经过的地方，官吏不得进献。派遣官员祭祀山岳河海、帝王陵墓、先师孔子的故居阙里。

五月丁丑初一日，……夏一鹗攻打明唐王的原将领傅鼎铨等人，追入福建，擒获鼎铨等人，把他们处死。

秋七月丙子初一日，……下谕说：“大小臣子，都是朝廷的官员，用礼来对待他们，那么朝廷就更显其尊贵。

如今在京城的满族、汉族诸臣犯罪，有还未奉圣旨革职就提来审问的，很不符合朝廷的大体。往后各衙门遇到官员有罪，或被告发检举，都要先请求圣旨革职，然后送交刑部审问，不得直接提来审问。这要成为法令并记录下来。”

八月……乙卯……定顺天乡试满洲、蒙古考生为一榜，汉军、汉人考生为一榜，会试、殿试也同样。戊午，册立科尔沁卓礼克图亲王吴克善的女儿博尔济锦氏为皇后。……乙酉，皇帝结婚的大礼完成，增加并进上太后的尊号为昭圣慈寿恭简皇太后。丙寅，登大殿接受朝贺，颁发恩诏大赦。戊辰，恢复死去的肃亲王豪格的爵位。

九月庚辰，制定朝见皇帝的礼仪。壬午，命令平西王吴三桂征伐四川。陈锦、金砺攻克舟山，原明鲁王逃走。

九年……三月……丙戌，停止诸王、贝勒、贝子管理六部的事务。

五月丁丑，诏令六年举行一次对京官的考察。

秋七月癸酉，原明朝将领孙可望攻陷桂林，定南王孔有德殉难。丙子，命名皇城北门为地安门。浙闽总督陈锦征讨郑成功，抵达漳州，被他的部下所杀。……丁亥，吴三桂、李国翰平定漳腊、松藩、重庆。派遣梅勒章京戴都包围成都，原明朝将帅刘文秀献城投降。

九月……辛卯，临幸太学祭奠孔子。癸巳，赏赐衍圣公、五经博士、四氏子孙、祭酒、司业等官各按不同的等次。下敕说："圣人的道，如在天空正中的太阳，皇帝依赖它以使天下治安，臣下凭借它以侍奉君主。学官诸生都应以圣人之道来勉励自己。"

冬十月庚子，……尚可喜、耿继茂攻克钦州、灵山，原明朝西平王朱聿鈜捆绑贼寇首领李明忠来投降。高、雷、廉、琼诸府全部平定。壬寅，官军收复梧州。……甲寅，孙可望侵犯保宁，吴三桂、李国翰大败可望。

十一月庚午，任命卓罗为靖南将军，同兰拜等人征讨广西余寇。……庚寅，原明朝将领白文选侵犯辰州，总兵官徐勇、参议刘升祚、知府王任杞死于难。辛卯，尼堪抵达湘潭，原明将马进忠等逃往宝庆，追到衡山，打败了他们。又在衡州将他们打败。尼堪死于军中。追封尼堪为和硕庄亲王。

十年春正月庚午，下谕说："朕亲自执政以来，只见满族的臣子上奏议事。大小臣子，都是朕的心腹。往后凡是奏章疏稿，满、汉侍郎、卿以上的官员当共同具名呈进，以消除各人推诿责任的现象，显示彼此间的同心同德。"辛未，下谕说："谏官不应只采择一些细小的事情来塞责，朕一天处理许许多多事情，难道就没有不合天意，不顺人心的事？还望诸臣直言不隐。说得恰当的必定嘉奖，说得鲁莽的也不加罪。”……丙申，临幸宫内的花园。阅读《通鉴》。皇上问汉高祖、文帝、光武及唐太宗、宋太祖、明太祖哪一个优秀，陈名夏回答说：“唐太宗好像超过其他人。”皇上说：“不是这样，明太祖建立的法度可以永久流传，历代的君主都及不上他。”

三月戊辰，临幸南台比试射箭，皇上手执弓说：“我大清朝用这个平定天下，朕每次出行狩猎，都希望练习骑马射箭。现今总管各种繁忙的事务，天天不得空闲，然而未曾忘掉。”赐太常寺卿汤若望通玄教师的称号。……辛巳，设立宗室学校，亲王、郡王年满十岁的，都选择老师教导他们。

夏四月丁酉，亲自考核翰林院的官员成克巩等人。庚子，登太和殿，召见朝觐的官员，给予指示后遣送他们返回。下谕说：“国家的官员，在朝廷内任职的熟知制度，在朝廷外任职的通晓民俗，内外都经历过，才能看出其真正的才能。如今朕亲自考核文学侍从之臣，那些未能留任的，衡量情况改授其他职务，按照文学侍从之臣调任外官的旧例，从优授予司、道的官职。”开始谕示吏部、都察院举行对在京官员的考察。……甲寅，命令提学御史、提学道清理整顿学校的事务。规定学生的定额，禁止假冒、滥取。把在民间征收并解送朝廷的物料折算成银两，实行一条鞭法。

六月……辛酉，增设内三院的汉族大学士，每院各二人。癸亥，下谕说："唐、虞、夏、商从未任用宦官，到周代才有少数宦官，其职责只是看守宫门、洒水扫地，供人使唤而已。秦、汉以来，才开始给他们以处理政务的权力，给以爵位俸禄，让他们执掌军事、干预政治，给后代留下祸患。他们用小忠小信，牢牢地抓住君主的心；实际上是大恶大奸，暗地里把持国家的大权。在深邃严密的宫庭里，当帝王在深宫里过着闲暇生活时，他们都可以混淆是非以颠倒贤奸，刺探君主的喜怒来施展威福，变乱多从宫中发生，权力于是下移。逐个观察以往的教训，可以作为借鉴警戒。朕酌量古时比照当今，适量地设置宦官，品级不超过四品。不是奉命差遣，不许擅自出皇城。外面官员有与宦官勾结的，如被发觉一起处死。"

八月壬午，将太宗第十四个女儿和硕公主下嫁给平西王吴三桂的儿子应熊。尚可喜攻克化州、吴川。甲申，制定武职的品级。……己丑，废黜皇后降为静妃。

九月壬子，恢复刑部审案要反复上奏三次的规程。丙辰，耿继茂、喀喀木攻克潮州。丁巳，孟乔芳在紫阳讨伐原明宜川王朱敬锂，平定了他。

冬十月癸亥初一日，命令田雄移驻定海。乙丑，马光辉等在永城征讨叛逆将领海时行，时行被诛。

十一年春正月辛丑，废除织造官。

三月……戊申，皇上第三个儿子玄烨降生，这就是圣祖。

六月……甲戌，册立科尔沁镇国公绰尔济的女儿博尔济锦氏为皇后。庚辰，颁大赦令。

冬十月……壬午……李定国攻陷高明，包围新会，耿继茂请求增派部队。

十二月……壬申，任命济度为定远大将军，征讨郑成功。尚可喜、耿继茂、朱玛喇在新会打败李定国，定国逃走。乙亥，郑成功攻陷漳州，包围泉州。

十二年春正月……辛亥，修纂《顺治大训》。

二月……癸未，耿继茂、尚可喜在兴业打败李定国。广东高、雷、廉三府，广西横州平定。

三月……壬子，下谕说："自从明末天下骚乱以来，战争天天接连不断，学问之道，缺失不讲。如今天下逐渐平定，朕将振兴文化教育，推崇儒术，以此来开拓太平盛世。直隶和各省的学官，望能训导督促读书士人，做到博古通今，明瞭根本，并能取得实际效用。诸臣在处理政务的余暇，也应该留心学问，帮助朕推行崇尚文化的治国之道。"癸丑，设立日讲官。

夏四月……癸未，下诏修纂太祖、太宗《圣训》。

五月……辛卯，和硕郑亲王济尔哈朗去世，停止上朝七天。

六月……辛巳，命令在宫内十三个衙门设立铁牌，下谕说："宦官的设置，自古以来从未废除过。但任用失当，就会留下祸乱。如明代的王振、汪直、曹吉祥、刘瑾、魏忠贤之流，垄断权力独揽朝政，陷害忠良；外出镇守地方、执掌军队，流毒传播边境；煽动党羽称颂自己的功劳，图谋不轨；因而相继倾覆败亡，大可以作为鉴戒。朕规定了宦官所执掌的事务，法律制度很是明确。如果有窃取权力接受贿赂，勾结官员，超越本分而上奏朝政的宦官，将判处分尸的死刑。特地设立铁牌，让世世代代遵守。"

十一月……乙酉，巡按御史顾仁因受贿罪处死刑，在闹市中执行。丁亥，下谕说："国家设置总督、巡抚和巡按御史，是为了振兴纲常树立法纪，剔除弊端揭发奸恶，并让他们互相监督。近来形成的习惯，却是彼此包容隐瞒。凡是所举报弹劾的仅仅局限于小官员，怎么符合设置这些官职的本意？以后有瞻顾情面而徇私舞弊的，一并治他的罪。"郑成功部将攻陷舟山，副将把成功投降贼寇。

十二月……乙丑，颁布《大清满字律》。

十三年春正月……癸未，谕令修纂《通鉴全书》、《孝经衍义》。

二月……戊辰，命两广总督移兵驻扎梧州。官军在南宁打败李定国。庚午，制定部、院的满族官员参加三年任满考核，六年京官考察的条例。

夏四月……丁丑，尚可喜收复揭阳、普宁、澄海三县。

六月己丑，下谕说："满洲人的奴仆都是经过征战得来的，所以制定了严厉的法律来儆戒逃亡。近年来株连不断，朕心中很是悲伤。想想这些仆人奴隶，也都是人生的。只要用恩惠笼络他们，难道他们不知感恩？假若任意欺压侮辱他们，立法虽严又有什么用处。往后应当体察朕的心意。"

秋七月……戊申，官军在广西打败明朝桂王的将领龙韬，杀了他。……庚戌，郑成功的将领黄梧等人献上海澄前来投降。

八月……壬辰，封黄梧为海澄公。停止满族官员担任征收关税的职务。癸巳，郑成功的部队攻陷闽安镇，进兵包围福州，官军打退了他们。

十二月己卯，册封内大臣鄂硕的女儿董鄂氏为皇贵妃，颁发恩诏大赦。

十四年春正月……戊午，下谕说："制定科举制度选取读书人，考核吏员荐举贤才，都是朝廷公开的恩典。

臣子却以此作为讨好人的手段，这是很没有意思的。师生的称谓，一定要在道德上有所提高，相许而成，在学业上有授受的根据，才足以担当。怎么可以攀援权势，无缘无故地亲昵，将考官所录取的，以及长官荐举的下属，都称为门生？以致贿赂公开进行，门路百出，钻营奔走结党依附，互相煽动成为风气。朕希望大小臣子杜绝舞弊营私，恪守职责，违反者论罪。”……甲子，下谕说：“我大清国的兴盛，是因为治理军队得法。如今八旗的人民懒于行军打仗，以至于军队困蔽，不如往昔。这都是因为在一定年限内都有一定名额的人，考取生员，再经过乡会两试，就得以录用，至于各衙门考取的他赤哈哈番、笔帖式，只是以文字取得官职，提升得很快，所以人们都乐意奔这条路。这一切现都停止。”

二月戊寅……命令儒臣纂修《易经》。

八月……丙申，郑成功进犯台州，绍台道蔡琼枝叛变，向贼投降。

冬十月……甲午，顺天府考官李振邺、张我朴等人因受贿被处以死刑在闹市执行。

十二月……甲戌，封孙可望为义王。癸未，命令吴三桂从四川，赵布泰从广西，罗托从湖南攻取贵州。丙戌，明桂王将领谭新传等人投降。

十五年……六月戊辰，吴三桂等在三坡打败李定国的部将刘正国，攻克遵义，打下开州。……癸巳，郑成功进犯温州，攻陷平阳、瑞安。

十二月……壬午，原明朝宗室朱议滃率领部众投降。

十六年春正月甲午，桂王将领谭文进犯重庆，他的弟弟谭诣杀了他，和谭弘等人前来投降。丁酉，任命徐永正为福建巡抚。庚子，多尼攻克云南，将捷报上报朝廷。起初，多尼、吴三桂、赵布泰在平越府的杨老堡会师，分三路攻取云南。多尼从贵阳进入，渡盘江到松岭卫，与白文选相遇，打得他大败。三桂从遵义到七星关，无法前进，就由水西的小路奔向乌撒。赵布泰从都匀到盘江的罗颜渡，在山谷口打败守将李成爵，又在双河口打败李定国，所到之处都打了胜仗，于是一起抵达云南，进入省城。李定国、白文选侍奉桂王逃奔永昌。

三月……戊申……郑成功进犯浙江太平县，官军击败了他。……甲寅，命令吴三桂镇守云南，尚可喜镇守广东，耿继茂镇守四川。

夏四月甲寅，多尼、吴三桂的部队攻克镇南州，白文选纵火焚烧澜沧江铁桥后逃走。我军进兵攻克永昌，李定国侍奉桂王逃往腾越，在磨盘山埋伏部队，我军力战，又攻克腾越。

五月……戊寅，官军在定关攻击郑成功，打败了他，斩杀俘获很多。

六月……壬子，郑成功攻陷镇江府。

秋七月丁卯，任命达素为安南将军，同索洪、赖塔等率领军队征讨郑成功。丙子，郑成功进犯江宁。

八月己丑初一日，江南的官军在高山打败郑成功，擒获提督甘辉等人，烧毁敌船五百余艘。成功失败逃走，我军追到瓜洲，敌兵大规模溃败。在此之前，成功拥有军队十余万，战舰数千，抵达江宁城外，列置八十三营，络绎不绝，设置大炮、地雷、云梯、木栅，作长久围困的打算，军容很雄壮。我军噶褚哈、马尔赛等从荆州带船队来增援，适逢苏松水师总兵官梁化凤以及游击将军徐登第、参将张国俊等人各自带着部队到来，总督郎廷佐集合部队共同作战，水陆并进，终于以捷报上达。……甲辰，郑成功再次进犯崇明，官军击败了他。

十七年……三月癸亥，确定平西、靖南二藩王军队的编制。……甲戌，确定任固山额真的汉人称为都统，梅勒章京称为副都统，甲喇章京称为参领，牛录章京称为佐领，昂邦章京称为总管。满人仍然照旧。

秋七月……壬午，任命罗托为安南将军，率领军队征讨郑成功。

八月……壬寅，皇贵妃董鄂氏去世，停止上朝五天。甲辰，追封董鄂氏为皇后。

十八年春正月壬子，皇上不舒服。丙辰，病危。赦免死罪以下的囚犯。丁巳，在养心殿去世，年龄为二十四岁。

……

三月癸酉，敬上尊号为体天隆运英睿钦文大德弘功至仁纯孝章皇帝，庙号世祖，葬在孝陵，累次敬上尊号为体天隆运定统建极英睿钦文显武大德弘功至仁纯孝章皇帝。

睿忠亲王多尔衮传

多尔衮，既是清王朝的开国功臣，又是独揽大权达七年之久的摄政王。顺治元年，清兵入关，一面打出“仁义之师”的旗号，采取笼络的手段收拾民心；一面采取严酷的手段镇压农民起义和各地抗清义军，消除汉人的反清意识，到顺治七年多尔衮去世时，基本上确立了清王朝在中国的统治。而这一切都是在多尔衮主持下进行的。清朝定都北京后的各项政策的制定，包括参照明代政治体制建立各级政府机构，正式开科取士，罢除明代诸饷加派等等，也都是在他主持下进行的。他对清王朝的建立和巩固起了很大的作用。可就在他死后两个月，就被剥夺了爵位和宗室的身份，并且被抄了家，从中反映出清朝初期统治阶级内部的复杂矛盾和激烈冲突。

睿忠亲王多尔衮，太祖第十四子。初封贝勒。天聪二年，太宗伐察哈尔多罗特部[1]，破敌于敖穆楞，多尔衮有功，赐号墨尔根代青[2]。三年，从上自龙井关入明边[3]，与贝勒莽古尔泰等攻下汉儿庄[4]，趋通州[5]，薄明都，败袁崇焕、祖大寿援兵于广渠门外[6]，又歼山海关援兵于蓟州[7]。四年，引还，多尔衮与莽古尔泰先行，复破敌。五年，初设六部，掌吏部事。从上围大凌河[8]，战，多尔衮陷阵，明兵堕壕者百余，城上炮矢发，将士有死者。上切责诸将不之阻。祖大寿约以锦州献[9]，多尔衮与阿巴泰等以兵四千，侨装从大寿作溃奔状，袭锦州，锦州兵

① 察哈尔：漠南蒙古部落名。在今内蒙古乌兰察布东南部及锡林郭勒南部。② 墨尔根代青：满语音译。意为聪明王。③ 龙井关：长城关隘，在今河北迁安西北。④ 汉儿庄：在今河北迁西北部，北靠长城。⑤ 通州：今北京通州及周围地区。⑥ 袁崇焕：明宁远巡抚。祖大寿：明锦州总兵。⑦ 山海关：长城起点，在今河北秦皇岛市。形势险要，自古为交通、军事要冲，有“天下第一关”之称。蓟州：今河北蓟县及周围地区。⑧ 大凌河：在今辽宁省西部，往东南流入辽东湾。⑨ 锦州：今辽宁锦州。

迎战，击败之。

……

……九年，上命偕岳托等将万人招察哈尔林丹汗子额哲[①]，师还渡河，多尔衮自平鲁卫至朔州[②]，毁宁武关[③]，略代州、忻州、崞县、黑峰口及应州[④]，复自归化城携降众还[⑤]。林丹汗得元玉玺，曰"制诰之宝"，多尔衮使额哲进上，群臣因表上尊号[⑥]。崇德元年，进封睿亲王。武英郡王阿济格等率师伐明，命王偕多铎攻山海关缀明师，阿济格捷至，乃还。从伐朝鲜，偕豪格别从宽甸入长山口[⑦]，克昌州[⑧]。进攻江华岛[⑨]，克之，获朝鲜王妃及其二子，国王李倧请降。上还盛京[⑩]，命约束后军，携朝鲜质子淫、淏及大臣子以归。

---

① 林丹汗：察哈尔部落的首领。汗（hán 寒），可汗，即首领。 ② 平鲁卫：今山西平鲁，明置平鲁卫。朔州：今山西朔州及周围地区。 ③ 宁武关：长城关隘，在今山西宁武境内。 ④ 代州：今山西代县及周围地区。忻州：今山西忻州及周围地区。崞县：今山西原平及周围地区。应州：今山西应县及周围地区。 ⑤ 归化城：今内蒙呼和浩特市及周围地区。 ⑥ 上尊号：指拥立清太宗（皇太极）为皇帝。尊号指帝号。皇太极是在得到玉玺后才正式称帝的。 ⑦ 宽甸：今辽宁宽甸。 ⑧ 昌州：在今朝鲜平壤西北。 ⑨ 江华岛：朝鲜西海岸大岛，在汉江口、江华湾内。 ⑩ 盛京：今沈阳。清入关前首都。

三年，上伐喀尔喀①，王留守，筑辽阳都尔弼城②，城成，命曰屏城；复治盛京至辽河大道③。八月，命为奉命大将军，将左翼，岳托将右翼，伐明。自董家口毁边墙入④，约右翼兵会通州河西务。越明都至涿州，分兵八道，行略地至山西，南徇保定，击破明总督卢象升。遂趋临清⑤，渡运河，破济南。还略天津、迁安⑥，出青山关⑦。克四十余城，降六城，俘户口二十五万有奇，赐马五、银二万。五年，屯田义州⑧，克锦州城西九台，刈其禾。又克小凌河西二台⑨。迭败明兵杏山、松山间⑩。……

八年，太宗崩，王与诸王、贝勒、大臣奉世祖即位。诸王、贝勒、大臣议以郑亲王济尔哈朗与王同辅政，誓曰："有不秉公辅理、妄自尊大者，天地谴之！"郡王阿达礼、贝子硕托劝王自立，王发其谋，诛阿达礼、硕托。寻与济尔哈朗议罢诸王、贝勒管六部事。顺治元年正月，

① 喀尔喀：漠南蒙古部落名，在今内蒙哲里木盟境内。 ② 辽阳：今辽宁辽阳。 ③ 辽河：我国东北地区南部的大河。贯穿辽宁全省，向西南流入辽东湾。 ④ 董家口：长城关隘，在今河北抚宁北部。 ⑤ 临清：今山东临清及周围地区。 ⑥ 迁安：今河北迁安及周围地区。 ⑦ 青山关：长城关隘，在河北迁安西北。 ⑧ 义州：今辽宁义县及周围地区。 ⑨ 小凌河：在今辽宁西部，流经锦州西南入辽东湾。 ⑩ 杏山、松山：指杏山城、松山城，均在今辽宁锦州南，山海关以北。明朝政府在此驻有重兵守卫。

却朝鲜馈遗，告济尔哈朗及诸大臣曰："朝鲜国王因予取江华，全其妻子，常以私馈遗。先帝时必闻而受之，今辅政，谊无私交①，不当受。"因并禁外国馈诸王贝勒者。济尔哈朗谕诸大臣，凡事先白王，书名亦先之。王由是始专政。固山额真何洛会等讦肃亲王豪格怨望②。集议，削爵，大臣扬善等以谄附，坐死。

四月乙丑，上御笃恭殿，援王奉命大将军印，并御用纛盖③，敕便宜行事④，率武英郡王阿济格、豫郡王多铎及孔有德等伐明。丙寅，发盛京。壬申，次翁后。明平西伯吴三桂自山海关来书乞师，王得书，移师向之。……

丁丑，次连山⑤。三桂复遣使请速进，夜逾宁远抵沙河⑥。戊寅，距关十里，三桂报自成兵已出边。王令诸王逆击⑦，败李自成将唐通于一片石⑧。己卯，至山海关，

① 谊：通"义"，道义。 ② 讦（jié 结）：攻击别人的短处或揭发别人的阴私。怨望：心怀不满。 ③ 纛（dāo 刀）：古代军队中的大旗。盖：华盖，华丽的伞盖。 ④ 便宜行事：根据事势的方便适宜，自行处理事务而不用上报。一般用于皇帝赐给臣子权力。 ⑤ 连山：在今辽宁锦西东南部。 ⑥ 宁远：今辽宁兴城及周围地区。沙河：在今辽宁绥中南部，明置沙河驿。 ⑦ 逆击：迎击。逆，迎。 ⑧ 一片石：长城关隘。处山海关以北，在今河北秦皇岛市境内。

三桂出迎，王慰劳之。令所部以白布系肩为识，先驱入关。时自成将二十余万人，自北山列阵，横亘至海①。我兵降不及海岸，王令曰："流贼横行久②，犷而众，不可轻敌。吾观其阵大，首尾不相顾。可集我军鳞比，伺敌阵尾，待其衰击之，必胜。努力破此，大业成矣。勿违节制！"既成列，令三桂居右翼后。搏战，大风扬沙，咫尺不能辨。力斗良久，师噪。风止，自三桂阵右突出，捣其中坚③，马迅矢激。自成登高望见，夺气，策马走。师无不一当百，追奔四十里，自成溃遁。王即军前承制进三桂爵平西王。下令关内军民皆薙发④。以马步兵各万人属三桂，追击自成。乃誓诸将曰："此行除暴救民，灭贼以安天下。勿杀无辜、掠财物、焚庐舍。不如约者，罪之。"自关以西，百姓有逃窜山谷者，皆还乡里，薙发迎降。辛巳，次新河驿⑤，使奏捷，师遂进。途中明将吏出降，命供职如故。

五月戊子朔，师次通州。自成先一日焚宫阙⑥，载辎重而西。王令诸王偕三桂各率所部追之。己丑，王整军

① 亘(gèn 艮)：延续不断。 ② 流贼：当时清政府对李自成农民起义军的蔑称。 ③ 中坚：指军队主力。 ④ 薙(tì 剃)：剃发。薙，"剃"的异体字。 ⑤ 新河驿：在今天津市宁河县境内。 ⑥ 宫阙：此处指皇宫。阙，古代宫殿等高大建筑物两边所建的楼观。

入京师，明将吏军民迎朝阳门外，设卤簿①，请乘辇②，王曰："予法周公辅冲主，不当乘。"众以周公尝负扆③，固请，乃命以卤簿列王仪仗前，奏乐，拜天，复拜阙，乘辇，升武英殿。明将吏入谒，呼万岁。下令将士皆乘城，毋入民舍，民安堵如故④。为崇祯帝发丧三日⑤，具帝礼葬之。诸臣降者，仍以明官治事。……

王初令官民皆薙发，继闻拂民愿，谕缓之。令戒饬官吏，网罗贤才，收恤都市贫民。用汤若望议，厘正历法，定名曰《时宪历》。……六月，遣辅国公屯齐喀、和托，固山额真何洛会等迎上，定都燕京⑥。

明福王由崧称帝江宁⑦，遣其大学士史可法督师扬

① 卤簿：帝王出行时扈从的仪仗队。 ② 辇（niǎn 碾）：天子乘坐的车。 ③ 负扆（yǐ 以）：扆：屏风。天子朝见臣子时，背负屏风南面而坐，称为负扆。 ④ 安堵：安居，不受骚扰。 ⑤ 崇祯帝：指明朝最后一个皇帝朱由检，年号崇祯。1628—1644 在位。 ⑥ 燕京：北京的别称。 ⑦ 福王：南明皇帝朱由崧。1644—1645 年在位。崇祯十六年(1643)继承福王封爵。明亡，在南京建立政权，年号弘光。弘光元年(1645)清兵南下，他在芜湖被俘，次年被杀于北京。江宁：今江苏南京市。

州，设江北四镇[①]，沿淮、徐置戍[②]。……

九月，上入山海关，王率诸王群臣迎于通州。上至京师，封叔父为摄政王，赐貂蟒朝衣。十月乙卯朔，上即位，以王功高，命礼部尚书郎球、侍郎兰拜、启心郎渥赫建碑纪绩，加赐册宝、黑狐冠一、上饰东珠十三、黑狐裘一，副以金、银、马、驼。二年，郑亲王等议上摄政王仪制，视诸王有加礼。王曰："上前未敢违礼，他可如议。"翌日入朝[③]，诸臣跪迎，命还舆，责大学士刚林等曰："此上朝门，诸臣何故跪我？"御史赵开心疏言："王以皇叔之亲，兼摄政王之尊，臣民宁肯自外于拜舞[④]？第王恩皆上恩，群臣谒王，正当限以礼数，与朝见不同。庶诸臣不失尊王之意[⑤]，亦全王尊上之心。上称叔父摄政王，王为上叔父，惟上得称之。若臣庶宜于叔父上加'皇'字，庶辨上下，尊体制。"下礼部议行。其年六月，豫亲王克扬州，

---

① 江北四镇：福王立国后，在军事上将长江以北地区分为四镇，即：淮海、徐泗、凤寿、滁和，包括了今江苏、安徽、山东三省的部分地区。 ② 淮、徐：指明代所置淮安府及徐州地区，相当于今江苏省徐州市、淮安市部分地区，明黄河故道穿越其地东流入海。此处指在黄河南岸设置营垒以抵御清军。 ③ 翌(yì 义)日：明天。 ④ 拜舞：跪拜与舞蹈。舞蹈，古代臣子朝见皇帝时的一种仪节。 ⑤ 庶(shù 树)：希望。

可法死之，遂破明南都①。闰六月，英亲王逐李自成至武昌②，东下九江③，故明宁南侯左良玉子梦庚率众降，江南底定④。十月，上赐王马，王入谢，诏曰："遇朝贺大典，朕受王礼。若小节，勿与诸王同。"王对曰："上方幼冲⑤，臣不敢违礼。待上亲政，凡有宠恩，不敢辞。"王时摄政久，位崇功高，时诫诸臣尊事主上，曰："俟上春秋鼎盛⑥，将归政焉。"

初，肃亲王怨王不立己，有郄⑦。英、豫二王与王同母，王视豫亲王厚，每宽假之。豫亲王之征苏尼特也⑧，王送之出安定门。及归，迎之乌兰诺尔⑨。集诸大臣，语以豫亲王功懋⑩，宜封辅政叔王，因罢郑亲王辅政，以授豫亲王。肃亲王既平四川，王摘其微罪，置之死。四年十二月，王以风疾不胜跪拜，从诸王大臣议，独贺正旦上前行礼，他悉免。五年十一月，南郊礼成⑪，赦诏曰："叔

① 南都：明太祖朱元璋建都南京，永乐年间迁都北京，故明人称南京为南都。 ② 武昌：今湖北武昌及周围地区。 ③ 九江：今江西九江及周围地区。 ④ 江南：此处泛指长江以南地区。底定：平定。 ⑤ 幼冲：年幼。冲，幼小。 ⑥ 春秋：指年龄。 ⑦ 郄（xì 戏）：同"隙"，裂缝。这里指人际的矛盾。 ⑧ 苏尼特：漠南蒙古部落名。在今内蒙锡林郭勒盟境内。 ⑨ 乌兰诺尔：地名。在今黑龙江肇州境内，嫩江东面。 ⑩ 懋：盛大。 ⑪ 南郊礼：古代封建王朝在每年的冬至日，在圜丘祭天，因地处京师南面之郊，故称为南郊大祀。

父摄政王治安天下，有大勋劳，宜加殊礼，以崇功德，尊为皇父摄政王。凡诏疏皆书之。”

六年……十二月，王妃博尔济吉特氏薨，以册宝追封为敬孝忠恭正宫元妃。

七年正月，王纳肃王福金①，福金，妃女弟也。复征女朝鲜。……

寻有疾，语贝子锡翰、内大臣席讷布库等曰：“予罹此大戚②，体复不快。上虽人主③，独不能循家人礼一临幸乎？谓上幼冲，尔等皆亲近大臣也。”既又戒曰：“毋以予言请上临幸。”锡翰等出，追止之，不及，上幸王第④。王因责锡翰等，议罪当死，旋命贳之⑤。十一月，复猎于边外。十二月，薨于喀喇城，年三十九。上闻之，震悼。丧还，率王大臣缟服迎奠东直门外⑥。诏追尊为“懋德修道广业定功安民立政诚敬义皇帝，庙号成宗”。明年正月，尊妃为义皇后。祔太庙⑦。

王无子，以豫亲王子多尔博为后，袭亲王，俸视诸王

---

① 福金：即“福晋”，满语中妻子的意思。清朝亲王、郡王的妻子称为福晋。 ② 大戚：大的不幸和痛苦。此处指王妃博尔济吉特氏的去世。 ③ 人主：君主。 ④ 幸：指帝王驾临。 ⑤ 贳（shì 世）：通“赦”，赦免。 ⑥ 缟（gǎo 搞）服：此处指丧服。缟，白色。 ⑦ 太庙：古代帝王的祖庙。

三倍，诏留护卫八十员①。又以王近侍苏克萨哈、詹岱为议政大臣。二月，苏克萨哈、詹岱讦告王薨时，其侍女吴尔库尼将殉②，请以王所制八补黄袍、大东珠朝珠、黑貂褂置棺内。王在时，欲以两固山驻永平，谋篡大位。固山额真谭泰亦言王纳肃王福金，复令肃王子至第较射，何洛会以恶言詈之。于是郑亲王济尔哈朗、巽亲王满达海、端重亲王博洛、敬谨亲王尼堪及内大臣等疏言："昔太宗文皇帝龙驭上宾③，诸王大臣共矢忠诚④，翊戴皇上⑤。方在冲年，令臣济尔哈朗与睿亲王多尔衮同辅政。逮后多尔衮独擅威权，不令济尔哈朗预政，遂以母弟多铎为辅政叔王。背誓肆行，妄自尊大，自称皇父摄政王。凡批票本章⑥，一以皇父摄政王行之。仪仗、音乐、侍从、府第，僭拟至尊⑦。擅称太宗文皇帝序不当立，以挟制皇上。构陷威逼，使肃亲王不得其死，遂纳其妃，且收其财产。更悖理入生母于太庙。僭妄不可枚举。臣等从前

---

① 护卫八十员：多尔衮生前拥有一百名护卫，他死后，其子按规定只能有六十名护卫，皇上特命保留八十名，以示优待。 ② 殉：殉葬。 ③ 龙驭上宾：旧作皇帝死的用语。龙驭，皇帝车驾。上宾，为天帝的宾客。 ④ 矢：通"誓"，宣誓。 ⑤ 翊(yì 易)：辅助。 ⑥ 票：票拟。清政府内阁接到臣子的奏章后，用小票写上所拟批答，再由皇帝朱笔批阅，称为票拟。本章：指奏章。 ⑦ 僭(jiàn 箭)：超越本分。

畏威吞声，今冒死奏闻，伏愿重加处治①。”诏削爵，撤庙享，并罢孝烈武皇后谥号庙享②，黜宗室，籍财产入官，多尔博归宗。

【翻译】

睿亲王多尔衮，是太祖的第十四个儿子。起初封为贝勒。天聪二年，太宗征伐察哈尔的多罗特部，在敖穆楞打败了敌人，多尔衮有功劳，赐号墨尔根代青。三年，跟随皇上从龙井关进入明朝边境，与贝勒莽古尔泰等人攻下汉儿庄，奔赴通州，逼近明朝首都，在广渠门外打败袁崇焕、祖大寿的援兵，又在蓟州歼灭了山海关的援兵。四年，领兵撤回，多尔衮与莽古尔泰率部先行，又击败敌人。五年，开始设立六部，多尔衮主管吏部事务。跟随皇上包围大凌河，开战时，多尔衮冲入敌阵，明朝士兵掉下壕沟的有一百多人，城墙上大炮、弓箭齐发，将士中有死亡的。皇上严词谴责各位将帅没有阻拦多尔衮。祖大寿约定将锦州城进献，多尔衮与阿巴泰等人率领士兵四千人，改了装束跟大寿作出溃败逃跑的样子，袭击锦

① 伏：敬辞。 ② 孝烈武皇后：指多尔衮生母，努尔哈赤妃子纳喇氏，为努尔哈赤殉葬死。多尔衮摄政，赠谥号为孝烈恭敏献哲仁和赞天俪圣武皇后，附祭太庙。

州，锦州城中的军队迎战，我军打败了明朝军队。

……九年，皇上命令多尔衮会同岳托等人率领一万人去招降察哈尔林丹汗的儿子额哲，军队返回时渡过黄河，多尔衮从平鲁卫抵达朔州，攻破了宁武关，劫掠代州、忻州、崞县、黑峰口以及应州，再从归化城带着归降的部众返回。林丹汗得到元朝皇帝所用玉印，刻着"制诰之宝"四字，多尔衮让额哲进献给皇上，群臣因此写表奉上尊号，请求太宗正式登上帝位。崇德元年，进封为睿亲王。武英郡王阿济格等人率领部队讨伐明朝，皇上命令睿亲王会同多铎进攻山海关，以钉住山海关的明军。阿济格的捷报传来，于是撤回。跟随皇上征伐朝鲜，会同豪格另从宽甸进入长山口，攻克昌州。进而攻打江华岛，攻克了。擒获了朝鲜的王妃以及她的两个儿子，国王李倧请求投降。皇上返回盛京，命令亲王管束后继部队，带着朝鲜作人质的王子李湟、李淏以及大臣的儿子返回。

三年，皇上征伐喀尔喀，亲王留守盛京，修筑辽阳的都尔弼城。城堡修成后，命名为屏城；又修筑了盛京到辽河的大路。八月，被任命为奉命大将军，率领左翼部队，岳托率领右翼部队，讨伐明朝。从董家口拆毁边境城墙进入，约定与右翼部队在通州的河西务会师。然后越过明朝京都抵达涿州，分兵八路，一路攻城掠地抵达山西，再向南攻取保定，打败了明朝总督卢象升。接着奔赴临清，渡过运河，攻克济南。返回途中劫掠天津、迁安，从青山关出境。攻克四十多座城池，招降六座城池，俘虏人口二十五万还多，受赏赐马五匹，银子二万两。五年，在义州屯田，攻克锦州城西面的九座城堡，收割那里的庄稼。又攻克小凌河西面的两座城堡，连续在杏山、松山之间击败明朝军队。……

八年，太宗驾崩，亲王与各位亲王、郡王、贝勒、大臣拥戴世祖登位。诸王、贝勒、大臣商议让郑亲王济尔哈朗与亲王共同辅助朝政，宣誓说："如有不主持公道辅助治理国家、妄自尊大的，天地将予以谴责！"郡王阿达礼、贝子硕托劝亲王自立为帝，亲王揭发了他们的阴谋，诛杀了阿达礼、硕托。不久与济尔哈朗商议停止诸王、贝勒管理六部事务。顺治元年正月，亲王拒绝了朝鲜的馈赠，对济尔哈朗以及各位大臣说："朝鲜国王因为我攻取江华时，保全了他的妻子和儿子，经常以私人名义赠送东西给我。先帝的时候一定先报告皇上然后接受，如今辅助朝政，从道义上讲不该有私交，所以不应当接受。"因此一并禁止外国馈赠东西给诸王、贝勒。济尔哈朗谕告各位大臣，凡有事先禀告亲王，书写姓名时也将亲王写在前面。亲王从这时候起开始独揽朝政。固山额真何洛会等人揭发肃亲王豪格心怀不满。因而召集诸王大臣共同商议，除去了他的爵位。大臣扬善等因谄媚依附，被判处死罪。

四月乙丑，皇上登笃恭殿，授予亲王奉命大将军的大印，以及皇帝所用的大旗和华盖，命令他根据事势所宜自行处理政务，率领武英郡王阿济格、豫郡王多铎以及孔有德等人讨伐明朝。丙寅，从盛京出发。壬申，驻扎翁后。明朝平西伯吴三桂从山海关送来书信请求出兵援助，亲王得到书信，调动军队向山海关进发。……

丁丑，驻扎连山。三桂再次派遣使者请求迅速前往，部队夜晚越过宁远抵达沙河。戊寅，距离山海关十里，三桂来报李自成的军队已经出了边关。亲王命令诸王迎战，在一片石打败了李自成的将领唐通。己卯，抵达山海关，三桂出关迎接，亲王慰劳了他。命令所属部队用白布系在肩上作为标记，先驰驱马入关。当时李自成率领着二十多万人，从北山开始列阵，连绵不断直到大海。我军列阵不到海岸，亲王下令说："流贼横行已久，凶悍而且人数众多，不可轻敌。我观察他们的阵容虽然强大，但首尾不相顾及。可以集结我军兵力如鱼鳞般密密排列在一起，窥视敌阵的尾部，等到他们疲惫时攻击他们，就一定能够胜利。奋力攻破此阵，大业就成功了。切勿违反调度和命令！"既已排成队列，命令三桂等候在右翼的后面。双方搏斗，大风扬起尘沙，咫尺之间都无法辨认。奋战了很久,部队喧哗起来。风停了,部队从三桂阵地的右边突然出击,直捣敌人的主力部队,万马迅疾,弓箭激飞。自成登上高处远远望见,丧失了胆气,拍马而逃。我军无不以一当百,追赶了四十里,自成溃败逃走。亲王当即在军前以皇上的名义给三桂进爵为平西王。下令关内的军民一律剃发。拨骑兵、步兵各一万人隶属三桂,追击自成。于是与诸将帅宣誓说:“这次行动是为了翦除暴虐拯救百姓,消灭贼寇以安定天下。禁止滥杀无辜、掠夺财物、焚烧房屋。如有不照此约办理者,就定他的罪。”从山海关往西,百姓中有逃避到山里去的,都返回乡里,剃了头发,迎接投降。辛巳,部队驻扎新河驿,派人报捷,然后部队继续前进。一路上有明朝将帅官吏出来投降的,命他们仍旧担任原来的职务。

五月戊子初一日,部队驻扎通州。自成已在前一天焚烧了皇宫,装载着粮草物资往西而去。亲王命令诸王会同三桂各自率领所属部队追击自成。己丑,亲王整顿军队进入京师,明朝的将帅官吏和军士百姓到朝阳门外迎接,设置了帝王的仪仗队,请亲王乘坐辇车,亲王说:“我效法周公辅助幼主,不应当乘坐。”众人以周公曾经背负屏风南面而坐代理政务为由,坚持请求,于是亲王命令将天子仪仗队排列在亲王的仪仗面前,奏起乐曲,向天礼拜，又向皇宫礼拜，才乘上辇车，登上武英殿。明朝将帅官吏入殿拜见，口呼万岁。亲王下令将士们全部待在城楼上，不许进入百姓家中，百姓安居如故。为崇祯皇帝发丧三天，置备了皇帝的礼仪来安葬他。那些投降的大臣，让他们仍旧按照明朝的职务管理政务。……

亲王原先命令官吏百姓一律剃发，继而听说违背了百姓的意愿，下令延缓执行。下令告诫整顿官吏，搜罗贤才，收容和抚恤城市中的贫民。采用汤若望的建议，考订修正历法，定名为《时宪历》。……六月，派遣辅国公屯济喀、和托、固山额真何洛会等人去迎接皇上，定都燕京。

明朝福王朱由崧在江宁称帝，派遣他的大学士史可法在扬州督率部队，设立了江北四镇，沿着淮安府、徐州设置防守部队。……

九月，皇上进入山海关，亲王率领诸王群臣在通州迎接。皇上抵达京师，封亲王为叔父摄政王，赐给貂皮绣蟒朝服。十月乙卯初一日，皇上登位。因亲王功高，命令礼部尚书朗球、侍郎兰拜、启心郎渥赫为他建立石碑记录功绩，加赐册封的盖有宝玺的文书、黑狐冠一顶，冠上饰有东珠十三颗，黑狐裘衣一件，再附上金、银、马匹、骆驼。二年，郑亲王等人经过协商确定了关于摄政王的礼仪制度，上奏皇帝；与诸王相比其礼仪更为尊崇。

亲王说:“在皇上面前不敢违礼,其他的可以遵照其所建议的办理。”次日入朝,各位大臣下跪迎接,亲王命令座车返回,责问大学士刚林等人说:“这是上朝的宫门,各位大臣为什么要在这里给我下跪?”御史赵开心上疏说:“王爷以皇叔的至亲身份,兼以摄政王的尊贵地位,臣民怎么肯不跪拜舞蹈呢?只是王爷的恩典都是皇上的恩典,群臣拜见王爷,也应当在礼数上有所限制,与朝见皇上不同。以使诸臣既不丧失尊敬王爷的心意,也成全王爷尊敬皇上的心意。皇上称王爷为叔父摄政王,王爷是皇上的叔父,只有皇上才能够这样称呼。假若是臣子百姓应当在‘叔父’上面加一个‘皇’字,这样才能区别上下,尊重体制。”把这一奏疏交给礼部讨论后施行。这一年的六月,豫亲王攻克扬州,史可法死在战斗中,接着攻破了明朝的南都。闰六月,英亲王追逐李自成一直到武昌,又向东攻取九江,原明朝宁南侯左良玉的儿子梦庚率领部众投降,江南得以平定。十月,皇上赐给亲王马匹,亲王入宫拜谢,皇上下诏说:“遇到朝贺大典,朕接受睿亲王的礼拜。如果是一般性的见面,不必与其他诸王相同。”亲王回答说:“皇上正当幼年,臣不敢违背礼仪,等到皇上亲自执政了,凡有宠爱和恩典,那我不敢推辞。”亲王当时代替皇上处理国事很久了,地位高功勋大,时时告诫各位大臣要尊敬地侍奉皇上,说:“等到皇上成年以后，将把朝政归还皇上。”

原先，肃亲王怨恨亲王没有拥立自己为皇帝，与亲王有矛盾。英、豫两位亲王和亲王是同母所生，但亲王对待豫亲王感情深，经常宽容他。豫亲王征伐苏尼特时，亲王一直将他送出安定门。等到返回，又到乌兰诺尔去迎接他。召集各位大臣，对他们说豫亲王功大，应当封为辅政叔王，因而停止郑亲王辅政，并将辅政权力授予豫亲王。肃亲王既已平定了四川，亲王故意抓住他的小小过失，处以死刑。四年十二月，亲王以风寒病不能跪拜，听从诸王、大臣的建议，只在庆贺正月初一的大礼时到皇上面前行礼，其他场合都免了。五年十一月，南郊祭天大礼结束，皇上在大赦诏书中说：“叔父摄政王治理平定天下，有极大的功勋，应当加以特殊的礼遇，以尊崇他的功德，尊为皇父摄政王。凡诏书、奏疏中都必须书写。”

六年……十二月，亲王的王妃博尔济吉特氏去世，用盖有宝玺的册书追封王妃为敬孝忠恭正宫元妃。

七年正月，亲王娶了肃亲王的福金。福金，是亲王去世王妃的妹妹。亲王又到朝鲜征选美女。……

不久亲王有病，对贝子锡翰、内大臣席讷布库等人说：“我遭到这样大的不幸，身体又不好，皇上虽然是天子，难道就不能遵照家人的礼仪来一次吗？虽说是皇上年幼，想不到这一点，但你们都是皇上的亲近大臣啊。”一会儿又告诫说：“不要以我刚才的话去请皇上来看我。”锡翰等人出去后，亲王派人去追赶阻止他们，没有追上。皇上亲临亲王府第。亲王因此责怪锡翰等人，命有关部门议定他们的罪，认为应处死刑，不久亲王又下令赦免了他们。十一月，再次在边境外打猎。十二月，在喀喇城去世，年龄为三十九岁。皇上听到这一消息，感到震惊悲痛。灵柩返京时，皇上率领诸王、大臣穿着丧服到东直门外迎接并祭奠。下诏追加尊号为“懋德修道广业定功安民立政诚敬义皇帝，庙号成宗”。第二年正月，尊王妃为义皇后。附祭在太庙中。

亲王没有儿子，过继豫亲王的儿子多尔博为儿子，承袭睿亲王爵位，俸禄与诸王相比是他们的三倍，皇上下诏给多尔博留下护卫八十人。又任用亲王的亲近侍从苏克萨哈、詹岱为议政大臣。二月，苏克萨哈、詹岱揭发上告亲王去世之时，他的侍女吴尔库尼将殉葬时，请求将为亲王所制作的八补黄袍、大东珠朝珠、黑貂褂子放置在棺中。亲王在世时，想用两个固山的兵力驻扎永平，阴谋篡夺皇位。固山额真谭泰也上言说亲王娶肃亲王的福金，又命令肃王的儿子到亲王府中较量射箭，何洛会用恶毒的语言骂他。于是郑亲王济尔哈朗、巽亲王满达海、端重亲王博洛、敬谨亲王尼堪以及内大臣等人上疏说："以前太宗文皇帝龙驾升天，诸王、大臣共同宣誓尽忠，以辅助拥戴皇上。皇上正当幼年，命令臣济尔哈朗与睿亲王多尔衮共同辅助朝政。到后来多尔衮独揽朝政，作威作福，不让济尔哈朗参预朝政，接着任命同母弟多铎为辅政叔王。背弃誓言，胡作非为，妄自尊大，自称为皇父摄政王。凡是批示票拟、奏章，一律以皇父摄政王的名义签发执行。仪仗、音乐、侍从、府第，超越本分地模仿皇上。擅敢宣称太宗文皇帝按照次序不应当立为皇帝，以此来要挟控制皇上。通过诬陷和威逼，使得肃亲王不得善终，还娶了肃亲王的王妃，并没收了他的财产。更违背伦常，将生母送入太庙。他的僭越妄为多得无法一件件列举出来。臣等从前畏惧他的威势而忍气吞声，如今冒着死罪向皇上上奏，希望重重地加以处治。"下诏削去他的爵位，撤销在太庙中享受祭祀的待遇，一并撤销孝烈武皇后的谥号和在太庙中配享祭祀的待遇，除去亲王的宗室身份，抄没财产充公，多尔博回归本宗。

郑成功传

郑成功是清初抗击清兵、驱逐荷兰侵略者、收复我国领土台湾的民族英雄。这篇传记以主要篇幅描写郑成功的抗清斗争，叙述较为客观。对于郑成功经营台湾的记叙比较简略，但基本上勾勒出他在台湾所推行的政策措施，肯定了他的功绩。

郑成功，初名森，字大木，福建南安人。父芝龙，明季入海，从颜思齐为盗，思齐死，代领其众。崇祯初，因巡抚熊文灿请降，授游击将军。以捕海盗刘香、李魁奇，攻红毛功[1]，累擢总兵。

芝龙有弟三：芝虎、鸿逵、芝豹。芝虎与刘香搏战死。鸿逵初以武举从军，用芝龙功，授锦衣卫掌印千户。崇祯十四年，成武进士。明制，勋卫举甲科进三秩[2]，授都指挥使。累迁亦至总兵。福王立南京，皆封伯，命鸿逵守瓜洲。顺治二年，师下江南，鸿逵兵败，奉唐王聿键入福建，与芝龙共拥立之，皆进侯，封芝豹伯。未几，又进芝龙平国公、鸿逵定国公。

芝龙尝娶日本妇，是生森，入南安学为诸生。芝龙引谒唐王，唐王宠异之，赐姓朱，为更名。寻封忠孝伯。唐王倚芝龙兄弟拥重兵，芝龙族人彩亦封伯，筑坛拜彩、鸿逵为将，分道出师。迁延不即行。招抚大学士洪承畴与芝龙同县[3]，通书问，叙乡里，芝龙挟二心。三年，贝勒博洛师自浙江下福建，芝龙撤仙霞关守兵不为备[4]，唐王坐是败。博洛师次泉州，书招芝龙，芝龙率所部降，成功谏不听。芝龙欲以成功见博洛，鸿逵阴纵之入海。四年，博洛师还，以芝龙归京师，隶汉军正黄旗，授三等精

---

① 红毛：明清时称荷兰人为“红毛番”。 ② 勋卫：勋臣宿卫之官。甲科：进士科。此处指武进士。 ③ 招抚大学士：洪承畴时任“招抚南方总督军务大学士”，奉命招抚江南各省。 ④ 仙霞关：在今浙江江山市南的仙霞岭上，为闽、浙要冲。

奇尼哈番①。

成功谋举兵，兵寡，如南澳募兵②，得数千人。会将吏盟，仍用唐王隆武号，自称“招讨大将军”。以洪政、陈辉、杨才、张正、余宽、郭新分将所部分，移军鼓浪屿。成功年少，有文武略，拨出诸父兄中，近远皆属目，而彩奉鲁王以海自中左所改次长垣③，进建国公，屯厦门。彩弟联，鲁王封为侯，据浯屿④，相与为犄角。成功与彩合兵攻海澄⑤，师赴援，洪政战死。成功又与鸿逵合兵围泉州，师赴援，围解。鸿逵入揭阳⑥。成功颁明年隆武四年《大统历》。五年，成功陷同安⑦，进犯泉州。总督陈锦师至，克同安，成功引兵退。六年，成功遣其将施琅等陷漳浦⑧，下云霄镇⑨，进次诏安⑩。明桂王称帝，号肇庆，至是已三年。成功遣所署光禄卿陈士京朝桂王，始改用永历号，桂王使封成功延平公。鲁王次舟山，彩与鲁王贰，杀鲁王大学士熊汝霖及其将郑遵谦。七年，成功攻潮州，总兵王邦俊御战，成功败走。攻碣石寨，不克，施琅

① 精奇尼哈番：满语音译，清代封爵名。汉文为子爵。② 南澳：即今广东南澳县。 ③ 中左所：即今福建厦门。明代置中左千户所。 ④ 浯屿：即今金门岛。 ⑤ 海澄：旧县名。治所在今福建龙海县东南海澄镇。 ⑥ 揭阳：今广东揭阳。⑦ 同安：今福建同安。 ⑧ 漳浦：今福建漳浦。 ⑨ 云霄镇：即今福建云霄县治所。 ⑩ 诏安：今福建诏安。

出降。成功袭厦门，击杀联，夺其军，彩出驻沙埕。鲁王将张名振讨杀汝霖、遵谦罪，击彩，彩引余兵走南海，居数年，成功招之还，居厦门。卒。

八年，桂王诏成功援广州，引师南次平海①，使其族叔芝莞守厦门。福建巡抚张学圣遣泉州总兵马得功乘虚入焉，尽攫其家资以去。成功还，斩芝莞，引兵入漳州。提督杨名高赴援，战于小盈岭，名高败绩。进陷漳浦。总督陈锦克舟山，名振进奉鲁王南奔，成功使迎居金门。九年，陷海澄，锦赴援，战于江东桥，锦败绩，左次泉州。成功复取诏安、南靖、平和②，遂围漳州。锦师次凤凰山，为其奴所杀，以其首奔成功。漳州围八阅月，固山额真金砺等自浙江来援，与名高兵合，自长泰间道至漳州③，击破成功。成功入海澄城守，金砺等师薄城，成功将王秀奇、郝文兴督兵力御，不能克。

上命芝龙书谕成功及鸿逵降，许赦罪授官，成功阳诺，诏金砺等率师还浙江。十年，封芝龙同安侯，而使赍敕封成功海澄公、鸿逵奉化伯，授芝豹左都督。芝龙虑成功不受命，别为书使鸿逵谕意，使至，成功不受命，为

---

① 平海：明置平海卫，治所在今福建莆田东南平海。

② 南靖：县名。治所在今福建南靖东北靖城镇。平和：县名。治所在今福建平和西九峰镇。 ③ 长泰：今福建长泰。

书报芝龙。芝豹奉其母诣京师。成功复出掠福建兴化诸属县。十一年，上再遣使谕成功，授靖海将军，命率所部分屯漳、潮、惠、泉四府①。

成功初无意受抚，乃改中左所为思明州，设六官理事，分所部为七十二镇；遥奉桂王，承制封拜，月上鲁王豚、米，并厚廪泸溪、宁靖诸王，礼待诸遗臣王忠孝、沈佺期、郭贞一、卢若腾、华若荐、徐孚远等，置储贤馆以养士。名振进率所部攻崇明②，谋深入，成功嫉之，以方有和议③，召使还。名振俄遇毒死。成功托科饷，四出劫掠，蔓及上游。福建巡抚佟国器疏闻，上密敕为备。李定国攻广东急，使成功趣会师。成功遣其将林察、周瑞率师赴之，迁延不即进。定国败走，成功又攻漳州，千总刘国轩以城献，再进，复陷同安。其将甘辉陷仙游④，穴城入，杀掠殆尽。至是和议绝。

上命郑亲王世子济度为定远大将军⑤，率师讨成功。十二年，左都御史龚鼎孳请诛芝龙，国器亦发芝龙与成功私书，乃夺芝龙爵，下狱。成功遣其将洪旭、陈六御攻

---

① 漳、潮、惠、泉四府：指今福建漳州、广东潮州、惠州、福建泉州及周围广大地区。清代置府。 ② 崇明：今上海崇明岛，地处东海长江口。 ③ 和议：指清王朝命成功分屯漳、潮、惠、泉四府事。 ④ 仙游：今福建仙游。 ⑤ 世子：指清代亲王的嫡长子。

陷舟山，进取温、台，闻济度师且至，隳安平镇及漳州、惠安、南安、同安诸城①，撤兵聚思明。济度次泉州，檄招降，不纳；易为书，成功依违答之②。上又令芝龙自狱中以书招成功，谓不降且族诛，成功终不应。十三年，济度以水师攻厦门，成功遣其将林顺、陈泽拒战。飓起，师引还。

成功以军储置海澄，使王秀奇与黄梧、苏明同守。梧先与明兄茂攻揭阳未克，成功杀茂，并责梧。梧、明并怨成功，俟秀奇出，以海澄降济度。诏封梧海澄公，驻漳州。尽发郑氏墓，斩成功所置官。大将军伊尔德克舟山，击杀六御。成功攻陷闽安城牛心塔，使陈斌戍焉。十四年，鸿逵卒。师克闽安，斌降而杀之。成功陷台州。

十五年，谋大举深入，与其将甘辉、余新等率水师号十万，陷乐清③，遂破温州。张煌言来会。将入江，次羊山④，遇飓，舟败，退泊舟山。桂王使进封为王，成功辞，仍称招讨大将军。十六年五月，成功率辉、新等整军复出，次崇明，煌言来会。取瓜洲，攻镇江，使煌言前驱，溯江上。提督管效忠师赴援，战未合，成功将周全斌以所部陷阵，大雨，骑陷淖，成功兵徒跣击刺，往来剽疾，效忠

---

① 惠安：今福建惠安。 ② 依违：模棱两可的意思。 ③ 乐清：今浙江乐清。 ④ 羊山：岛名，今浙江嵊泗列岛之一。

师败绩。成功入镇江，将以违令斩全斌，继而释之，使守焉；进攻江宁，煌言次芜湖，庐、凤、宁、徽、池、太诸府县多与通款①，腾书成功，谓宜收旁郡县，以陆师急攻南京。成功狃屡胜②，方谒明太祖陵，会将吏置酒，辉谏不听。崇明总兵梁化凤赴援，江宁总管喀喀木等合满、汉兵出战，袭破新军，诸军皆奔溃，遂大败，生得辉杀之。成功收余众犹数万，弃瓜洲、镇江，出海，欲取崇明。江苏巡抚蒋国柱遣兵赴援，化凤亦还师御之，成功战复败，引还。煌言自间道走免。

上遣将军达素、闽浙总督李率泰分兵出漳州、同安，规则厦门。成功使陈鹏守高崎，族兄泰出浯屿，而与周全斌、陈辉、黄庭次海门③。师自漳州薄海门战，成功将周瑞、陈尧策死之，迫取辉舟，辉焚舟。战方急，风起，成功督巨舰冲入，泰亦自浯屿引舟合击，师大败，有满洲兵二百降，夜沈之海、师自同安向高崎，鹏约降。其部将陈蟒奋战，师以鹏已降，不备，亦败，成功收鹏杀之，引还。十七年，命靖南王耿继茂移镇福建，又以罗托为安南将

① 庐、凤、宁、徽、池、太：指清代的庐州府（治所为今安徽合肥）、凤阳府（治所为今安徽凤阳）、宁国府（治所为今安徽宣城）、徽州府（治所为今安徽歙县）、池州府（治所为今安徽贵池）、太平府（治所为今安徽当涂）。 ② 狃（niǔ 扭）：习以为常，漫不经心。 ③ 海门：在今福建龙海县东。

军，讨成功。十八年，用黄梧议，徙滨海居民入内地，增兵守边。

成功自江南败还，知进取不易；桂王入缅甸，声援绝，势日蹙，乃规取台湾。台湾，福建海中岛，荷兰红毛人居之。芝龙与颜思齐为盗时，尝屯于此。荷兰筑城二：曰赤嵌、曰王城①，其海口曰鹿耳门。荷兰人恃鹿耳门水浅不可渡，不为备。成功师至，水骤长丈余，舟大小衔尾径进，红毛人弃赤嵌走保王城。成功使谓之曰："土地我故有，当还我；珍宝恣尔载归。"围七阅月，红毛存者仅百数十，城下，皆遣归国。成功乃号台湾为东都，示将迎桂王狩焉②。以陈永华为谋主，制法律，定职官，兴学校。台湾周千里，土地饶沃，招漳、泉、惠、潮四府民，辟草莱，兴屯聚，令诸将移家实之。水土恶，皆惮行，又以令严不敢请，铜山守将郭义、蔡禄入漳州降③。是岁，圣祖即位，戮芝龙及诸子世恩、世荫、世默。

成功既得台湾，其将陈豹驻南澳，而令子锦居守思明。康熙元年，成功听周全斌谗，遣击豹，豹举军入广州降。恶锦与乳媪通，生子，遣泰就杀锦及其母董。会有

① 赤嵌：即今台湾台南。王城：古城名。荷兰人修筑的城堡，当时称台湾城，郑成功收复台湾后，改名为王城。故址在今台南安平镇。 ② 狩：巡狩。 ③ 铜山：即今福建东山县东北的东山镇，明置铜山千户所。

讹言成功将尽杀诸将留厦门者，值全斌自南澳还，执而囚之，拥锦，用芝龙初封，称平国公，举兵拒命。成功方病，闻之，狂怒啮指①。五月朔，尚据胡床受诸将谒②，数日遽卒，年三十九。

【翻译】

郑成功，原来的名字叫森，字大木，福建南安人。父亲芝龙，明代末年跑到海上，跟随颜思齐做强盗。思齐死后，接替他统领他的部众。崇祯初年，通过巡抚熊文灿向朝廷请求投降，授官游击将军。因捕获海盗刘香、李魁奇，攻打荷兰人有功，经多次提升而做到总兵。

芝龙有三个弟弟：芝虎、鸿逵、芝豹。芝虎在与刘香的搏斗中战死。鸿逵起初以武举人的身份参军，因芝龙的功劳，授官锦衣卫掌印千户。崇祯十四年，成为武进士。明代制度，勋卫中进士后可晋升三级，因此鸿逵授官都指挥使。经多次提升后也做到总兵。福王在南京建立政权后，芝龙和鸿逵都进封为伯爵。福王命令鸿逵镇守瓜洲。顺治二年，清军下江南，鸿逵的部队打了败仗，侍奉唐王聿键进入福建，和芝龙一起拥立聿键为皇

① 啮(niè 聂)：咬。 ② 胡床：亦称交床、交椅，一种轻便坐具。

帝，都被封为侯爵，封芝豹为伯爵。不久，又进封芝龙为平国公，鸿逵为定国公。

芝龙曾经娶过一位日本妇人，她生了郑森。郑森进入南安县学，成为生员。芝龙带他去拜见唐王，唐王很宠爱他，认为他与众不同，赐他姓朱，为他改名叫成功。不久，封为忠孝伯。唐王倚仗芝龙兄弟拥有大批精兵，把芝龙的同族人郑彩也封为伯爵。唐王筑起坛场，拜郑彩、鸿逵为大将，命令他们分道出兵。他们拖延着不肯立即出兵。清朝招抚大学士洪承畴和芝龙是同县人，他与芝龙通信，叙谈乡里之情，芝龙怀有二心。三年，清贝勒博洛的军队从浙江南下福建，芝龙撤走仙霞关的守军，不作防备，唐王因此而失败。博洛的军队驻扎泉州，写信招降芝龙，芝龙率领部队投降了，成功规劝他也不听。芝龙还想带成功去见博洛，鸿逵偷偷放他去了海上。四年，博洛的军队撤回，把芝龙带回京师，隶属汉军正黄旗，授予三等精奇尼哈番的头衔。

成功图谋举兵抗清，兵士少，就去南澳招募兵丁，得到几千人。会集众将官盟誓，依旧沿用唐王隆武年号，自称“招讨大将军”。派洪政、陈辉、杨才、张正、余宽、郭新分别率领所属部下，转移部队到鼓浪屿。成功年轻，有文韬武略，在他的父辈兄弟中出类拔萃，远近四方的人都注目于他。而此时郑彩侍奉鲁王朱以海从中左所移驻长垣，进封为建国公，屯扎在厦门。郑彩的弟弟郑联，被鲁王封为侯爵，占据浯沔，相互形成犄角之势。成功和郑彩合兵攻打海澄，清军赶去救援，洪政战死。成功又和鸿逵合兵包围泉州，清军赶去支援，包围解除。鸿逵退入揭阳。成功颁发次年——隆武四年《大统历》。五年，成功攻克同安，进攻泉州。清总督陈锦的军队赶到，克复了同安，成功领兵撤退。六年，成功派遣他的部将施琅等人攻克漳浦，拿下云霄镇，进兵驻扎诏安。南明桂王称帝，年号肇庆，到这时已经三年了。成功派遣其委任尚未经皇帝正式任命的光禄卿陈士京去朝见桂王，开始改用永历年号，桂王派使臣封成功为延平公。鲁王驻扎在舟山，郑彩对鲁王有了二心，杀了鲁王的大学士熊汝霖及其部将郑遵谦。七年，成功攻打潮州，清总兵王邦俊防御作战，成功败退。进攻碣石寨，未能攻下，施琅离开部队投降。成功袭击厦门，杀了郑联，夺取了他的军队。郑彩撤出厦门，驻扎在沙埕。鲁王部将张名振以声讨其杀汝霖、遵谦的罪行，袭击郑彩，郑彩带着残部退走南海，住了几年，成功招他回来，住在厦门。后来去世了。

八年，桂王命令成功支援广州，带领部队向南驻扎平海，派他的族叔芝莞留守厦门。清福建巡抚张学圣派遣泉州总兵马得功乘虚进入厦门，把成功的家财抢劫一空而去。成功回来后，杀了芝莞，带领部队进入漳州。清提督杨名高赶来援救，在小盈岭交战，名高溃败。成功进兵攻克漳浦。清总督陈锦攻克舟山，名振进军迎接鲁王，侍奉他向南逃亡，成功派人接鲁王居住在金门。九年，攻克澄，陈锦赶来支援，在江东桥交战，陈锦溃败，向东驻扎泉州。成功又夺取诏安、南靖、平和各县，接着包围了漳州。陈锦的部队驻扎在凤凰山，陈锦被他的奴仆所杀，提着他的首级投奔成功。漳州被围八个多月，固山额真金砺等人从浙江赶来救援，和名高的部队会合，从长泰的偏僻小路抵达漳州，击破了成功的部队。成功退入海澄凭城固守，金砺等人的部队逼近城下，成功部将王秀奇、郝文兴督促士兵奋力抵御，未能攻下。

皇上命令芝龙写信劝说成功和鸿逵投降，答应赦免他们的罪行并授以官职。成功表面上答应了，皇上就下诏令金砺等人率部返回浙江。十年，封芝龙为同安侯，而派使臣带着皇上的勅书封成功为海澄公、鸿逵为奉化伯，授予芝豹为左都督。芝龙担心成功不接受任命，另外写信给鸿逵转达自己的意见。使臣到后，成功果然不接受诏命，写信回复芝龙。芝豹侍奉其母亲去了京师。成功再次出兵劫掠福建兴化府所属各县。十一年，皇上再次派遣使臣劝告成功，授予他靖海将军，命他率领所属部众分别屯驻漳州、潮州、惠州、泉州四府。

成功原本无意接受招抚，于是将中左所改称思明州，设立六官管理政事，将所属部队划分为七十二镇；遥拥桂王为天子，承用桂王的名义封拜官员，每月奉给鲁王猪和米，并优厚地供给泸溪王、宁靖王诸位明藩王，以礼对待明朝各位遗臣王忠孝、沈佺期、郭贞一、卢若腾、华若荐、徐孚远等人，设置储贤馆以收养士人。张名振率领部队前进攻打崇明，谋求向内地深入。成功嫉妒他，就借口刚刚与清王朝讲和的协议，把他召了回来。名振不久中毒身亡。成功以征集军饷为名，四处出兵抢掠，并蔓延到了上游地区。福建巡抚佟国器上疏报告朝廷，皇上秘密下敕给佟国器，命令他加以防备。李定国攻打广东很猛烈，派人让成功赶去会师。成功派遣自己的部将林察、周瑞率领部队赴广东，他们拖延着不立即进发。定国溃败逃走。成功又攻打漳州，千总刘国轩将漳州城献出，成功继续进兵，再次攻克同安。他的部将甘辉攻克仙游，是在城墙上打洞进入城内的，几乎将城中烧杀抢劫一空。到这时和议终于破裂。

皇上任命郑亲王世子济度为定远大将军，率领军队讨伐成功。十二年，左都御史龚鼎孳请求诛杀芝龙，国器也揭发了芝龙给成功的私信，于是剥夺芝龙的爵位，并关进监狱。成功派遣他的部将洪旭、陈六御攻克舟山，进而夺取温州、台州。听说济度的军队即将抵达，就毁坏安平镇以及漳州、惠安、南安、同安各城，撤回兵力集结在思明。济度驻扎泉州，发布公文招降，成功不接受；改用书信，成功模棱两可地回答了他。皇上又命令芝龙从狱中写信招降成功，说再不投降就要夷灭九族，成功始终不答复。十三年，济度用水师攻打厦门，成功派遣他的部将林顺、陈泽抗拒作战。恰有飓风兴起，清军带兵撤退。

成功因军用储备物资都放在海澄，派王秀奇和黄梧、苏明共同守卫。黄梧原先和苏明的哥哥苏茂一起攻打揭阳未能攻克，成功杀了苏茂，并且责怪黄梧，黄梧、苏明都怨恨成功。等到秀奇外出时，就献出海澄城，投降了济度。朝廷下诏封黄梧为海澄公，驻扎漳州，梧将郑氏家族的祖坟全部挖开，并斩杀成功所设置的官员。大将军伊尔德攻克舟山，杀死六御。成功攻陷闽安城牛心塔，派陈斌守卫在那里。十四年，鸿逵去世。清军攻克闽安，陈斌投降后被杀。成功攻陷台州。

十五年，成功谋划大举深入内地，和他的部将甘辉、余新等人率领水师，号称十万之众，攻陷乐清，接着攻破温州。张煌言前来会合。即将进入长江，驻扎在羊山，遇上了飓风，船只毁坏，于是退兵停泊在舟山。桂王派遣使者进封成功为王，成功推辞了，仍然称招讨大将军。十六年五月，成功率领甘辉、余新等人整顿军队再次出兵，驻扎崇明，煌言前来会师。夺取瓜洲，将进攻镇江，派煌言为先锋，沿长江逆流而上。提督管效忠的部队赶来支援，战斗还没打响，成功的部将周全斌率领部下攻入敌阵。天下着大雨，坐骑都陷进泥淖中，成功手下的士兵们赤着脚冲杀，来去剽悍迅捷，效忠的军队溃败。成功进入镇江，将以违反命令的罪名杀全斌，后来放了他，派他守卫镇江；将进攻江宁，煌言驻扎在芜湖，庐州、凤阳、宁国、徽州、池州、太平各府县多与煌言通好。传信给成功，说应当收复沿江周围各府县，派陆军猛攻南京。成功因屡获胜利而漫不经心，正在拜谒明太祖的陵墓，会集将吏们置酒庆贺，甘辉劝谏也不听。崇明总兵梁化凤赶来支援，江宁总管喀喀木等人集合满、汉军队出战，击破余新的部队，其他部队也都奔逃溃败，于是大败，清军活捉甘辉并杀了他。成功收拾残余部众仍有数万人，于是放弃了瓜洲、镇江，退至海上，想夺取崇明。江苏巡抚蒋国柱派兵赶来增援，化凤也回师抵抗。成功作战再次失败，引兵撤退。煌言则从小道逃脱。

皇上派遣将军达素、闽浙总督李率泰分别领军从漳州、同安出兵，谋划夺取厦门。成功派陈鹏镇守高崎，派族兄郑泰从浯屿出兵，而自己和周全斌、陈辉、黄庭驻扎海门岛。清军从漳州逼近海门，发起战斗，成功部将周瑞、陈尧策战死，清军逼近，想夺取陈辉的船只，陈辉焚毁了船只。战斗进行得正紧急时，刮起了大风，成功督率巨舰冲进阵地，郑泰也正好从浯屿前来合击，清军大败，有二百多个满洲士兵投降，夜里，成功将他们沉入大海。清军从同安向高崎进兵，陈鹏约定投降，而他的部将陈蟒奋力迎战，清军因为陈鹏已投降，没做什么准备，也遭到失败。成功逮住陈鹏并杀了他，领兵撤回。十七年，清政府命令靖南王耿继茂改驻福建，又任命罗托为安南将军，讨伐成功。十八年，采用黄梧的建议，将沿海的居民迁移到内地，增派兵力防守海疆。

成功自从江南战败回来，知道进攻内地求取发展不容易；当时桂王进入缅甸，接应声援也断绝了，形势一天天窘迫起来，于是就筹划夺取台湾。台湾，是福建省的海中岛屿，荷兰人占据在那儿。芝龙和颜思齐做强盗的时候，曾经屯扎在那里。荷兰人在那里修筑了两座城池：一叫赤嵌，一叫王城，它的海岛口岸叫做鹿耳门。荷兰人仗着鹿耳门的水浅，船只不能靠岸，未加防备。成功的军队到达时，海水一下子涨高了一丈多，大大小小的船只首尾相接，直接驶进，荷兰人放弃了赤嵌城，退守王城。成功派人对荷兰人说："土地原来就是我们的，理当归还给我；珍宝听任你们装回去。"围城历时七个多月，荷兰人仅剩下了一百多人。城攻下后，成功把他们都遣返回国。于是成功称台湾为东都，表示将迎接桂王来此巡视。他用陈永华为主要谋划人，制定法律，确定职官，兴办学校。台湾四周方圆千里，土地富饶肥沃，成功招募漳州、泉州、惠州、潮州四府的百姓，开荒种地，兴建村落，命令手下各位将领把家口搬来以充实这些地方。因台湾水土环境恶劣，众将领都害怕到这儿安家，又因为成功的命令严厉而不敢向他请求，铜山守将郭义、蔡禄进漳州投降了清政府。这一年，康熙皇帝登位，杀了芝龙以及他的几个儿子世恩、世荫、世默。

成功夺取台湾后，他的部将陈豹驻守南澳，而命令他的儿子郑锦居守在思明。康熙元年，成功听信周全斌的谗言，派兵袭击陈豹。陈豹带着全部人马进广州投降了清政府。成功痛恨儿子郑锦和奶娘私通，还生了儿子，派遣郑泰就地杀掉郑锦和锦母董氏。正好这时候有谣言传说成功将要杀光留驻厦门的各位将领，又适逢全斌从南澳回到厦门，众将领抓住全斌并囚禁了他，拥戴郑锦，用芝龙当年的封号，称为平国公，起兵抗拒成功。成功正在患病，听到这个消息，狂怒地啃咬自己的手指。五月初一那天，他还靠在胡床上接受诸位将领的谒见，几天后突然去世，年龄为三十九岁。

黄宗羲传

明清易代之际，涌现出许多坚持民族气节的思想家，黄宗羲就是其中的杰出代表之一。清兵南下时，他曾积极参加抗清活动。在学术研究上，著作繁富，其中《明儒学案》叙述明代学术思想的流派和衍变，这种体裁在中国历史上是他首创，也是对中国学术史的杰出贡献；《明夷待访录》则对封建专制政治的不合理性有所批判，蕴含着民主思想的萌芽，成为后来戊戌变法时维新派的思想武器之一。另外还有历法、天文、数学方面的著作，充分反映出其学问的渊博。他提倡经世致用，贵创造，重证据，开拓了清代学术的新风貌。这篇传记主要记述其政治活动，也较详细地开列了他的著作书目。

黄宗羲字太冲，余姚人①，明御史黄尊素长子②。尊素为杨、左同志③，以劾魏阉死诏狱④，事具《明史》。思宗即位⑤，宗羲入都讼冤。至则逆阉已磔⑥，即具疏请诛曹钦程、李实⑦。会廷鞫许显纯、崔应元⑧，宗羲对簿⑨，出所袖锥锥显纯，流血被体；又殴应元，拔其须归祭尊素神主前⑩；又追杀牢卒叶咨、颜文仲，盖尊素绝命于二卒

① 余姚：今浙江余姚。 ② 黄尊素：明末东林名士。天启(1621—1627)年间任御史，因继杨涟后弹劾太监魏忠贤专权，削职归籍。不久下狱，受酷刑而死。 ③ 杨、左：指杨涟、左光斗。因弹劾魏忠贤，被魏诬陷，死狱中。 ④ 魏阉：指魏忠贤。天启年间任司礼秉笔太监，专断国政。天启五年兴大狱，杀杨涟、左光斗等人。崇祯帝即位，黜职，安置在凤阳，不久下令逮捕，他在途中畏罪自杀。阉，阉人，即太监。诏狱：皇帝下旨审处的犯罪案件称为诏狱。 ⑤ 思宗：即崇祯皇帝，庙号思宗。 ⑥ 磔(zhé)：古代的一种酷刑，即分尸。 ⑦ 曹钦程、李实：均为魏忠贤同党。 ⑧ 廷鞫(jū 居)：指明代中央政府的司法、监察机构刑部、都察院、大理寺会审犯人。根据明朝制度，凡特别重要的案件需经过这三个机构会审，见《明史·职官志》："都察院……大狱重囚会鞫于外朝，偕刑部、大理谳平之。"廷，朝廷，这里指"外朝"。许显纯、崔应元：也是魏忠贤同党。 ⑨ 对簿：对质。簿，指文状。 ⑩ 神主：为死去的人所立的牌位。

手也。时钦程已入逆案①,实疏辨原疏非己出,阴致金三千求宗羲弗质,宗羲立奏之,谓:“实今日犹能贿赂公行,其所辨岂足信?”于对簿时复以锥锥之。狱竟,偕诸家子弟设祭狱门,哭声达禁中②。思宗闻之,叹曰:“忠臣孤子,甚恻朕怀。”归,益肆力于学。愤科举之学锢人,思所以变之。既尽发家藏书读之,不足,则抄之同里世学楼钮氏③,澹生堂祁氏④,南中则千顷堂黄氏⑤,绛云楼钱氏⑥,且建续抄堂于南雷⑦,以承东发之绪⑧。山阴刘宗周倡道蕺山⑨,以忠端遗命从之游⑩。而越中承海门周

---

① 逆案:即魏忠贤及其同党一案。 ② 禁中:即宫中。 ③ 钮氏:指会稽钮石溪家,石溪为藏书家,世学楼为其楼名。 ④ 祁氏:指明山阴祁承㸁家,承㸁为藏书家,所建藏书室名“澹生堂”。 ⑤ 南中:指明朝的南京。千顷堂黄氏:明晋江(今福建晋江)黄虞稷所建藏书室名“千顷堂”。黄氏当时居于南京。 ⑥ 绛云楼钱氏:明末清初常熟钱谦益所建藏书楼名“绛云楼”。常熟在明代属于南直隶(南京)。 ⑦ 南雷:即南雷里。黄宗羲里居。 ⑧ 东发:黄震,字东发,慈溪人。学者称於越先生。南宋末思想家。绪:前人未竟的功业。 ⑨ 山阴:旧县名,治所在今浙江绍兴。蕺(jí 疾)山:在浙江绍兴境内。刘宗周在此创建证人书院进行讲学。 ⑩ 忠端:指黄尊素。福王时追加谥号忠端。游:这里是从师学习的意思。

氏之绪①，援儒入释②，姚江之绪几坏③。宗羲独约同学六十余人力排其说。故蕺山弟子如祁、章诸子皆以名德重④。而御侮之功莫如宗羲。弟宗炎、宗会，并负异才，自教之，有“东浙三黄”之目⑤。

戊寅，南都作《防乱揭》攻阮大铖⑥，东林子弟推无锡顾杲居首⑦，天启被难诸家推宗羲居首。大铖恨之刺骨，骤起⑧，遂按揭中一百四十人姓氏，欲尽杀之。时宗羲方上书阙下而祸作⑨，遂与杲并逮。母氏姚叹曰：“章妻、滂

① 越中：泛指春秋时越地，即今浙江绍兴及周围地区。海门周氏：指周汝登，万历间进士，海门是他的号。师事罗汝芳。罗汝芳为王守仁弟子王艮的再传弟子，强调“赤子良心，不学不虑”，接近禅宗的思想。周汝登继承了罗汝芳的学说。② 释：佛教。文中指佛教禅宗一派。 ③ 姚江：指明姚江学派的创始人王守仁。守仁为浙江余姚人，境内有姚江，故名。 ④ 祁、章：祁：祁彪佳，明天启进士，官至右佥都御史。清军攻破南京，绝食而死。章：章正宸，明崇祯进士，福王时官至大理丞。明亡，弃家为僧。 ⑤ 目：名目、名称。 ⑥ 阮大铖：天启时依附魏忠贤，崇祯时被废斥。 ⑦ 东林子弟：泛指东林党人的后裔。东林党是明代后期以江南士大夫为主的政治集团。以顾宪成、高攀龙、钱一本等为首。顾杲：顾宪成的从孙。 ⑧ 骤起：突然得势的意思。阮大铖于南明弘光时又突然得势，官至兵部尚书。 ⑨ 阙下：宫阙之下，借指朝廷。此处指南明福王的小朝廷。

母乃萃吾一身耶①？”驾帖未行②，南都已破，宗羲踉跄归。会孙嘉绩、熊汝霖奉鲁王监国③，画江而守④。宗羲纠里中子弟数百人从之，号世忠营。授职方郎⑤，寻改御史，作《监国鲁元年大统历》颁之浙东。马士英奔方国安营，众言其当诛，熊汝霖恐其挟国安为患也，好言慰之。宗羲曰：“诸臣力不能杀耳！春秋之孔子，岂能加于陈恒，但不谓其不当诛也⑥。”汝霖谢焉⑦。又遗书王之

① 章妻：汉代王章之妻。王章为谏大夫，因直言上疏下狱，他的妻、子也被捕。滂母：东汉范滂母。范滂因反对宦官被捕，死在狱中。宗羲母姚氏因丈夫遭害，儿子被捕，哀叹章妻、滂母的惨痛遭遇落在自己一个人的头上。萃：聚集。② 驾帖：指锦衣卫等衙门所发不经地方官府而直接捉人的公文。此处当指捉拿《防乱揭》中署名的尚未被捕的人的公文。③ 孙嘉绩：明崇祯进士。鲁王监国，仕至东阁大学士。从至舟山，病亡。熊汝霖：明崇祯进士。鲁王监国，督师防江，进兵部尚书。后遇害。④ 画：通“划”，划分。江：此处指钱塘江。⑤ 职方郎：官名，全称“职方清吏司员外郎”，兵部官员，负责掌管疆域图籍。⑥“春秋”句：陈恒：春秋时齐国大夫。他在齐简公四年杀了简公，拥立平公。孔子曾请求伐齐未成，故云“岂能加于陈恒”。但孔子在《春秋》中仍记载：“齐陈恒执其君寘于舒州”、“齐人弑其君壬于舒州”，表明了鲜明的批判态度。故黄宗羲云“不谓其不当诛也”。此句意为：虽然不能够杀马士英，但也不必一味地去讨好他。⑦ 谢：道歉。

仁曰[1]："诸公不沉舟决战，盖意在自守也。蕞尔三府[2]，以供十万之众，必不久支，何守之能为？"闻者皆韪其言而不能用[3]。

至是孙嘉绩以营卒付宗羲，与王正中合军，得三千人。正中者，之仁从子也，以忠义自备。宗羲深结之，使之仁不得挠军事。遂渡海屯潭山，由海道入太湖，招吴中豪杰[4]，直抵乍浦[5]，约崇德义士孙奭等内应[6]。会清师纂严不得前[7]，而江上已溃[8]。宗羲入四明山结寨自固[9]，余兵尚五百人，驻兵杖锡寺。微服出访监国，戒部下善与山民结。部下不尽遵节制，山民畏祸，潜爇其寨[10]，部将茅翰、汪涵死之。宗羲无所归，捕檄累下[11]，携子弟入剡中[12]。闻鲁王在海上，仍赴之，授左副都御

---

① 王之仁：明末定海总兵。迎鲁王监国，执掌兵权。 ② 蕞（zuì最）尔：小的意思。三府：指鲁王所辖的宁波、绍兴、台州三府，相当于今宁波、绍兴、临海及周围地区。 ③ 韪（wěi伟）：是，同意。 ④ 吴中：泛指春秋时吴地，即今江苏苏州及周围地区。 ⑤ 乍浦：镇名。在今浙江平湖境内，滨临杭州湾。 ⑥ 崇德：旧县名，今属浙江桐乡。 ⑦ 纂严：戒严。 ⑧ 江上已溃：指鲁王军队在钱塘江上溃败，鲁王出逃。 ⑨ 四明山：山名，在浙江余姚南部。 ⑩ 爇（ruò若）：放火焚烧。 ⑪ 捕檄（xí）：捉拿的文书。 ⑫ 剡（shàn扇）中：今浙江嵊州。

史[1]。日与吴钟峦坐舟中[2]，正襟讲学，暇则注《授时》、《泰西》、《回回》三历而已[3]。

宗羲之从亡也，母氏尚居故里。清廷以胜国遗臣不顺命者[4]，录其家口以闻。宗羲闻之，亟陈情监国[5]，得请，遂变姓名间行归家。是年监国由健跳至滃洲[6]，复召之，副冯京第乞师日本[7]。抵长崎[8]，不得请，为赋《式微》之章以感将士[9]。自是东西迁徙无宁居。弟宗炎坐与冯京第交通[10]，刑有日矣，宗羲以计脱之。甲午[11]，张

① 左副都御史：官名。都察院副长官。 ② 吴钟峦：明崇祯进士。鲁王时为礼部尚书，清兵至宁波，自焚死。 ③《授时》：《授时历》，元代郭守敬等创修。《泰西》：《泰西历》，明崇祯时徐光启按利玛窦所进的西洋历法督修而成。《回回》：《回回历》，即《希吉来历》，明洪武时发现的元朝历法。 ④ 胜国：亡国，已亡之国。 ⑤ 监国：指鲁王。 ⑥ 是年：清顺治六年(1649)。健跳：地名，今属浙江三门县。滃洲：即舟山岛，浙江定海。 ⑦ 冯京第：南明将领。鲁王监国时，官兵部右侍郎，奉命至日本乞师。舟山陷，死之。副：辅助。 ⑧ 长崎：日本长崎岛。 ⑨《式微》：《诗经》篇名。据《毛诗序》说：这是黎国君主被狄人所逐后，其臣子劝国君回去收复失土的诗。诗中有"微君之故，胡为乎泥中"句，表现了对"君"的深厚感情。黄宗羲吟咏此诗，是以忠君之情、恢复国土的愿望来激励将士。 ⑩ 交通：往来。 ⑪ 甲午：指清顺治十一年(1654)。

名振间使至①，被执，又名捕宗羲②。丙申③，慈水寨主沈尔绪祸作，亦以宗羲为首。其得不死，皆有天幸，而宗羲不慑也。其后海上倾覆④，宗羲无复望，乃奉母返里门，毕力著述，而四方请业之士渐至矣。

戊午，诏征博学鸿儒⑤。掌院学士叶方蔼寓以诗⑥，敦促就道，再辞以免。未几，方蔼奉诏同掌院学士徐元文监修《明史》，将征之备顾问，督抚以礼来聘，又辞之。朝论必不可致，请敕下浙抚抄其所著书关史事者送入京，其子百家得预参史局事⑦。徐乾学侍直，上访及遗献⑧，复以宗羲对，且言："曾经臣弟元文疏荐，惜老不能来。"上曰："可召至京，朕不授以事。即欲归，当遣官送之。"乾学对以笃老无来意⑨，上叹息不置，以为人材之

① 张名振：南明将领。间使：移密使者。 ② 名捕：指名捕捉。 ③ 丙申：指清顺治十三年(1656)。 ④ 海上倾覆：此处指顺治十六年(1659)郑成功攻打南京失败。郑成功当时据守台湾，其部队被称为"海上之师"，此处"海上"即"海上之师"的简称。 ⑤ 博学鸿儒：康熙十七年，康熙皇帝下诏征求"博学鸿儒"，即学问广博的学者。后荐得曹溶等七十一人，赴京候旨。 ⑥ 叶方蔼：清顺治进士，康熙间任翰林院掌院学士兼经筵讲官。掌院学士：清翰林院长官。 ⑦ 史局：这里指修《明史》的机构。 ⑧ 访：咨询。献：古代贤者，特指熟悉掌故的人。 ⑨ 笃老：衰老已甚。

难。宗羲虽不赴征车①，而史局大议必咨之。《历志》出吴任臣之手②，总裁千里遗书，乞审正而后定。尝论《宋史》别立《道学传》，为元儒之陋，《明史》不当仍其例。朱彝尊适有此议③，得宗羲书示众，遂去之。卒，年八十六。

宗羲之学，出于蕺山④，闻诚意、慎独之说⑤，缜密平实。尝谓明人讲学，袭语录之糟粕，不以《六经》为根柢⑥，束书而从事于游谈。故问学者必先穷经，经术所以经世。不为迂儒，必兼读史。读史不多，无以证理之变化；多而不求于心，则为俗学。故上下古今，穿穴群言⑦，自天官、地志、九流百家之教⑧，无不精研。所著《易学象数论》六卷，《授书随笔》一卷，《律吕新义》二卷，《孟子师

---

①"不赴"句：指其不应征召。征车，朝廷专门送征用人员的公家车马；此处借指朝廷的征召。 ②吴任臣：清史学家。康熙时举博学鸿词科，授官检讨。著有《十国春秋》等书。曾参加纂修《明史》。 ③朱彝尊：清著名学者、文学家。康熙时举博学鸿词科，授官检讨。曾参加纂修《明史》。 ④蕺山：指刘宗周，因其在蕺山证人书院讲学而得名。 ⑤诚意、慎独：刘宗周讲学的重要论点。 ⑥《六经》：六部儒家经典的合称。即《诗》、《书》、《礼》、《易》、《乐》、《春秋》。 ⑦穿穴群言：穿穴：本指在物体上穿孔，此处借指深入群籍之中而求其贯通。群言，犹言群籍。 ⑧九流：先秦的学术流派。即法、名、墨、儒、道、阴阳、纵横、杂、农九家。百家：亦指学术上的各种派别。

说》二卷。文集则有《南雷文案》、《诗案》。今共存《南雷文定》十一卷,《文约》四卷。又著《明儒学案》六十二卷,叙述明代讲学诸儒流派分合得失颇详;《明文海》四百八十二卷,阅明人文集二千余家,自言与《十朝国史》相首尾。又《深衣考》一卷,《今水经》一卷,《四明山志》九卷,《历代甲子考》一卷,《二程学案》二卷,辑《明史案》二百四十四卷,又《明夷待访录》一卷,皆经世大政。顾炎武见而叹曰:"三代之治可复也①!"天文则有《大统法辨》四卷,《时宪书法解新推交食法》一卷,《圆解》一卷,《割圆八线解》一卷,《授时法假如》一卷,《西洋法假如》一卷,《回回法假如》一卷。其后梅文鼎本《周髀》言天文②,世惊为不传之秘,而不知宗羲实开之。晚年又辑《宋元学案》,合之《明儒学案》,以志七百年儒苑门户。宣统元年,从祀文庙③。

【翻译】

黄宗羲,字太冲,浙江余姚人,明代监察御史黄尊素

① 三代:指上古尧、舜、禹三代。根据中国的传统观念,这三个时代是政治最清明的时代。 ② 梅文鼎:清初著名历算、天文学家。 ③ 文庙:孔庙。唐玄宗封孔子为文宣王,故名。在中国封建社会中,能够附孔庙得到人们的祭祀,是一种极高的荣誉。

的长子。尊素是与杨涟、左光斗具有共同志向的朋友，因弹劾太监魏忠贤，作为皇帝下旨逮捕的罪犯而死在监狱中。事情记述在《明史》中。思宗登位，宗羲进京为父亲申冤。抵达京都时，魏忠贤已被处以磔刑，宗羲就上奏疏请求朝廷诛杀曹钦程、李实。适逢刑部、都察院、大理寺会审许显纯、崔应元，宗羲与他们对质，他抽出藏在袖子中的锥子向显纯刺去，显纯遍体流血；又殴打应元，拔下他的胡须回去在尊素的灵位前祭奠；又追杀监狱看守叶咨、颜文仲，因为尊素就是死在这两个看守手中的。当时钦程已被列为逆阉魏忠贤一案的同党，李实上疏申辨，说原先请求朝廷逮捕尊素等人的奏疏并非出自自己之手，并暗中送给宗羲三千两银子求他不要追问此事，宗羲立即上奏朝廷，说："李实到今天还能够这样公然地进行贿赂，他所申辨的又哪里值得相信呢？"他在审讯对质时又拿出锥子来扎他。案件判决后，宗羲偕同被害各家的子弟在监狱门口设立祭坛，哭声一直传到宫中。思宗听到哭声，叹息说："这些忠臣孤儿，使朕的心中非常难过。"回到家乡，宗羲更加致力于学问。他痛恨科举制度所要求的那套"学问"禁锢人的思想，想设法改变。他既已把家中的藏书都找出来读了，仍觉不足，就去抄录同乡钮氏世学楼、祁氏澹生堂的藏书，南京方面则抄黄氏的千顷堂，钱氏的绛云楼中的藏书，并且在南雷里建造续抄堂，以继承黄东发未竟的事业。山阴的刘宗周在蕺山倡导儒学正道，宗羲遵照父亲忠端公的遗命跟随他学习。而越中地区继承周汝登的余风，把儒学引到佛教的路上去，王守仁的传统几乎被毁了。宗羲独自邀约了同学六十多人竭力反对这种学说。因此蕺山学派的弟子如祁彪佳、章正宸等人都以名节和德行受到重视。但他们抵御外侮的功绩不如宗羲。他的弟弟宗炎、宗会，也都具有特出的才能，宗羲亲自教导他们，有“东浙三黄”之称。

戊寅，南京的文人作《防乱揭》攻击阮大铖。参与其事的，东林党人的子弟以无锡顾杲为首，天启年间受难各家遗族以宗羲为首。大铖恨之入骨，当他突然得势后，就按照揭文中所列的一百四十人的姓名，想把他们全部杀掉。当时宗羲正向朝廷上奏疏而祸事突然降临，就与顾杲一起被捕。他的母亲姚氏叹息道：“难道王章之妻、范滂之母的命运竟将集中在我一个人身上吗？”逮捕令还没有颁行天下，南京已被攻破，宗羲踉踉跄跄地回到家乡。适逢孙嘉绩、熊汝霖拥戴鲁王监国，划钱塘江为界隔江而守，宗羲结集乡里子弟几百人跟随鲁王，号称“世忠营”。授官职方郎，不久改任御史，制定《监国鲁元年大统历》颁布于浙东地区。马士英投奔到方国安的营地，大家都说他该杀，熊汝霖唯恐马士英挟制国安为祸作乱，就用好话安慰他。宗羲说："不杀马士英只是大家还无力杀他罢了！春秋时的孔子，怎么可能对陈恒加以处置呢？但孔子不说他不该杀。"汝霖为此向他道歉。宗羲又送信给王之仁说："你们诸位不破釜沉舟地与清军决战，其用意在守住自己的地盘。但以小小三个府的力量，要供应十万之众的部队，势必不能长久支持，又怎么守得住呢？"听到这番话的人都同意他的看法，但却未被当权者采纳。

这时孙嘉绩将自己军营的士兵交给宗羲率领，与王正中的部队合在一起，共有三千人。正中是王之仁的侄子，以忠义激励他自己。宗羲与他深相结纳，使得之仁不能够阻挠他们的军务。于是渡海驻扎潭山，从海路进入太湖，招募吴中地区的豪杰勇士，一直进到乍浦，联络崇德的义士孙奭等人作为内应。适逢清军戒严无法前进，而钱塘江上鲁监国的部队已经溃败。宗羲进入四明山建造山寨固守自保，残余的士兵还有五百人，驻扎在杖锡寺。宗羲改装出山寻访鲁王，临走时告诫部下要好好与山民团结。部下没能完全遵照他的约束，山民们害怕他们给自己带来灾难，偷偷焚烧了他们的山寨，部将茅翰、汪涵因此丧生。宗羲无处可归，追捕他的文书又一次次下达，只好带着子弟进入剡中地区。听说鲁王在海上，于是前往剡中，被授予左副都御史。每天与吴钟峦坐在船中，正襟危坐地讲学，空闲时则注释《授时》、《泰西》、《回回》三种历法而已。

宗羲跟随鲁王流亡，母亲仍居住在故乡。清政府对不肯归顺的前朝旧臣，把他们的家属登记造册上报朝廷。宗羲听说这一消息，赶快向鲁王提出回家的请求，得到允许后，就改名换姓从小路赶到家中。这一年鲁王从健跳转移到滃洲，又召回宗羲，命他协助冯京第前往日本，请日本出兵援助。他们到了长崎，没有得到日本方面的允诺，他吟诵《式微》的诗章来感动将士。从此以后他四处迁移而没有固定的居所。他的弟弟宗炎因与冯京第交往而被清政府判处死罪，行刑的日期已经确定，宗羲设计使他逃脱了。甲午年，张名振派来与黄宗羲联络的秘密使者被清政府抓获了，又指名捉拿宗羲。丙申年，清政府对慈水寨主沈尔绪的抗清事件严加查处所导致的灾难产生了，也把宗羲当作首犯。他能够不死，都是上天给予的幸运；而宗羲并不害怕。这以后郑成功攻打南京的部队覆没，宗羲不再存有希望，于是侍奉母亲返回乡里，以全部精力著书立说，而向他请教学业的人也就从四面八方渐渐地来了。

戊午，清政府下诏征聘博学鸿儒。掌院学士叶方蔼寄诗给宗羲，极力促使他上路赴京，宗羲再三推辞，得以免去。不久，方蔼奉诏和掌院学士徐元文一起主持修纂

《明史》，将聘请宗羲以备顾问，总督、巡抚以礼来聘，又推辞了。朝中议论说肯定不可能请到他了，请皇上下敕令给浙江巡抚派人抄录宗羲所著书中有关历史事实的部分送往京师；他的儿子百家得以参与明史馆的工作。徐乾学在皇帝身边当值，皇上问及前朝遗留下来的贤者有谁，乾学又一次以宗羲来答复，并说："曾经由臣的弟弟元文上疏推荐过，可惜年老不能来京。"皇上说："可以召他来京师，朕不授予他实际工作。即使他来后想回去，可以派官员护送他。"乾学回答说宗羲太老了，并没有来京的意思，皇上连连叹息，认为人才难得。宗羲虽然没有接受朝廷的征召，但是明史馆的重大事情必定向他咨询。《历志》出自吴任臣之手，明史馆总裁千里迢迢写信来，请宗羲审核改正后再定稿。宗羲曾经议论《宋史》中另立《道学传》是元代修史学者的识见鄙陋，《明史》不应当因袭这一体例。朱彝尊正好也有这一倡议，得到宗羲的回信后就拿给众人看，于是就把《道学传》去掉了。后来宗羲去世，年龄为八十六岁。

宗羲的学问，出于刘宗周，接受了"诚意"、"慎独"的学说，细致精密，平允实在。他曾经说明代人的讲学，是因袭语录中的糟粕，不以《六经》作为做学问的基础，抛开书本而从事于虚浮不实的空谈。所以研究学问的人一定要先深入研究经书，经术本是用以治理天下的。而要想不成为迂腐的儒者，一定要兼读史书。阅读史书不多，就无法证实“理”的变化多端；读书多而不求内心的领会，则是世俗的学问。因此他博览上下古今的群书而加以融会贯通，从天文、地理到九流百家的学问，他没有不精心研究的。他的著作有《易学象数论》六卷，《授书随笔》一卷，《律吕新义》二卷，《孟子师说》二卷。文集则有《南雷文案》、《诗案》。如今一共存有《南雷文定》十一卷，《文约》四卷。还著有《明儒学案》六十二卷，叙述明代讲学的各个儒家流派的分合得失，相当详尽；所撰《明文海》四百八十二卷，翻阅了明人文集二千多家，自称与《十朝国史》相互联系。又有《深衣考》一卷，《今水经》一卷，《四明山志》九卷，《历代甲子考》一卷，《二程学案》二卷，辑录《明史案》二百四十四卷，又有《明夷待访录》一卷，都是有关治国大政的。顾炎武见后感叹地说：“三代的清明政治可望恢复了！”天文方面的著作有《大统法辨》四卷，《时宪书法解新推交食法》一卷，《圜解》一卷，《割圆八线解》一卷，《授时法假如》一卷，《西洋法假如》一卷，《回回法假如》一卷。其后梅文鼎根据《周髀》来论说天文，世人惊讶地认为这是他所发现而非古人传下来的秘籍，而不知道实际上是宗羲首倡的，晚年又纂辑《宋元学案》，与《明儒学案》合在一起，记载了七百年来儒家的各个学派。宣统元年，附祭孔庙。

靳辅传

明代以后，黄河的灾患日趋严重，清代从顺治到康熙年间，只有十年没有河患，仅康熙元年至十六年，黄河的大决口就达六十七次，不仅使河南、苏北广大地区深受水灾之苦，而且直接影响到漕运，危及政治的稳定和经济的发展。康熙决心花大力治理黄河，任命靳辅担任河道总督，全面负责治河工程。靳辅在幕僚陈潢的协助下，继承了明朝治黄专家潘季驯的经验，采取“束水攻沙”法，即建筑堤岸束水，使水流迅急，冲刷淤积在河床的泥沙，使水畅流入海。他还进一步创造了“分流杀势”法，即当河水暴涨时，在上游分流，减杀水势，在下游河道宽阔处再引分流入正河。二法并用，既防止了上游决口的危险，又减少了下游泥沙的沉积。他还提出要彻底根治黄河，必须对上、中、下游统筹规划，源流并治。靳辅治黄十多年，成效显著，成为清代著名的水利专家。这篇传记较详细地记载了靳辅治理黄河的经过。

靳辅字紫垣，汉军镶黄旗人①。顺治九年，以官学生考授国史馆编修②，改内阁中书③，迁兵部员外郎④。康熙初，自郎中四迁内阁学士⑤。十年，授安徽巡抚。疏请行沟田法，以十亩为一畘⑥，二十畘为一沟。沟土累为道，道高沟低，涝则泄水，旱以灌田。会三藩乱起⑦，不果

① 汉军镶黄旗：清兵入关前，其统治集团将归附的汉人编为八旗汉军，与八旗满洲、八旗蒙古共同构成清代八旗的整体。所谓八旗，指黄、白、红、蓝、镶黄、镶白、镶红、镶蓝。这一制度在入关后仍然保存。凡八旗成员统称“旗人”，与州县所属的“民人”不同。 ② 官学：清代为八旗子弟设立的学校。靳辅为汉军旗人，故入官学读书，成为官学生。 ③ 中书：官名。内阁中地位较低的官员，负责起草文件、翻译等事务。 ④ 员外郎：官名，六部部门官员。 ⑤ 郎中：官名，六部部门官员，地位在员外郎之上。 ⑥ 畘（nán 难）：十亩为一畘。 ⑦ 三藩乱：指清康熙年间吴三桂、耿精忠、尚之信三藩王发动的叛乱。

行。部议裁驿站经费①，辅疏请禁差员横索、骚扰驿递，岁终节存驿站、掼脚等项二十四万有奇。上奖辅实心任事，加兵部尚书衔。

十六年，授河道总督②。时河道久不治③，归仁堤、王家营、邢家口、古沟、翟家坝等处先后溃溢，高家堰决三十余处④，淮水全入运河，黄水逆上至清水潭⑤，浸淫

① 驿站：古时供传递公文的人或来往官员暂住、换马的场所。② 河道总督：官名。清代始置的专门官员，掌管黄河、运河及永定河的堤防、疏浚事务。③ 河道：黄河河道。黄河为中国第一大河，但易淤易决，河道在历史上屡经变迁。明万历初至清咸丰五年(1855)，黄河河道由开封往东出徐州由泗夺淮，经清江浦(今江苏淮安清江)东流入黄海，今称黄河故道。咸丰五年河决改道，逐渐形成今道，即由开封向东北经济南流入渤海。靳辅治河，即指黄河故道。④ 高家堰：大堤名。在今江苏淮安淮阴西南。它贯穿整个洪泽湖东岸，全堤长约一百二十里。三国时下邳人陈登始筑，明代万历时的著名治河专家潘季驯大兴堤工，加筑砖石，建武家墩、高良涧、周家桥三闸。到了靳辅又自周家桥向南接修周桥、翟坝堤工，并修筑周桥、高良涧、武家墩、唐梗、古沟减水坝，全堤才告完成。清代的洪泽湖西南接淮河、东北注黄河，东面为运河，是黄、淮、运三河交汇之处，高家堰成为蓄泄的关键。此堤一旦决口，淮水全入运河，漫溢淹没江苏淮安、扬州一带大片低洼的下河地区，而且势必引起黄河水倒灌，河道淤垫，漕运受阻，为祸更烈。因此，高家堰大堤的维护修筑成为当时治理黄河的重大关键之一。⑤ 清水潭：潭名。在江苏高邮北，运河之东。

四出。砀山以东两岸决口数十处①，下河七州县淹为大泽②，清口涸为陆地③。辅到官，周度形势，博采舆论，为八疏同日上之：首议疏下流，自清江浦至云梯关④，于河身两旁离水三丈，各挑引河一道，俟黄、淮下注，新旧河合为一，即以所挑土筑两岸大堤，南始白洋河，北始清河县⑤，并东至云梯关。云梯关至海口百里，近海二十里，潮大土湿，不能施工；余八十里亦宜量加疏浚，筑堤以束之，限二百日毕工，日用夫十二万三千有奇。次议治上流淤垫，洪泽湖下流自高家堰西至清口，为全淮会黄之所。当于小河两旁离水二十丈，各挑引河一道，分头冲洗。次议培修七里墩、武家墩、高家墩、高良涧至周桥闸临湖残缺堤岸，下筑坦坡，使水至平漫而上，顺缩而下，不至怒激崩冲。堤一尺、坦坡五尺，夯杵坚实，种草其上。次议塞黄、淮各处决口，例用埽⑥，费巨且不耐久；求

---

① 砀山：今安徽砀山，地处黄河故道之南。 ② 下河：清指运河以东、黄河以南的江苏淮安、扬州两府的大片土地，今称里下河地区。 ③ 清口：亦名泗口。清河口，即古泗水入淮之口。在今江苏淮安清江西南。 ④ 清江浦：在今江苏淮安，为水陆交通要道。清代河道总督驻此。云梯关：黄河故道入海口。 ⑤ 清河县：即今江苏淮安淮阴。 ⑥ 埽（sào 臊）：河工上用的以秫秸、芦苇、树枝等捆成的稍料。一层埽加一层土夯实后修成的工事称为埽工。

筑土御水之法，宜密下排桩，多加板缆，用蒲包裹土，麻绳缚而填之，费省而工固。次议闭通济闸坝，浚清口至清水潭运河二百三十里，以所挑之土倾东西两堤之外，西堤筑为坦坡，东堤加培坚厚。次议规画经费，都计需银二百十四万八千有奇。宜令直隶、江南、浙江、山东、江西、湖北各州县预征康熙二十年钱粮十之一，约二百万。工成后，令淮、扬被水田亩纳三钱至一钱；运河经过，商货米豆石纳二分，他货物斤四分；并开武生纳监事例①，以数补还。次议裁并冗员，明定职守，并严河工处分，讳决视讳盗；兼请调用官吏，工成，与原属河厅官吏并得优叙②。次议工竣后，设河兵守堤，里设兵六名至二名，都计五千八百六十名。疏入，下廷议③，以方军兴④，复举大工，役夫每日至十二万余，召募扰民，应先择要修筑。上命辅熟筹。

十七年，辅疏言："以驴运土，可减募夫之半；初拟二百日毕工，今改为四百日，又可减募夫之半。"河工故事，大堤谓之"遥堤"，堤内复为堤逼水，谓之"缕堤"，两堤间为横堤，谓之"格堤"。辅疏请就原估土方加筑缕堤，有

① 纳监：指用交纳银两或粟米的方法取得监生资格。② 叙：按劳绩大小给予奖励称为"叙"。③ 廷议：大臣们在朝廷上讨论国家大事称为廷议。④ 军兴：此处指朝廷将对三藩之乱采取的军事行动。

余量增格堤，南自白洋河，北至清河，上至徐州，视此兴筑。余并如前议。疏入，复下廷议，允行。

上谕以治河大事，当动正项钱粮。辅疏言：“前议黄河两岸分筑遥、缕二堤，勘有旧堤贴近河身，拟作为缕堤，其外更筑遥堤。前议用驴运土，今议改车运。前议离堤三十丈内不许取土，今因宿迁、桃源等县人弱工多[1]，改令二十丈外取土。前议河身两旁各挑引河一道，今以工费浩繁，除清河北岸浅工必须挑浚。余俱用铁扫帚浚深河底。”下部议，从之。

是岁吴三桂死，上趣诸将帅进兵，辅欲节帑佐军，又以兴工后需费溢出原估，均颇改前议，先开清口引河四道，塞高家堰、王家冈、武家墩诸决口，筑堤束水。如所议施行。顾下流未大治，伏秋盛涨，水溢出堤上，复决砀山石将军庙、萧县九里沟[2]。辅乃议设减水坝，于萧、砀、宿迁、桃源、清河诸县河南北两岸为坝十三，坝七洞，水盛借以宣泄。辅复察清口淮、黄交会，黄涨侵灌运河，乃自新庄闸西南开新河至太平坝；又自文华寺开新河至七里闸，复折向西南，亦至太平坝；改以七里闸为运口，由

---

① 宿迁：今江苏宿迁。桃源：今江苏泗阳。两县在黄河故道两岸。② 萧县：今安徽萧县，黄河故道之南。

武家墩烂泥浅转入黄河①。运口距黄、淮交会处约十里，自此无淤垫之患。疏报，并议行。辅勘清水潭决口屡塞屡冲，乃弃深就浅，筑东西长堤二道，并挑新河八百四十丈，疏积水。山阳、高邮等七州县民田②，至是皆出水可耕。

十八年，辅疏报，并请名新河曰永安河，报闻。翟家坝淮河决口成支河九道，辅饬淮扬道副使刘国靖等督堵塞，至是工竟，辅诣勘疏报，并言："山阳、宝应、高邮、江都四州县潴水诸湖③，逐渐涸出。臣今广为招垦，俾增赋足民，上下均利。"屯田之议自此起。

漕船自七里闸出口④，行骆马湖达窑湾。夏秋盛涨，冬春水涸，重运多阻。辅议浚湖旁皁河故道，上接泇河通运。疏入，下廷议，上问诸臣意若何，左都御史魏象枢曰："辅请大修黄河，上发帑二百五十一万，计一劳永逸。前奏堤坝已筑十之七，今又欲别开河道，所谓一劳永逸者安在？臣等虑漕运有阻，故议从其请。"上曰："象枢言

---

① 烂泥浅：地名。 ② 山阳：今江苏淮安。高邮：今江苏高邮。清置高邮州。二地均处下河地区。 ③ 宝应：今江苏宝应。江都：今江苏江都。二地亦处下河地区。潴(zhū 朱)：水停聚的地方。 ④ 漕船：担负漕运的船只。漕运，指政府将所征粮食解往京师或其他指定地点的运输。明清二代东南地区的漕粮都经大运河运往通州(今北京通州)、北京。

良是。河虽开，必上流浩瀚，方免淤滞。今雨少水涸，恐未必有济。即已成诸工，亦以旱易修，岂得恃为永固耶？”十九年五月，辅丁忧[1]，命在任守制[2]。秋，河复决，辅疏请处分，上趣辅修筑。二十年三月，辅疏言：“臣前请大修黄河，限三年水归故道。今限满，水未归故道，请处分。”下部议，当夺官，上命戴罪督修。

二十一年五月，上遣尚书伊桑阿、侍郎宋文运、给事中王曰温、御史伊喇喀勘工。候补布政使崔维雅奏上所著书，议尽罢辅所行减水坝诸法，大兴工，日役夫四十万，筑堤以十二丈为率。上命从伊桑阿等往与辅议之。伊桑阿等遍勘诸工，至徐州，令辅与维雅议。辅疏言：“河道全局已成十八九。萧家渡虽有决口，而海口大辟，下流疏通，腹心之害已除。断不宜有所更张，隳成功，酿后患。”伊桑阿等还京师，下廷议，工部尚书萨穆哈等请以萧家渡决口责辅赔修[3]，上以赔修非辅所能任，未允；

---

① 丁忧：旧称遭父母之丧为“丁忧”。 ② 在任守制：守制，即守孝。旧时遭逢父母、祖父母之丧事，儿子及长房长孙须谢绝人事，做官的解除职务，在家守孝二十七个月，叫做守制。在任守制指朝廷命令大臣要员不必离职，在任上素服办公，不参加一切吉礼。亦称为“夺情”。 ③ 赔修：指不动用公款，由靳辅自筹经费修复决口，以此作为对前工程不合格的一种惩罚和补偿办法。

又议维雅条奏，伊桑阿请召辅询之。十一月，辅入对，言萧家渡工来岁正月当竟，维雅所议日用夫四十万、筑堤以十二丈为率，皆不可行。维雅议乃寝。上命塞决口，仍动正项钱粮。二十二年四月，辅疏报萧家渡合龙，河归故道，大溜直下，七里沟等四十余处险汛日加，并天妃坝、王公堤及运河闸座，均应修筑。别疏请饬河南巡抚修筑开封、归德两府境河堤①，防上流疏失。上均如所请。十二月，命复辅官。

二十三年十月，上南巡，阅河北岸诸工，谕辅曰："萧家渡堤坝当培薄增卑，随时修筑。减水坝原用以泄水，遇泛溢横流，安知今日减水坝不为他年之决口？且减水旁流，浸灌民田，朕心深不忍。当筹画措置。"上见堤夫作苦，驻辔慰劳久之，谕辅戒官役侵蚀工食。复视天妃闸，谕辅宜改草坝，并另设七里、太平二闸杀水势。舟过高邮，见田庐在水中，恻然愍念。遣尚书伊桑阿、萨穆哈察视海口。还跸②，复阅高家堰，至清口，阅黄河南岸诸工，谕辅运口当添建闸座，防黄水倒灌；复召辅入行宫慰谕，书《阅河堤诗》赐之。

辅以上念减水淹民，因议于宿迁、桃源、清河三县黄

---

① 归德：今河南商丘及周围地区。清为归德府。 ② 跸(bì毕)：特指皇帝的车驾。

河北岸堤内开新河，谓之中河。于清河西仲家庄建闸，引拦马河减水坝所泄水入中河。漕船初出清口浮于河，至张庄运口，中河成，得自清口截流，径渡北岸，度仲家庄闸，免黄河一百八十里之险。伊桑阿等还奏，议疏浚车路、串场诸河至白驹、丁溪、草堰诸口①，引高邮等处减水坝所泄水入海。上命安徽按察使于成龙董其事，仍受辅节制，奏事由辅疏报。

二十四年正月，辅疏请徐州迤上毛城铺、王家山诸处增建减水闸，下廷议。上谕减水闸益河工无益百姓，不可不熟计，命遣官与辅详议，若分水不致多损民田，即令兴工。九月，辅疏报赴河南勘黄河两岸，请筑考城、仪封、封丘、荥泽堤埽②，下部议行。成龙议疏海口泄积水，辅谓下河地卑于海五尺，疏海口引潮内侵，害滋大；议自高邮东车逻镇筑堤，历兴化、白驹场③，束所泄水入海，堤内涸出田亩，丈量还民，余招民屯垦，取田价偿工费。疏闻，上谓取田价恐累民，未即许。

① 白驹、丁溪、草堰：均为江苏沿海的盐场。 ② 考城：旧县名，在今河南兰考东北。1954 年与兰封县合并改为兰考县。仪封：旧县名，在今河南兰考东。封丘：今河南封丘。荥泽：在今河南郑州西北。 ③ 兴化：今江苏兴化。

寻召辅、成龙驰驿诣京师廷议①，成龙议开海口故道，辅仍主筑长堤高一丈五尺，束水敌海潮。大学士、九卿从辅议②，通政使参议成其范、给事中王又旦、御史钱珏从成龙议，议不决。上命宣问下河诸州县人官京师者，侍读宝应乔莱等乃言："从成龙议，工易成，百姓有利无害；从辅议，工难成，百姓田庐坟墓多伤损，且堤高一丈五尺，束水至一丈，高于民居，伏秋溃决，为害不可胜言。"上颇右成龙，遣尚书萨穆哈、学士穆称额诣淮安会漕督徐旭龄、巡抚汤斌详勘。二十五年正月，萨穆哈等还奏，谓民间皆言浚海口无益。寻授成龙直隶巡抚，罢浚海口议。四月，召斌为尚书，入对，上复举其事以问，斌言浚海口必有益於民。上责萨穆哈、穆称额还京时不以实奏，夺官。召大学士九卿及莱等定议浚海口，发帑二十万，命侍郎孙在丰董其役。

工部劾辅治河已九年，无成功。上曰："河务甚难，而辅易视之。若遽议处③，后任者益难为力，今姑宽之，仍责令督修。"二十六年，辅疏言："运堤减水以下河为

---

① 驰驿：旧时官吏因急召入京，由沿途驿站急供夫马粮食，兼程而进，不按站停止耽搁，叫做"驰驿"。 ② 大学士：内阁最高长官。九卿：古代高级长官的称谓，历代有所不同。此处当泛指当时的中央各部院的长官。 ③ 议处：清代对有过失的官员，交吏部拟定处罚办法，名为"议处"。

蟹,东即大海,浚海口似可纾水患;惟泰州、安丰、东台、盐城诸县地势甚卑[1],形如釜底,若止就此挑浚,徒增其深。淮流甚涨,高家堰泄水汹涌而来,仍不能救民田之淹没。臣以为杜患于流,不若杜患于源。高家堰堤外直东为下河,东北为清口,当自翟家坝起至高家堰筑重堤万六千丈,束减水北出清口,则洪泽湖不复东淹下河。下河十余万顷皆成沃产,而高、宝诸湖涸出田亩,可招民屯垦,以裕河库。"上使以辅疏示成龙,成龙仍言下河宜开,重堤不宜筑。上遣尚书佛伦,侍郎熊一潇,给事中达奇纳、赵吉士与总督董讷,总漕慕天颜会勘。佛伦等皆欲用辅议,天颜、在丰与相左。佛伦等还奏,下廷议,会太皇太后崩[2],议未上。

二十七年春,给事中刘楷,御史郭琇、陆祖修交章论辅,琇辞连辅幕客陈潢,祖修请罢辅,至以舜殛鲧为比;天颜、在丰亦疏论屯田累民,及辅阻挠开浚下河状。琇旋劾大学士明珠等,语复及辅。辅入觐,亦疏讦成龙、天颜、在丰等朋比谋陷害。上曰:"辅为总河,挑河筑堤,漕运无误,不可谓无功;但屯田、下河二事,亦难逃罪。近

---

① 泰州:今江苏泰州市。安丰:沿海盐场名,地处东台市之南。东台:今江苏东台。盐城:今江苏盐城。 ② 太皇太后:指康熙皇帝的祖母孝庄文皇后。

因被劾，论其过者甚多。人穷则呼天，辅若不陈辨朕前，复何所控告耶?”三月，上御乾清门，召辅与成龙、琇等廷辨，辅、成龙各持所见不相下。琇言辅屯田害民，辅言属吏奉行不善致民怨，因引咎，坐罢，以王新命代，佛伦、讷、在丰、达奇纳皆左迁，天颜、吉士并夺官，陈潢亦坐谴。

时中河工初竣，上遣学士开音布、侍卫马武往勘，还奏中河商贾舟楫不绝。上谕廷臣曰：“前者于成龙奏河道为靳辅所坏，今开音布等还奏，数年未尝冲决，漕运亦不误。若谓辅治河全无所裨，微特辅不服，即朕亦不惬。”因遣尚书张玉书、图纳，左都御史马齐，侍郎成其范、徐廷玺阅工，遍察辅所缮治，孰为当改，孰为不当改，详勘具奏。玉书等还言河身渐次刷深，黄水汛溜入海①，两岸闸坝有应循旧者，有应移改者；多守辅旧规。

十一月，上遣尚书苏赫等阅通州运河，命辅偕往。请于沙河建闸蓄水，通州下流筑堤束水，从之。二十八年正月，上南巡阅河，辅扈行。阅中河，上虑逼近黄河，水涨堤溃；辅对若加筑遥堤即无患。还京师，谕奖辅所缮治河深堤固，命还旧秩。二十九年，漕运总督董讷以北运河水浅，拟尽引南旺河水北流；仓场侍郎开音布复

① 汛：据《清史列传》，当为“迅”。

疏请浚北运河。上咨辅，言南旺河水尽北流，南河必水浅，惟从北河两旁下埽束水，自可济运。上命偕开音布董理。

三十一年，王新命坐事罢，上曰："朕听政后，以三藩及河务、漕运为三大事，书宫中柱上。河务不得其人，必误漕运。及辅未甚老而用之，亦得纾数年之虑。"今仍为河道总督，辅以衰弱辞，命顺天府丞徐廷玺为协理。会陕西西安、凤翔灾，上命留江北漕粮二十万石，自黄河运蒲州。辅疏言水道止可至孟津，亲诣督运，上嘉之。辅疏请就高家堰运料小河培堤使高广、中河加筑遥堤，并增建四闸，堵塞张庄旧运口，皆前此缮治所未竟者。别疏请复陈潢官，并起用熊一潇、达奇纳、赵吉士。辅病剧，再疏乞解任，命内大臣明珠往视，传谕调治。十一月，卒，赐祭葬，谥文襄。三十五年，允江南士民请，建祠河干。四十六年，追赠太子太保，予拜他喇布勒哈番世职①。雍正五年，复加工部尚书。

【翻译】

靳辅字紫垣，汉军镶黄旗人。顺治九年，以官学生

① 拜他喇布勒哈番：满语音译。清代封爵名。汉文为"骑都尉"。世职：世代承袭之职。

的身份通过考试授官国史馆编修，改任内阁中书，升为兵部员外郎。康熙初年，从兵部郎中经四次升迁后做到内阁学士。十年，授官安徽巡抚。上疏请求实行沟田法，以十亩地为一畘，每二十畘开一条沟。用开沟挖出来的土堆积成为路，路高而沟低，涝时水沟就用来排水，旱时则用来灌溉田地。适逢发生了三藩之乱，建议没有能够实行。户部作出裁减驿站经费的决定，靳辅上疏请求禁止出差人员向地方横加勒索，骚扰驿站交通。年终时他在拨给安徽的驿站、挑夫等项经费中省下、储存了二十四万多两银子。皇上嘉奖他实心实意办事，加授兵部尚书的头衔。

十六年，授官河道总督。当时黄河河道已长久不修治了，归仁堤、王家营、邢家口、古沟、翟家坝等地先后决口，河水泛滥，高家堰大堤决口三十多处，淮河水全部流入运河，黄河水逆转方向沿运河而上流到清水潭，逐渐向四面漫出。砀山以东的黄河两岸决口了几十处，下河地区的七个州、县被淹成了湖泽，而清口的黄河河道则干涸成为陆地。靳辅到任后，周密地测度所面临的形势，广泛地搜集意见，写了八道奏疏在同一天上交朝廷：首先建议疏通下游河道，从清江浦到云梯关，在河床两边离水三丈远的地方，各挖一道引河，等到黄河、淮河的水流东下灌注时，新旧河道就合为一条，并用挖引河挑上来的土修筑两岸的大堤，南岸从白洋河开始，北岸从清河县开始，都向东一直修到云梯关。从云梯关到出海口还有一百里，靠近大海的二十里，因海潮大泥土湿，无法施工；余下的八十里也应酌量疏通河道，以筑堤来约束水流，限定二百天完工，每天用民工十二万三千多人。其次建议治理下游往上的泥沙淤塞和积垫，洪泽湖下游从高家堰起往西到清口，是整条淮河和黄河会合的地方。应当在新近被泥沙淤垫而变得窄小的河道两边离水二十丈的地方，各挖一条引河，分头冲刷河道。第三建议加固修复从七里墩、武家墩、高家墩、高良涧一直到周桥闸临洪泽湖一面的残缺堤岸，并在堤岸下修筑平坦的斜坡，使洪水来时能沿斜坡平缓上涨，并顺势退缩，不至于因水流狂怒激荡而毁坏冲垮堤坝。每一尺堤岸，筑五尺平坦斜坡，将它夯得坚固结实，并在上面种上草。第四建议堵塞黄河、淮河的各处决口，如按照惯例用埽料修筑，费用巨大而且不耐久用；可以求助于筑土坝以御水的方法，应当密密地打下一排排木桩，多用木板和缆绳进行加固，再用蒲包装满泥土，用麻绳捆好，填进木桩之间，这样费用节省而且工事坚固。第五建议关闭通济闸坝，疏通清口到清水潭之间二百三十里的运河河道，用挖出的泥土倾倒在东西两岸的长堤之外。西堤岸外筑成平坦斜坡，东堤岸外则予加固，使其更加坚厚。

第六建议规划治河工程的经费。总共需白银二百十四万八千多两。可命令直隶、江南、浙江，山东、江西、湖北的各州县预先征收到康熙二十年为止的钱粮的十分之一，大约二百万两。工程完工后，可命令淮安、扬州两府地区遭受水灾的田地每亩交纳一钱到三钱的银两，凡途经运河过往的商人贩卖米、豆，每石交纳二分银子，其他货物每斤交纳四分银子；并设立武生捐纳监生的条例。这样就可如数补还国家的税收款。第七建议裁减淘汰多余的闲散人员，明确规定各官员的职责范围，并严格治河工程的处分，将隐瞒决口视作隐瞒盗贼；同时请求有调遣、任用地方官吏的权力，工程完工后，将他们与原属河道总督衙门的官吏一起按劳绩大小给予从优奖励。第八建议全部工程竣工后，设置河兵防守堤岸，每一里堤岸设兵二到六名，共计五千八百六十名。奏疏送入后，下发给朝廷大臣讨论，廷议认为国家刚刚发动重大的军事行动，再兴起浩大的治河工程，役夫每天达十二万多人，召募劳力必会骚扰人民，应当先选择要紧之处修筑。皇上命令靳辅再仔细筹划。

十七年，靳辅上疏说："用驴运土，可以减少原需召募劳力的一半；原先打算二百天完工，现在改为四百天，这样又可以减少原需召募劳力的一半。"按照治理黄河工程的成例，大堤叫做"遥堤"，堤内再筑一堤逼近河水，叫做“缕堤”,两堤之间再筑横堤,叫做“格堤”。靳辅上疏请求在原估土方量的基础上加筑缕堤,有多余土方量再增筑格堤,南岸从白洋河修起,北岸从清河修起,上溯至徐州为止,都按照此法兴筑。其余各条都与上次所奏建议相同。奏疏送入。再次下交朝廷大臣讨论,被允许施行。

皇上谕旨说,治理黄河是大事,应当动用国家正式征收的钱粮。靳辅上疏说:“上次建议在黄河两岸分别修筑遥堤和缕堤二种,经勘察,有以前留下的旧堤贴近河床,现打算将旧堤当作缕堤,在它之外再修筑遥堤。上次建议用驴运土,现在建议改用车运土。上次建议在离堤岸三十丈之内不许取土,现在因为宿迁、桃源等县人力少,工程多,改为让在二十丈之外取土。上次建议在河边两边各挖一道引河,现在因为工程繁重,费用浩大,除了清河北岸河床浅而必须挖引河疏通之外,其余河段都可用铁扫帚疏通刷深河底。”奏疏下交工部讨论,同意这一建议。

这一年吴三桂死了,皇上督促各位将帅续继进兵,靳辅想节省下国库银资助军需之用,又因为治河工程开工后,所需费用超出了原来的估算,因此对以前建议的施工方案多有修改,决定先开挖清口的四道引河,堵塞高家堰、王家冈、武家墩等处决口,修筑堤岸,约束水流。

工程均按照他的新建议施行。但是,因黄河下游的河道没能大规模治理,泥沙淤积河道,伏秋时,洪水猛涨,漫出堤岸,砀山的石将军庙、萧县的九里沟再次决口。于是靳辅建议修筑减水坝,在萧县、砀山、宿迁、桃源、清河各县境内的黄河南北两岸修筑十三座减水坝,每座坝修有七个泄洪洞,洪水猛涨时靠它排水。靳辅再次勘察了地处清口的淮河、黄河交会处,发现黄河涨水时往往倒灌侵入运河,于是就从新庄闸往西南方向开一条新河道到太平坝;又从文华寺开一条新河道到七里闸,再转向西南方向,也挖到太平坝为止;将七里闸改为运河出口,从武家墩烂泥浅转入黄河。这样,运河口距离黄河、淮河的交会处大约有十里,从此运河就没有黄河泥沙积垫的祸患了。奏疏上报,诸事一并经讨论通过而施行。靳辅勘察了清水潭屡次堵塞屡次冲垮的状况,于是避开水深的地方而就水浅之处,建筑了东西长堤两道,并且挖了一道八百四十丈的新河,疏通了积水。山阳、高邮等七个州、县的民田,到这时都脱离了水淹,能够耕种了。

十八年,靳辅上疏报告治河情况,并请求将清水潭新开河命名为永安河。得到了皇上的批准。原先淮河在翟家坝决口,并冲出了九条支流,靳辅命令淮扬道副使刘国靖等人监督堵塞决口。到这时工程已经完工,靳辅前往工地勘察,上疏报告朝廷,并说:“山阳、宝应、高邮、江都四个州、县的一些潴积洪水的湖泊，现已逐渐干涸见底。臣现在正大规模地招募百姓开垦，以便增加国家赋税，使百姓富足，上下都得到利益。”屯田的建议就是从这时发起的。

运粮的漕船从七里闸出运河口，行经骆马湖驶抵窑湾。骆马湖夏、秋两季汛期时水势猛涨，到了冬、春两季却水面干涸，负荷重的船只经常受到阻碍。靳辅建议疏浚骆马湖旁边的阜河旧河道，北上连接泇河，贯通运河。奏疏送入，下发给朝廷大臣讨论。皇上问各位大臣的意见如何，左都御史魏象枢说：“靳辅请求大规模治理黄河，皇上调拨国库银二百五十一万两，打算一劳永逸。前次上奏说堤坝已修筑了十分之七，现在又要另开河道，所谓的一劳永逸在哪里呢？但臣下们考虑到漕运有阻碍，所以商议下来仍同意他的请求。”皇上说：“象枢说得很对。河道虽然开了，但是一定要上流水势浩大，才能够避免河道重新淤积滞塞。现在雨少水枯，恐怕未必对事情有利。就是已经完工的各项工程，也是因为天气干旱容易修筑罢了，又怎么能以此为依靠，看成是永远坚固的呢？”十九年五月，靳辅遭逢父丧，皇上命令他在任上守孝。这一年秋天，黄河再次决口，靳辅上疏请求处分，皇上只是催促他抓紧修筑堤坝。二十年三月，靳辅上疏说：“臣下三年前请求大规模治理黄河，限三年之内让黄河水复归旧道。现在期限已到，但黄河水没有能回归旧道。所以请求处分。”皇上将此事下交吏部讨论其处分，按理应当削夺官职，但皇上命令他戴罪督修黄河工程。

二十一年五月，皇上派遣尚书伊桑阿、侍郎宋文运，给事中王曰温、御史伊喇喀勘察治河工程。候补布政使崔维雅将自己所著的关于治河的书上奏朝廷，建议全面停止靳辅所推行的修筑减水坝等治河方法，主张大规模兴起修堤工程，每天征集劳力四十万人，修筑堤坝以每天十二丈为标准。皇上就命令催维雅跟随伊桑阿等人一起前往工地并和靳辅讨论。伊桑阿等人全面勘察了各个治河工程，抵达徐州后，就让靳辅和崔维雅进行讨论。靳辅在所上的奏疏中说：“黄河河道的整体工程已完成了十分之八、九。萧家渡虽然再次决口。但出海口已经大大打开，下游河道得以疏通，黄河的心腹之患已经消除。断断不应当在这时候对工程有所更改，以免毁坏已成之功，酿成后患。”伊桑阿等人回京师后，靳辅的奏疏又被下交朝廷大臣讨论，工部尚书萨穆哈等人奏请皇上责令靳辅自筹经费修复萧家决口以示惩罚，皇上以为赔修办法不是靳辅所能承担的，没有同意；又讨论了崔维雅奏疏中分条陈述的具体办法，伊桑阿请求皇上宣召靳辅询问。十一月，靳辅进京向皇上面奏并回答问题，说萧家渡堵决工程明年正月当能完工，维雅所建议的每天征用劳力四十万、修筑堤岸以十二丈为标准，都是行不通的。维雅的建议由此作罢。皇上命令堵塞萧家渡决口仍旧动用国家的正式钱粮。二十二年四月，靳辅上疏报告萧家渡缺口已经合龙，黄河水复归故道，汹涌的水流直泄而下，而七里沟等四十多处的汛期险情日益严重，天妃坝、王公堤以及运河的闸坝座基都应加固修筑。又另外上疏请求朝廷下令河南巡抚修筑开封、归德两府境内的黄河堤岸，以防上游发生问题。皇上全部答应了他的请求。十二月，下令恢复靳辅的原官。

二十三年十月，皇上到南方巡视，视察了黄河北岸的各项工程，告诫靳辅说："萧家渡堤坝的薄弱处应当加固，低卑之处应当增高，要随时加以修筑。减水坝原来是用来排泄水的，若是遇到河水泛滥，四处冲激，怎能知道今天的减水坝不会成为他年的决口呢？况且为了杀减水势而让河水流向其他地方，淹没民田，朕心中实在是不忍。这件事应当统一筹划和采取措施。"皇上看见筑堤的民工们劳作十分辛苦，就停下马车，慰劳民工们很长时间，并嘱咐靳辅，要禁止官员衙役侵吞、扣克民工的粮食。又视察了天妃闸，命令靳辅说应当将这里改为植草的堤坝，并另设七里闸、太平闸两座闸来杀减水势。皇上乘坐的船只经过高邮时，看见田地和房屋都浸在水里，心中悲痛，哀怜百姓受苦。又派遣尚书伊桑阿、萨穆哈视察海口地区。返京途中，皇上又视察了高家堰大堤，到达清口后，视察了黄河南岸的各个工程，并对靳辅说，在运河入口处应当增筑水闸，以防止黄河水倒灌进运河。又宣召靳辅到行宫加以慰劳勉励，并亲手书写了《阅河堤诗》赐给他。

因皇上时时挂念着减水坝杀减水势而淹没民田民屋，靳辅就提议在宿迁、桃源、清河三县境内的黄河北岸的长堤内开凿一条新的河道，称之为“中河”。在清河县西的仲家庄建筑一道水闸，把拦马河减水坝所排泄出的水引入中河。原先，运粮的漕船从清口出运河后，就一直在黄河上行驶，直到抵达地处张庄的北运河口，中河开成后，漕船一出清河口，就能横渡过去，直接渡到黄河北岸，再通过仲家庄水闸，进入中河，避免了黄河一百八十里的险程。伊桑阿等人返回京师后上奏，建议疏浚从车路河、串场河等河一直到白驹、丁溪、草堰各个盐场的水口，将高邮等地减水坝所排泄下来的水引入大海。皇上命令安徽按察使于成龙负责这项工程，仍然受靳辅的调度和管辖，凡向朝廷上奏事宜必须通过靳辅上疏转报。

二十四年正月，靳辅上疏请求在徐州往上的毛城铺、王家山等处增筑减水闸，下交朝廷大臣讨论。皇上说减水闸有益于治河工程而无益于黎民百姓，所以不能不深思熟虑，于是下令派遣有关官员和靳辅一起审慎商议，如果将减水闸排泄下来的水分流而不致于过多损害民田的话，就下令动工。九月，靳辅上疏报告前往河南勘察黄河两岸的情况，请求修筑考城、仪封、封丘、荥泽等处的堤岸埽工，交工部讨论后施行。成龙建议疏浚黄河下游海口处的河道以泄积水，靳辅则说下河地区地势低于海平面五尺，疏浚海口反会导致潮水内灌，危害更大；建议从高邮东面的车逻镇开始筑堤，历经兴化、白驹场，约束从高处排泄下来的水流入海，堤内积水干涸后出现的田地，经丈量后还给原主人，其余的田地招募百姓屯垦，收取土地价格用以支付治河工程的费用。奏疏上达，皇上说收取土地价格恐怕会增加百姓的负担，没有马上批准。

不久，皇上宣召靳辅、于成龙火速兼程赶赴京师参加朝廷大臣的讨论。成龙提议开挖海口的黄河故道，靳辅仍旧主张修筑一条高度为一丈五尺的长堤，用约束水流而形成急流的办法抵御海潮。内阁大学士、九卿赞同靳辅的提议，通政使参议成其范、给事中王又旦、御史钱珏则赞同成龙的提议，讨论没有结果。皇上下令宣召那些籍贯为下河地区各州县、现在京师做官的人来询问情况，翰林院侍读、宝应县人乔莱等人就说："听从成龙的提议，工程容易完成，对百姓有利无害；听从靳辅的提议，工程完成困难，百姓的田地房屋、坟墓也会受到很大损失，况且堤高为一丈五尺，被约束后的水流平面将高到一丈，大大高于百姓的住房，伏天秋后汛期时如堤岸崩溃决口，那造成的危害就更无法说了。”皇上颇倾向于成龙的意见，派遣尚书萨穆哈、学士穆称额去淮安会同漕运总督徐旭龄、巡抚汤斌一起审慎勘察。二十五年正月，萨穆哈等人返回京师后上奏，说民间都说疏浚海口没什么好处。不久，皇上任命成龙为直隶巡抚，推翻了疏浚海口的提议。四月，召汤斌至京任工部尚书。汤斌入朝奏对时，皇上又提出这件事来问他，汤斌说疏浚海口肯定对百姓有好处。皇上斥责萨穆哈、穆称额返回京师时没有据实奏报，罢了他们的官。又宣召大学士、九卿以及乔莱等人讨论，决议疏浚海口，调拨国库银二十万两，命令侍郎孙在丰主持这一工程。

工部弹劾靳辅治理黄河已历时九年，没有成功。皇上说：“治理黄河这件事情是很艰巨的，可是靳辅把它看得过于容易了。如果现在突然将靳辅论罪处分，今后担任此项工作的人就更加难办了。现在姑且宽恕他，仍旧责成他督修黄河。”二十六年，靳辅上疏说：“运河堤岸减水坝所排泄下的水都流到了地势低洼的下河地区，再往东就是大海，疏浚海口听上去似乎可以解除水患，但是从泰州到海安镇，经安丰场、东台县到盐城，各县土地的地势很低，形状就像锅底，如果只在这里挖深疏浚，那只是白白地增加它的深度。当淮河水盛涨，高家堰所排泄下的水汹涌而来时，仍旧不能挽救大片民田被水淹没。臣认为，与其在支流上杜绝祸患，不如从源头上杜绝祸根。高家堰大堤外的正东是下河，东北面是清口，应当从翟家坝起一直到高家堰修筑一道长一万六千丈的重堤，约束、引导淮河水流从北面的清口出去，这样，洪泽湖水就不会再往东淹没下河地区，下河地区的十万多顷土地都将变成出产丰裕的良田，而高邮、宝应等地湖泊干涸所出现的土地，就可以招募百姓屯垦，以充裕治河工程的经费。"皇上派人将靳辅的奏疏给成龙看，成龙仍然坚持说下河地区应当开挖疏浚，重堤不应当修筑。皇上派遣尚书佛伦、侍郎熊一潇、给事中达奇纳、赵吉士与江南总督董讷、漕运总督慕天颜一起会同勘察。佛伦等人都希望采用靳辅的提议，天颜、在丰的意见则正相反。佛伦等人回京奏报，皇上将此事下交朝廷大臣讨论。正好这时候太皇太后去世了，所以讨论的结果没有上报。

二十七年春天，给事中刘楷，御史郭琇、陆祖修轮番上奏章抨击靳辅，郭琇的奏疏中还牵连到了靳辅的幕僚陈潢，陆祖修请求罢免靳辅的官职，甚至以舜杀戮其父鲧来作比喻；慕天颜、孙在丰也就屯田增加百姓负担以及靳辅阻挠开挖疏浚下河地区的情况上疏抨击。不久,郭琇弹劾大学士明珠等人,所说的话中又涉及到靳辅。靳辅入朝晋见皇上,也上疏攻击成龙、天颜、在丰等人相互勾结阴谋陷害自己。皇上说:"靳辅身为河道总督,开河筑堤,使漕运不致耽误,不能说没有功劳;但是在屯田累民,反对疏浚下河地区这两件事上,也很难逃脱罪责。近来因遭到弹劾,议论他过失的人很多。人在困窘之极时就要喊老天爷,靳辅如果不在我面前陈述分辨,又到什么地方去控告呢?"三月,皇上驾临乾清门,宣召靳辅和于成龙、郭琇等人当廷辩论,靳辅、成龙各持己见相持不下。郭琇说靳辅屯田害民,靳辅说是下属官吏奉命行事不妥善而招致百姓怨恨,并因而自承过失。靳辅由此被罢官,以王新命代替他的职务,佛伦、董讷、孙在丰、达奇纳都被降职,慕天颜、赵吉士被一起削夺官职,陈潢也因此受到处罚。

这时,中河工程刚竣工,皇上派遣学士开音布、侍卫马武前往勘察,他们回来后上奏说中河开成后,商人的船只来往不绝。皇上对廷臣们说:"前些日子于成龙上奏说黄河河道被靳辅治理坏了,现在开音布等人回来奏报,几年来河道并没有决口,漕运也没有耽误,若是说靳辅治理黄河全然没有补益,不只是靳辅不服,就是朕也不同意。"于是皇上派遣尚书张玉书、图纳,左都御史马齐,侍郎成其范、徐廷玺视察黄河工程,全面考察靳辅所经营治理的各项工程，什么地方应当修改，什么地方不应当修改，都要审慎勘察并全部上报。张玉书等人返回京师后汇报说，黄河河床已逐渐被水流冲刷加深，黄河水迅疾地直滑入海，黄河两岸的水闸和堤坝有些应该保持原样，也有些应该迁移改动的；他们所说多数都符合靳辅原来的规划。

十一月，皇上又派遣尚书苏赫等人视察通州的北运河，命令靳辅一同前往。靳辅请求在沙河修筑闸门蓄水，在通州以下的运河两岸修筑堤坝以约束水流，皇上听从了靳辅的意见。二十八年正月，皇上巡视南方，考察黄河，靳辅随驾护行。在视察中河时，皇上担心中河逼近黄河，河水上涨时堤岸会崩溃，靳辅回答说如果加筑遥堤就没事了。回到京师后，皇上下谕奖励靳辅所治理的黄河各处水深堤固，恢复了他原来的品级。二十九年，漕运总督董讷因北运河水浅，打算引南旺河水全部北流；仓场侍郎开音布又上疏请求疏浚北运河。皇上向靳辅咨询，靳辅说如果引南旺河水全部北流，南运河必然就变得水浅，只要在北运河的两边投放埽料，集约水流，使河水加深，漕运自然就可通行了。皇上命令靳辅偕同开音布一起主持此事。

三十一年，王新命因为出了事而被罢官，皇上说："自朕执政之后，将三藩、河务、漕运当作三件最重要的事，并将它们书写在宫中的柱子上。如果河务没有恰当的人选，必然会耽误漕运。现在趁靳辅还不太老而起用他，也可以解除我几年的忧虑。”于是命令靳辅仍旧担任河道总督的职务。靳辅以年老体弱为由推辞这一任命，皇上就命顺天府丞徐廷玺作为协理帮助他办事。适逢陕西的西安、凤翔发生旱灾，皇上命令留下江北的漕粮二十万石，由黄河运往蒲州。靳辅上疏说水道只可通到孟津，自己将亲自前往监督运粮，皇上嘉奖了他。靳辅又上疏请求沿着高家堰运输治河材料的小河，将黄河这一段的堤岸增修，使之高广，在中河加筑遥堤，并增加修筑四座水闸，堵塞张庄的旧运河口，这些建议都是以前治理黄河时准备做而没有来得及完成的工程。另外又上疏请求恢复陈潢的官职，并起用受自己牵连的熊一潇、达奇纳、赵吉士。靳辅病重后，两次上疏请求解除自己的职务，皇上命内大臣明珠前往探视，传达皇上旨意，让他安心调理医治。十一月，他去世了，皇上赐予祭奠，并赏赐丧葬费。谥为文襄。三十五年，批准江南士民的请求，在黄河岸边建祠以示纪念。四十六年，追赠太子太保，授予他拜他喇布勒哈番的世职。雍正五年，又加工部尚书官衔。

年羹尧传

年羹尧是清朝康熙后期到雍正初年朝廷中的显赫人物。他长期担任封疆大吏，执掌一方的军政要务。在平定西藏、青海的军事行动中为清王朝立下了汗马功劳。雍正帝登位后，年羹尧倍受宠幸。但不久就遭到严厉处分，被投入监狱，并被责令自杀。关于年羹尧的这种遭遇，在史学界主要有两种不同的说法。一种认为雍正帝的帝位是谋夺而得，年羹尧是他谋位过程中的死党；雍正帝即位后，不愿有人知道他的阴私，所以在开始时对他佯示宠幸，接着就杀人灭口。另一种则认为雍正帝的帝位并非谋夺而得，开始时宠幸年羹尧是由于他的功绩和能力，其后的严加处分，则是由于他擅作威福，怙权纳贿，措置确有不当之处。本篇简要地记述了他的生平，对他是否与雍正帝有特殊关系的问题毫不触及。

年羹尧字亮工，汉军镶黄旗人。……康熙三十九年进士，改庶吉士①，授检讨②。迭充四川、广东乡试考官，累迁内阁学士③。四十八年，擢四川巡抚。四十九年，斡伟生番罗都等掠宁番卫④，戕游击周玉麟。上命羹尧与提督岳升龙剿抚。升龙率兵讨之，擒罗都。羹尧至平番卫⑤，闻罗都已擒，引还。川陕总督音泰疏劾，部议当夺官，上命留任。五十六年，越嶲卫属番与普雄土千户那

① 庶吉士：翰林院官名。清代翰林院设庶常馆，挑选新科进士入馆学习，叫庶吉士。三年后再举行考试，成绩优良者正式授予翰林院的官职。 ② 检讨：官名，属翰林院。担任“撰著记载”工作，而级别比翰林院中担任同类工作的其他官员低。 ③ 内阁学士：官名。主管内阁向皇帝上奏章等工作。内阁是清代中央政府的最高级官署，尽管在军机处成立后其实权远不如军机处。 ④ 生番：没有开化的番人。番是旧时对我国西部及西南部少数民族的称呼。宁番卫：地名，即今四川冕宁。明代设宁番卫，清雍正六年改为冕宁县。 ⑤ 平番卫：在今四川松潘境内。

交等为乱①，羹尧遣游击张玉剿平之。

是岁，策妄阿喇布坦遣其将策凌敦多卜袭西藏②，戕拉藏汗。四川提督康泰率兵出黄胜关③，兵哗，引还。羹尧遣参将杨尽信抚谕之，密奏泰失兵心，不可用，请亲赴松潘协理军务④。上嘉其实心任事，遣都统法喇率兵赴四川助剿。

五十七年，羹尧请令护军统领温普进驻里塘⑤，增设打箭炉至里塘驿站⑥，寻请增设四川驻防兵，皆允之。上嘉羹尧治事明敏，巡抚无督兵责，特授四川总督，兼管巡抚事。

五十八年，羹尧以敌情叵测，请赴藏为备。廷议以

---

① 越嶲卫：即今四川越西及周围地区。明代设卫，清雍正六年改设厅。普雄：地名，在今四川越西县境内。土千户：土官的一种。元、明、清三代在部分少数民族中实行“以土官治土民”的制度，从当地少数民族中任命官员，这些官员就是土官，并常在其官名前加一“土”字，以示与一般官员的区别。千户是较低级的武官。 ② 策妄阿喇布坦：蒙古族准噶尔部的首领，居住在新疆伊犁地区。 ③ 黄胜关：地名。在今四川松潘西北。 ④ 松潘：今四川松潘及周围地区。 ⑤ 请：此字原脱，据《清史列传》补。里塘：地名，亦称“理塘”，在今四川境内。 ⑥ 打箭炉：地名。即今四川康定及周围地区。驿站：古代官家设置的供传递公文者或往来官员途中歇宿、换马的处所。

松潘诸路军事重要，令羹尧毋率兵出边，檄法喇进师。法喇率副将岳钟琪抚定里塘、巴塘①。羹尧亦遣知府迟维德招降乍丫、察木多、察哇诸番目②，因请召法喇师还，从之。

五十九年，上命平逆将军延信率兵自青海入西藏，授羹尧定西将军印，自拉里会师③，并咨羹尧孰可署总督者。羹尧言一时不得其人，请以将军印畀护军统领噶尔弼④，而移法喇军驻打箭炉，上用其议。巴塘、里塘本云南丽江土府属地⑤，既抚定，云贵总督蒋陈锡请仍隶丽江土知府木兴。羹尧言二地为入藏运粮要路，宜属四川，从之。……八月，噶尔弼、延信两军先后入西藏，策凌敦多卜败走，西藏平。上谕羹尧护凯旋诸军入边，召法喇还京师。

……六十年，入觐，命兼理四川陕西总督，辞，还镇，赐弓矢。

---

① 巴塘：地名，即今四川巴塘及周围地区。 ② 乍丫：地名。在今西藏自治区察雅县境内。察木多：地名。即今西藏昌都县。察哇：不详。当在西藏与四川交界地区。 ③ 拉里：一作喇里，今西藏嘉黎。 ④ 畀(bì 毕)：给予。 ⑤ 土府：云南丽江实行土司制度，故称土府。其知府称为土知府。

……世宗即位①，召抚远大将军允禵还京师②，命羹尧管理大将军印务。雍正元年，授羹尧二等阿达哈哈番世职③，并加遐龄尚书衔④。寻又加羹尧太保。诏撤西藏驻防官军。……论平西藏功，以羹尧运粮守隘，封三等公，世袭。

青海台吉罗卜藏丹津为顾实汗孙⑤，纠诸台吉吹拉克诺木齐、阿尔布坦温布、藏巴札布等，劫亲王察罕丹津叛，掠青海诸部。上命羹尧进讨，谕抚远大将军延信及防边理饷诸大臣，四川、陕西、云南督、抚、提、镇⑥，军事皆告羹尧。十月，羹尧率师自甘州至西宁⑦。改延信平逆将军，解抚远大将军印授羹尧，尽护诸军。羹尧请以

① 指雍正皇帝胤禛，庙号世宗。 ② 允禵：雍正帝的弟弟。相传康熙帝本拟把帝位传给允禵。雍正帝即位后，立即把他调回京师，实含有防范允禵之意。史学界中有一种意见认为，康熙去世雍正即位之初，允禵掌管着一支强大的军队，但不敢起兵反抗，就因年羹尧具有很强的军事力量，站在雍正帝一边监视着他。 ③ 阿达哈哈番：满语音译，清代封爵称号，汉文为轻车都尉。 ④ 遐龄：年羹尧的父亲年遐龄。 ⑤ 台吉：清代对蒙古部落的封爵名称。顾实汗：亦称“固始汗”，蒙古和硕特部的首领。 ⑥ 提：提督，武官名。在清代，提督一般为一省的高级武官。镇：本为军队的编制单位，其军事长官是总兵，此处即指总兵，又称总镇，受提督节制。 ⑦ 甘州：即今甘肃张掖。西宁：即今青海省西宁。清代属甘肃，当时为西宁卫，雍正二年改为西宁府。

前锋统领素丹、提督岳钟琪为参赞大臣,从之。……

羹尧初至西宁,师未集,罗卜藏丹津诇知之,乃入寇,悉破傍城诸堡,移兵向城。羹尧率左右数十人坐城楼不动,罗卜藏丹津稍引退,围南堡。羹尧令兵斫贼垒,敌知兵少,不为备,驱桌子山土番当前队。炮发,土番死者无算。钟琪兵至,直攻敌营,罗卜藏丹津败奔,师从之,大溃,仅率百人遁走。羹尧乃部署诸军,令总兵官周瑛率兵截敌走西藏路,都统穆森驻吐鲁番,副将军阿喇纳出噶斯①,暂驻布隆吉尔②,又遣参将孙继宗将二千人与阿喇纳师会。敌侵镇海堡,都统武格赴援,敌围堡,战六昼夜,参将宋可进等赴援,敌败走,斩六百余级,获多巴囊素阿旺丹津③。罗卜藏丹津攻西宁南川口,师保申中堡。敌围堡,堡内囊素与敌通,欲凿墙而入。守备马有仁等力御,可进等赴援,夹击,敌败走,诸囊素助敌者皆杀之。羹尧先后疏闻,并请副都统花色等将鄂尔多斯兵④,副都统查克丹等将归化土默特兵⑤,总兵马觌伯将大同镇兵,会甘州助战,从之。

西宁北川、上下北塔蒙、回诸众将起应罗卜藏丹津,

---

① 噶斯:湖名。在今新疆若羌县东,清初时为屯戍要地。② 布隆吉尔:镇名。在今甘肃安西县东。③ 囊素:这里指申中堡的囊素,也即其蒙古族首领。④ 鄂尔多斯:蒙古部落名。⑤ 归化土默特:蒙古部落名。

羹尧遣千总马忠孝抚定下北塔三十余庄。上北塔未服，忠孝率兵往剿，擒戮其渠[1]，余众悉降。察罕丹津走河州[2]。罗卜藏丹津欲劫以去，羹尧令移察罕丹津及其族属入居兰州。青海台吉索诺木达什为罗卜藏丹津诱擒，脱出来归，羹尧奏闻，命封贝子，令羹尧抚慰。敌掠新城堡，羹尧令西宁总兵黄喜林等往剿，斩千五百余级，擒其渠七，得器械、驼马、牛羊无算。以天寒，羹尧令引师还西宁。……

二年，上以罗卜藏丹津负国，叛，不可宥，授钟琪奋威将军，趣羹尧进兵。……

二月，钟琪师进次伊克哈尔吉[3]。搜山，获阿尔布坦温布，喜林亦得其酋巴珠尔阿喇布坦等。师复进，羹尧诇知阿冈都番助敌[4]，别遣凉庄道蒋泂等督兵攻之[5]，戮其囊素。复击破石门寺喇嘛，杀六百余人，焚其寺。钟琪师复进次席尔哈罗色，遣兵攻噶斯，逐吹拉克诺木齐。三月，钟琪师复进次布尔哈屯。罗卜藏丹津所居地曰额

① 渠：通“巨”，大的意思。即首领。 ② 河州：在今甘肃临夏境内。 ③ 伊克哈尔吉：山名。在今青海湖北岸，刚察县境内。“哈”原作“喀”，据《清史列传》等改。 ④ 诇（xiòng 兄，去声）：刺探。阿冈都：地名。 ⑤ 道：清代在省、府之间所设的监察区，长官称道员。凉庄道在今甘肃凉州一带。泂：音jiǒng（窘）。

母讷布隆吉，钟琪督兵直入，分兵北防柴旦木，断往噶斯道。罗卜藏丹津走乌兰穆和儿，复走柴旦木，师从之，获其母阿尔太哈屯及其戚属等，并男妇、牛羊、驼马无算。分兵攻乌兰白克，获吹拉克诺木齐及助乱八台吉。时藏巴扎布已先就擒，罗卜藏丹津以二百余人遁走。青海部落悉平。论功，进羹尧爵一等，别授精奇尼哈番，令其子斌袭，封遐龄如羹尧爵，加太傅。……

……十月，羹尧入觐，赐双眼花翎、四团龙补服、黄带、紫辔、金币。叙功，加一等阿思哈尼哈番世职①，令其子富袭。

羹尧才气凌厉，恃上眷遇，师出屡有功，骄纵。行文诸督抚，书官斥姓名②。请发侍卫从军③，使为前后导引，执鞭坠镫。入觐，令总督李维钧、巡抚范时捷跪道送迎。至京师，行绝驰道④。王大臣郊迎，不为礼。在边，

---

① 阿思哈尼哈番：满语音译。清代封爵名。汉文为男爵。 ② 书官：直接写其官职名称，这是上级对下级很不客气的做法。斥姓名：直书其姓名。古代不仅对上级和平级的人不应直称其名，就是对下级，也只有在很不客气的情况下才直称其名，一般称其字、号。年羹尧对总督、巡抚“书官斥姓名”，是将他们看作比自己低得多的下级。 ③ 侍卫：清代挑选满、蒙勋戚的子弟以及武进士为侍卫，负责保卫皇宫。 ④ 绝：横越。驰道：古代专供帝王行驶马车的道路。

蒙古诸王公见必跪，额驸阿宝入谒亦如之①。尝荐陕西布政使胡期恒及景灏可大用②，劾四川巡抚蔡珽逮治，上即以授景灏，又擢期恒甘肃巡抚。羹尧仆桑成鼎、魏之耀皆以从军屡擢，成鼎布政使，之耀副将。羹尧请发将吏数十从军，上许之。觐还，即劾罢驿道金南瑛等，而请以从军主事丁松署粮道。上责羹尧题奏错误③，命期恒率所劾官吏诣京师。三年正月，珽逮至，上召入见，备言羹尧暴贪诬陷状，上特宥珽罪。

二月庚午，日月合璧，五星联珠④，羹尧疏贺，用“夕惕朝乾”语⑤，上怒，责羹尧有意倒置，谕曰：“羹尧不以‘朝乾夕惕’许朕，则羹尧青海之功，亦在朕许不许之间

---

① 额驸：清代公主的丈夫称为额驸。阿宝：“蒙古诸王公”之一，为青海额鲁特部的阿拉善扎萨克郡王，同时又是额驸。 ② 景灏：王景灏。 ③ 题奏错误：清遵明制，臣子给皇帝上疏，凡紧要公事用题本，有私事相求用奏本。这里是说皇帝认为羹尧所奏的是公事，不当用奏本。 ④ 日月合璧，五星联珠：日月同升，金、木、水、火、土五行星同时出现在天空同一方。这种现象很少见，古人视为吉祥的征兆。 ⑤ 夕惕朝乾：通常作“朝乾夕惕”，出于《易经》：“君子终日乾乾，夕惕若……”。意为君子终日勤奋谨慎，到晚上仍惕然自励，不稍懈怠。年羹尧奏疏中写作“夕惕朝乾”，意思仍跟“朝乾夕惕”一样。但雍正帝却说他之这样写，是故意颠倒过来，以显示雍正帝并非“朝乾夕惕”，所以下文又说“羹尧不以‘朝乾夕惕’许朕”。

而未定也。”会期恒至，入见，上以奏对悖谬，夺官。上命更定打箭炉外增汰官兵诸事，不用羹尧议。四月，上谕曰：“羹尧举劾失当，遣将士筑城南坪①，不惜番民，致惊惶生事，反以降番复叛具奏。青海蒙古饥馑，匿不上闻。怠玩昏愦，不可复任总督，改授杭州将军。”而以钟琪署总督，命上抚远大将军印。羹尧既受代②，疏言：“臣不敢久居陕西③，亦不敢遽赴浙江，今于仪征水陆交通之处候旨④。”上益怒，促羹尧赴任。山西巡抚伊都立、都统前山西巡抚范时捷、川陕总督岳钟琪、河南巡抚田文镜、侍郎黄炳、鸿胪少卿单畴书、原任直隶巡抚赵之垣交章发羹尧罪状，侍郎史贻直、高其佩赴山西按时捷劾羹尧遣兵围郃阳民堡杀戮无辜⑤，亦以谳辞入奏⑥，上命分案议罪。罢羹尧将军，授闲散章京⑦，自二等公递降至拜他喇布勒哈番⑧，乃尽削羹尧职。

---

① 南坪：即今四川南坪。 ② 受代：接受别人的替代，即“去职”。 ③ 陕西：时年羹尧任四川、陕西总督，治所在今陕西西安，故云。 ④ 仪征：今江苏仪征。 ⑤ 按：审察、核实。郃阳：旧县名，即今陕西合阳。 ⑥ 谳（yàn 厌）辞：定案后的报告。谳，审判定案。 ⑦ 闲散章京：章京，清代军职多称章京。闲散章京，等于无官。 ⑧ 拜他喇布勒哈番：满文音译，清爵位名称，汉文为骑都尉。

十二月，逮至京师，下议政大臣、三法司、九卿会鞫[①]。是月甲戌，具狱辞：羹尧大逆之罪五，欺罔之罪九，僭越之罪十六，狂悖之罪十三，专擅之罪六，忌刻之罪六，残忍之罪四，贪黩之罪十八，侵蚀之罪十五，凡九十二款，当大辟，亲属缘坐。上谕曰："羹尧谋逆虽实，而事迹未著[②]，朕念青海之功，不忍加极刑。"遣领侍卫内大臣马尔赛、步兵统领阿齐图赍诏谕羹尧狱中令自裁[③]。

【翻译】

年羹尧字亮工，汉军镶黄旗人。……康熙三十九年进士，选调为庶吉士，授官检讨。接连充任四川、广东乡试的考官，积官提升到内阁学士。四十八年，晋升四川巡抚。四十九年，斡伟地区的生番罗都等人劫掠宁番卫，杀害了游击周玉麟。皇上命令羹尧与提督岳升龙征剿、安抚。升龙率领军队讨伐他们，擒获了罗都。羹尧抵达平番卫时，听说罗都已被抓获，领兵撤回。川陕总督音泰上疏弹劾他，吏部讨论后认为应当削夺官职，皇上命令留任。五十六年，越嶲卫所属番人与普雄的土千

① 议政大臣：清官名。清初设议政处，参画军政要务，其长官称议政大臣。雍正间改议政处为军机处，而满洲大学士仍有兼议政衔者。三法司：明、清时全国高级司法、监察机构刑部、都察院、大理寺的合称。 ② 著：明显。 ③ 赍(jī 基)：送。

户那交等人作乱,羹尧派遣游击张玉前去征剿,平定了叛乱。

这一年,策妄阿喇布坦派遣他的部将策凌敦多卜袭击西藏,杀死了拉藏汗。四川提督康泰率领部队出兵黄胜关,士兵哗变,撤回。羹尧派遣参将杨尽信安抚晓谕他们,并秘密上奏朝廷说康泰失去军心,不能使用,请求亲自前往松潘协助办理军务。皇上嘉奖他实心办事,派遣都统法喇前往四川协助讨伐。

五十七年,羹尧请求皇上命令护军统领温普进驻里塘,增设从打箭炉到里塘的驿站,不久又请求增设四川的驻防军队,都得到批准。皇上看重羹尧处理公务精明敏捷,而巡抚没有督率军队的职权,特地任命他为四川总督,兼管巡抚事务。

五十八年,羹尧因敌情难测,请求前往西藏预为防备。朝廷大臣讨论结果,因松潘各路军务重要,命令羹尧不要率领军队出四川边境,下令法喇进军。法喇率领副将岳钟琪安抚平定了里塘、巴塘。羹尧也派遣知府迟维德招降了乍丫、察木多、察哇各番的头目,因而请求朝廷召法喇的军队返回,获得了同意。

五十九年,皇上命令平逆将军延信率领军队从青海进入西藏,授予羹尧定西将军大印,到拉里与延信的部队会师,并咨询羹尧谁可以代理总督职务。羹尧说一时没有合适的人选，请求把将军大印给予护军统领噶尔弼，而调动法喇军队进驻打箭炉。皇上采纳了他的建议。巴塘、里塘本来是云南丽江土府的属地，既已安抚平定，云贵总督蒋陈锡请求将二地仍然归还丽江土知府木兴。羹尧向皇上进言，说这二个地方是进入西藏的运粮重要通道，应当隶属四川。皇上听从了他的意见。……八月，噶尔弼、延信两支部队先后进入西藏，策凌敦多卜败阵逃走，西藏平定。皇上下谕羹尧监领凯旋而归的各路军队进入四川边境，召法喇返回京师。

……六十年，入京觐见皇上，命他兼管四川陕西总督的职务，告辞皇上而返回其镇守地时，皇上赐予弓箭。……

世宗登位，召抚远大将军允禵返回京师，命令羹尧管理大将军印章事务。雍正元年，授予羹尧二等阿达哈哈番世袭爵位，并且加封其父年遐龄尚书的头衔。不久又加封羹尧太保。下诏撤回西藏的驻防军队。……评定平定西藏的功劳时，由于羹尧的运送粮饷和固守关隘，封为三等公爵，世代承袭。

青海的台吉罗卜藏丹津是顾实汗的孙子，纠集各台吉吹拉克诺木齐、阿尔布坦温布、藏巴札布等人，劫持亲王察罕丹津发动叛乱，掠夺青海各部落。皇上命令羹尧进军征讨，谕告抚远大将军延信以及防卫边疆筹措军饷的各位大臣，四川、陕西、云南的总督、巡抚、提督、总兵，军事行动都必须报告羹尧。十月，羹尧率领部队从甘州出发抵达西宁。改任延信为平逆将军，解下抚远大将军之印授予羹尧，总领此次行动的所有各部。羹尧请求用前锋统领素丹、提督岳钟琪为参赞大臣，皇上也听从了。……

羹尧刚刚抵达西宁，军队还没有聚集起来，罗卜藏丹津刺探到这个消息，于是就来进犯、攻破了所有靠近西宁城的各堡，调动军队向西宁城攻来。羹尧率领左右几十人稳坐城楼不动，罗卜藏丹津领兵稍微后退了一些，包围了南堡。羹尧命令士兵攻盗贼的营垒，敌人知道他的兵少，不加防备，只是驱赶桌子山的土番来抵挡先头部队。清兵放炮，土番死去的不计其数。钟琪的部队赶到，直攻敌人营垒，罗卜藏丹津败退奔逃，清军在后追蹑，罗卜藏丹津大败，仅领着一百人左右逃走。羹尧于是部署各部队，命令总兵官周瑛率领部队截断敌人逃往西藏的通道，都统穆森进驻吐鲁番，副将军阿喇纳从噶斯出发，暂时驻扎在布隆吉尔，又派遣参将孙继宗率领二千人马与阿喇纳的部队会合。敌人侵犯镇海堡，都统武格前往增援，敌人包围了城堡，战斗了六个昼夜，参将宋可进等前往增援，敌人败逃，斩下六百多首级，擒获了多巴囊素阿旺丹津。罗卜藏丹津进攻西宁的南川口，清军守卫申中堡。敌人包围了申中堡，堡内的囊素和敌人勾结，想凿城墙而进。守备马有仁等人奋力抵御，可进等人前来支援，两面夹击，敌人败逃。将帮助敌人的各个囊素都杀了。羹尧先后上疏奏报朝廷，并请求让副都统花色等人率领鄂尔多斯的军队，副都统查克丹等人率领归化土默特的军队，总兵马觌伯率领大同镇的军队，会合甘州助战，皇上同意了。

西宁的北川、上下北塔的蒙族、回族各部的人们即将起兵响应罗卜藏丹津，羹尧派遣千总马忠孝安抚平定了下北塔的三十多个村庄。上北塔没有归服，忠孝带兵前往征伐，抓获并杀了他们的首领，剩下的部众全部投降。察罕丹津逃往河州。罗卜藏丹津想劫持他逃走，羹尧命令将察罕丹津以及他的族人家属转移到兰州居住。青海的台吉索诺木达什被罗卜藏丹津诱骗擒获，逃出后前来归顺，羹尧报告了皇上，下令封他为贝子，并命羹尧安抚慰劳他。敌人攻掠新城堡，羹尧命令西宁总兵黄喜林等人前往征伐，斩了一千五百多首级，擒获他们的首领七人，得到的兵器、驼马、牛羊多得无法计算。因为天气寒冷，羹尧下令把军队撤回西宁。……

二年，皇上因罗卜藏丹津背负国恩，成为叛贼，不可宽恕，授钟琪为奋威将军，催促羹尧进兵。……

二月，钟琪的军队前进驻扎在伊克哈尔吉，搜索山中，擒获了阿尔布坦温布，喜林也抓获了他们的首领巴珠尔阿喇布坦等人。军队再前进，羹尧刺探了解到阿冈都的番人帮助敌人，就另外派遣凉庄道的蒋洞等人督率军队攻打他们，杀了他们的囊素。又击破石门寺的喇嘛，杀了六百多人，焚烧了他们的寺庙。钟琪的军队再进到席尔哈罗色，派兵攻打噶斯，赶走了吹拉克诺木齐。三月，钟琪的军队再进驻布尔哈屯。罗卜藏丹津所居住的地方叫做额母讷布隆吉，钟琪督率军队长驱直入，并分兵在北面防守柴旦木，断绝通往噶斯的道路。罗卜藏丹津逃往乌兰穆和儿，再逃往柴旦木，清军紧追不舍，抓获了他的母亲阿尔太哈屯以及他的亲戚家属等人，还抓获无数男人妇女、牛羊、驼马。分兵攻打乌兰白克，擒获了吹拉克诺木齐以及协助叛乱的八个台吉。当时藏巴扎布已在此之前被擒获，罗卜藏丹津带着二百多人逃走了。青海各部落全部平定。评定功劳，把羹尧爵位提升了一等，另外授予精奇尼哈番，命他的儿子斌承袭，加封其父遐龄与羹尧相同的爵位，加太傅。……

……十月，羹尧入京觐见皇上，赐予双眼花翎、四团龙补服、黄带、紫辔、金币。奖赏他的功劳，加一等阿思哈尼哈番世袭职位，命他的儿子富承袭。

羹尧才气凌厉，倚仗着皇上的恩宠厚待，带兵出征多次有功，就骄傲放纵。给各位总督巡抚写公文，直接写其官职名称并直书其姓名。请求派侍卫来从军，让他们为自己前导后引，赶车卸马。入京觐见时，让总督李维钧、巡抚范时捷跪在道旁迎送。抵达京师，行进时径直穿过皇家的专用道路。诸王、大臣到郊外迎接，也不还礼。在边疆，蒙古的各位王公贵族拜见他必须下跪，额驸阿宝进去拜见他也是如此。他曾经推荐陕西布政使胡期恒以及景灏可以担任重要官职，又弹劾四川巡抚蔡珽致其逮捕治罪，皇上就将四川巡抚的官职授予景灏，又晋升期恒为甘肃巡抚。羹尧的仆人桑成鼎、魏之耀都因从军而得到多次提拔，成鼎做到布政使，之耀做到副将。羹尧请求派遣将吏几十人从军，皇上允许了。觐见后返回时，马上弹劾罢免负责驿传的道员金南瑛等人，而请求以从军的主事丁松代理粮道职务。皇上指责羹尧题本奏本混淆，命令期恒带领被羹尧弹劾的官吏前来京师。三年正月，珽被逮捕抵京，皇上召他进宫觐见，他详细述说了羹尧暴虐贪赃诬陷别人的情况，皇上特意免了珽的罪。

二月庚午，日月同升，五星同时在天空的同一方位出现，羹尧上疏祝贺，奏疏中用了“夕惕朝乾”的话，皇上发怒，斥责羹尧有意将“朝乾”与“夕惕”颠倒，下谕说：“羹尧不同意我是‘朝乾夕惕’的君主，那么羹尧是否有平定青海的功劳，也还在朕的同意与不同意之间而没有确定呢。"适逢期恒抵京，入宫觐见，皇上以他奏陈、对答错乱荒谬，革去了他的官职。皇上命令更改在打箭炉之外增减士兵等事情，不采纳羹尧的建议。四月，皇上下谕说："羹尧荐举、弹劾官员不恰当，他派遣将士们在南坪修筑城堡，不体恤当地的番民，致使他们惊吓害怕而惹起事端，他却反以已降番民再次叛乱来上奏。青海的蒙古部落发生饥荒，他隐瞒不报。他懈怠玩忽，昏庸糊涂，已不能再任总督，改授为杭州将军。"而派钟琪代理总督职务，命他上交抚远大将军印信。羹尧既已离任，上疏说："臣不敢长久地留居陕西，也不敢马上前往浙江，现在仪征的水陆交通之地等候圣旨。"皇上更加发怒，催促羹尧前去赴任。山西巡抚伊都立、都统、前山西巡抚范时捷、川陕总督岳钟琪、河南巡抚田文镜、侍郎黄炳、鸿胪少卿单畴书、原任直隶巡抚赵之恒交相上章揭发羹尧的罪状，侍郎史贻直、高其佩前往山西核查时捷所弹劾的羹尧派兵包围郃阳百姓住地并滥杀无辜的罪行，也将审定的书面文字送入上奏，皇上命令分别立案议处他的罪。罢黜羹尧的将军官职，授予闲散章京，从二等公爵陆续降到拜他喇布勒哈番，最终全部削夺了羹尧的官职。

十二月，被逮捕到京师，下交议政大臣、三法司、九卿会审。这个月的甲戌日，完成了对他审判结案的报告：羹尧犯大逆不道罪五条，欺骗蒙蔽罪九条，僭越罪十六条，狂妄违理罪十三条，专断擅权罪六条，嫉妒刻薄罪六条，凶残狠毒罪四条，贪污罪十八条，侵吞罪十五条，总计九十二条款，应当判死刑，亲戚家属连坐。皇上下谕说："羹尧谋反判逆虽然是事实，但事迹还不明显，朕念及他平定青海的功绩，不忍心加以极刑。"派遣领侍卫内大臣马尔赛、步兵统领阿齐图奉诏书送到狱中令他自尽。

和 珅 传

清王朝到乾隆年间达到鼎盛，统治者奢侈之风与贪污之风也日益滋长，和珅是其突出代表。和珅因得乾隆帝宠信，很快位极人臣，大权在握。他贪赃枉法，公开向下索取贡献，达到了惊人的地步。嘉庆四年和珅倒台后，被抄没家产达八亿，而当时国库的每年收入仅七千万。他人品低下，尖刻阴险，执政二十年，对上巧计迎合，文过饰非，对下权诈百出，借故倾陷。这样的人竟能在政治上长期得势，嘉庆帝虽然对他很不满，但在登位后的相当长一段时间里，由于乾隆帝尚在世，竟然也不敢动他。这也从一个方面反映了封建独裁政治的特点。乾隆死后十六天内，嘉庆帝才以迅雷不及掩耳的手段处理了和珅。此篇传记对和珅作为的记述虽然简略，但也颇有值得玩味之处。

和珅字致斋，钮祜禄氏①，满洲正红旗人。少贫无藉，为文生员②。乾隆三十四年，承袭三等轻车都尉③。寻授三等侍卫，挑补粘杆处④。四十年，直乾清门，擢御前侍卫，兼副都统⑤。次年，遂授户部侍郎⑥，命为军机大臣⑦，兼内务府大臣⑧，骎骎向用⑨。又兼步军统领⑩，

---

① 和珅(shēn 申)：全名钮祜禄和珅，满族人。 ② 文生员：学文的生员，相对“武生员”而言。 ③ 轻车都尉：即满文所称“阿达哈哈番”，清代封爵称号。 ④ 侍卫：清官名。挑选满、蒙勋戚子弟以及武进士担任。分一、二、三等及兰翎侍卫，其最高级为御前侍卫、乾清门侍卫，负责保卫皇宫。粘杆处：指粘杆处侍卫，属兰翎侍卫。 ⑤ 副都统：清代八旗制度中每旗的副长官。满文音译为“梅勒章京”。 ⑥ 侍郎：六部中各部的副长官。 ⑦ 军机大臣：清官名。雍正十年设军机处，负责全国军政事务，其长官称为军机大臣。 ⑧ 内务府大臣：即内务府总管大臣，内务府长官，专管皇室宫廷事务。 ⑨ 骎(qīn 侵)骎向用：很快得到信任、重用。骎骎，迅疾的意思。向用，专意任用而不疑。 ⑩ 步军统领：清官名，提督九门步军巡捕五营统领的简称。负责北京城九门内外的守卫警戒工作，亦称为九门提督。

充崇文门税务监督①，总理行营事务②。四十五年，命偕侍郎喀凝阿往云南按总督李侍尧贪私事。侍尧号才臣，帝所倚任。和珅至，鞫其仆，得侍尧婪索状，论重辟。奏云南吏治废弛，府州县多亏帑，亟宜清厘③。上欲用和珅为总督，嫌于事出所按劾，乃以福康安代之。命回京，未至，擢户部尚书、议政大臣。及复命，面陈云南盐务、钱法、边事，多称上意，并允行。授御前大臣兼都统④。赐婚其子丰绅殷德为和孝公主额驸，待年行婚礼。又授领侍卫内大臣⑤，充四库全书馆正总裁⑥，兼理藩院尚书事⑦，宠任冠朝列矣。

四十六年，甘肃撒拉尔番回苏四十三等叛，逼兰州，额驸拉旺多尔济、领侍卫内大臣海兰察、护军额森特等率兵讨之。命和珅为钦差大臣，偕大学士阿桂往督师。阿桂有疾，促和珅兼程先进。至则海兰察等已击贼胜

---

① 崇文门税务监督：清官名。在京城的崇文门设关，收受出入京师的商货之税和其他商税，其长官称崇文门税务监督。 ② 总理行营事务：总管皇帝出外巡幸时的武装力量和保卫工作。行营，这里指皇帝出外巡幸时的军营。 ③ 厘：整理。 ④ 御前大臣：清官名。皇帝的侍卫大臣，由王大臣兼任。 ⑤ 领侍卫内大臣：清官名。侍卫处的最高长官。 ⑥ 四库全书馆：纂修《四库全书》的机构。清乾隆三十七年(1772)开始纂修《四库全书》，因分经、史、子、集四部，故名。 ⑦ 理藩院：清官署名。负责蒙古、西藏、新疆各地少数民族事务。

之，即督诸将分四路进兵，海兰察逼贼山梁，歼其伏。贼掘沟坎深数丈，并断小道，不能度。总兵图钦保阵亡。后数日，阿桂至，和珅委过诸将不听调遣。阿桂曰："是宜诛！"明日，同部署战事，阿桂所指挥，辄应如响。乃曰："诸将殊不见其慢，当谁诛？"和珅恚甚。上微察之，诏斥和珅匿图钦保死事不上闻，赴师迟延而劾海兰察、额森特先战，颠倒是非；又谓自阿桂至军，措置始有条理，一人足办贼，和珅在军，事不归一，海兰察等久随阿桂，易节制，命和珅速回京。和珅用是衔阿桂，终身与之龃龉。寻兼署兵部尚书，管理户部三库①。

四十七年，御史钱沣劾山东巡抚国泰、布政使于易简贪纵营私，命和珅偕都御史刘墉按鞫，沣从往。和珅阴袒国泰，既至，盘库，令抽视银数十封，无缺，即起还行馆②。沣请封库，明日尽发视库银③，得借市银充抵状，国泰等罪皆鞫实。

会加恩中外大臣，加太子太保④，充经筵讲官⑤。四十八年，赐双眼花翎，充国史馆正总裁、文渊阁提举阁

① 户部三库：指当时户部所管辖的银库、缎匹库、颜料库。 ② 行馆：出行在外的住所。 ③ 库银：国库所储存的银两，上盖官印，与民间市面上通行的银两不同。 ④ 太子太保：清代加封大臣的荣誉头衔之一。 ⑤ 经筵讲官：为皇帝讲论经史的官员，清代中期已渐成虚衔。

事、清字经馆总裁[1]。甘肃石峰堡回匪平，以承旨论功，再予轻车都尉世职，并前职授一等男爵。调吏部尚书、协办大学士[2]，管理户部如故。

五十一年，御史曹锡宝劾和珅家奴刘全奢僭，造屋逾制，帝察其欲劾和珅，不敢明言，故以家人为由。命王大臣会同都察院传问锡宝，使直陈和珅私弊，卒不能指实。和珅亦预使刘全毁屋更造，察勘不得直，锡宝因获谴。逾月，授和珅文华殿大学士[3]。诏以其管崇文门监督已阅八年，大学士不宜兼榷务[4]，且锡宝劾其家人，未必不因此，遂罢其监督。部员湛露擢广信知府，上见其年幼，不胜方面，斥和珅滥保。又两广总督富勒浑纵容家人婪索，和珅请调回富勒浑，不兴大狱；京师米贵，和珅请禁囤积，逾五十石者交厂减粜，商民以为不便，廷臣迁就原议。上并切责之。

五十三年，以台湾逆匪林爽文平，晋封三等忠襄伯，

---

① 文渊阁提举阁事：清设文渊阁以藏四库书，因阁在宫内，故以内务府大臣一人兼管阁事，为事务长官。 ② 协办大学士：清代内阁长官，职位仅次于内阁大学士，大都以尚书、总督兼任。 ③ 文华殿大学士：内阁大学士之一。乾隆年间，内阁大学士以三殿（保和殿、文华殿、武英殿）、三阁（文渊阁、东阁、体仁阁）的名义任命。 ④ 榷（què 确）务：指专利、专卖的征税事务。

赐紫韁。五十五年，赐黄带、四开褉袍①。上八旬万寿，命和珅偕尚书金简专司庆典事。内阁学士尹壮图疏论各省库藏空虚，上为动色，和珅请即命壮图往勘各省库，以侍郎庆成监之。庆成每至一省辄掣肘，待挪移既足，然后启権，迄无亏绌，壮图以妄言坐黜。

五十六年，刻石经于辟雍②，命为正总裁。时总裁八人，尚书彭元瑞独任校勘，敕编《石经考文提要》，事竣，元瑞被优赉③。和珅嫉之，毁元瑞所编不善，且言非天子不考文。上曰："书为御定，何得目为私书耶?"和珅乃使人撰《考文提要举正》以攻之，冒为己作进上，訾《提要》不便士子，请销毁，上不许。馆臣疏请颁行，为和珅所阻，中止，复私使人磨碑字，凡从古者尽改之。

五十七年，廓尔喀平④，予议叙⑤，兼翰林院掌院学士。六十年，充殿试读卷官⑥，教习庶吉士。时朝审停

① 褉(xiē 歇)袍：一种较短的袍。 ② 石经：刻在石头上的儒家经典。辟雍：原为西周所设大学的名称，此处指最高学府国子监。 ③ 赉(lài 赖)：赏赐、赠送。 ④ 廓尔喀：即今尼泊尔王国。 ⑤ 议叙：清代凡官员有功，交吏部核议并确定功赏的等级，叫做议叙。 ⑥ 殿试：科举制度中皇帝对会试取录的贡士在殿廷上亲发策问的考试，亦称廷试。殿试读卷官是批阅殿试试卷的官员。

勾①，情重者请旨裁定。和珅管理藩院，干蒙古重狱置未奏，镌级留任。又廷试武举发策②，上命检《实录》故事③，《实录》不载武试策问，和珅率对不以实，诏斥护过饰非，革职留任。先是京察屡邀议叙④，是年特停罢之⑤。嘉庆二年，调管刑部。寻以军需报销，仍兼管户部。三年，教匪王三槐就擒⑥，以襄赞功晋公爵。

和珅柄政久，善伺高宗意，因以弄窃作威福，不附己

① 朝审：清代的一种司法程序。判处死刑的案件都要送到中央，由刑部、都察院、大理寺和其他高级官员会审，称为“朝审”。勾：勾决。案件经过朝审和其他审理手续后，再请皇帝裁定，由皇帝或由皇帝委任大学士用朱笔勾出他认为应立即执行死刑的犯人名字，然后发下“勾决”文书，通知执行死刑。但如这一年有重大庆贺活动或重大事件，可不进行勾决工作，称为“停勾”。 ② 廷试武举发策：清设武科选拔武官，其途径与文科同。廷试时考试科目除骑射技勇之外，须考策文。此处指准备武科廷试的策问题目。 ③《实录》：每个皇帝统治时期的编年大事记。现存明、清《实录》记述都很详细。故事：成例，旧日的典章制度。 ④ 京察：考核京官的制度。三年举行一次，按一定标准考核后，分别给予奖惩。 ⑤ 停罢之：指停止本年京察中对高级官员的奖励，以免别人得奖而和珅不得奖；因和珅本年既受此处分，自不可能获奖。乾隆六十年“停甄叙”，见《清史稿·高宗本纪（六）》。“甄叙”即“京察”中对高级官员的“议叙”。 ⑥ 王三槐：四川东乡（今四川宣汉）人，嘉庆元年率众起义，嘉庆三年被清政府抓获，解至北京杀害。

者，伺隙激上怒陷之；纳贿者则为周旋，或故缓其事，以俟上怒之霁①。大僚恃为奥援②，剥削其下以供所欲。盐政、河工素利薮③，以征求无厌日益敝。川、楚匪乱，因激变而起，将帅多倚和珅，糜饷奢侈，久无功。阿桂以勋臣为首辅④，素不相能，被其梗轧。入直治事，不与同止直庐。阿桂卒，益无顾忌，于军机寄谕独署己衔⑤。同列嵇璜年老，以谗数被斥责。王杰持正，恒与忤，亦不能制。朱珪旧为仁宗傅⑥，在两广总督任，高宗欲召为大学士，和珅忌其进用，密取仁宗贺诗白高宗，指为市恩⑦。高宗大怒，赖董诰谏免；寻以他事降珪安徽巡抚，屏不得内召。言官惟钱沣劾其党国泰得直，后论和珅与阿桂入

① 霁(jì 际)：这里指怒气消散。 ② 奥援：暗中支持帮助的力量。 ③ 河工：治理黄河各项工程的总称。 ④ 首辅：内阁大学士中的首席长官。阿桂时任武英殿大学士、吏部尚书、军机处行走。 ⑤ 军机寄谕：当时皇帝的谕旨，如公开发布的，由内阁起草，经批准后宣布；如只发给政府有关部门或个人的，由军机处封好后寄发。军机寄谕即由军机处寄发的谕旨。 ⑥ 仁宗：即嘉庆帝颙琰，庙号仁宗。 ⑦“密取”二句：据《清史稿·董诰传》：嘉庆元年，召朱珪来京，拟任命他为大学士。任命尚未宣布，嘉庆帝拟写诗庆贺他。但在起草阶段，诗尚未写成，稿子就被和珅偷偷弄到了手，拿去给乾隆帝看，说嘉庆帝向师傅“市恩”。乾隆大怒，几乎要采取不利于嘉庆帝的行动，幸得董诰谏阻，嘉庆帝才得免祸。市恩，买好。

直不同止同庐，奉命监察，以劳瘁死。曹锡宝、尹壮图皆获谴，无敢昌言其罪者。高宗虽遇事裁抑，和珅巧弥缝，不悛益恣。仁宗自在潜邸知其奸①，及即位，以高宗春秋高，不欲遽发，仍优容之。

四年正月，高宗崩，给事中王念孙首劾其不法状，仁宗即以宣遗诏日传旨逮治，命王大臣会鞫，俱得实。诏宣布和珅罪状，……内外诸臣疏言和珅罪当以大逆论，上犹以和珅尝任首辅，不忍令肆市，赐自尽。

【翻译】

和珅字致斋，姓钮祜禄氏，满洲正红旗人。幼年时贫穷而无依无靠，是一名文生员。乾隆三十四年，承袭三等轻车都尉的官爵。不久授官三等侍卫，经挑选补充为粘杆处侍卫。四十年，执勤于乾清门，提升为御前侍卫，兼任副都统。次年，就被任命为户部侍郎，又被命为军机大臣，兼任内务府大臣，很快地得到信任、重用。又兼任步军统领，充任崇文门税务监督，总管行营事务。四十五年，命他偕同侍郎喀凝阿前往云南审查核实总督李侍尧贪婪勒索之事。侍尧号称有才能的大臣，受到皇

① 潜邸：皇帝即位前所居住的地方，也借指皇帝即位前的时期。

帝的倚重和信任。和珅到了那里，审讯侍尧的仆人，了解到了侍尧贪婪勒索的罪状，判处死刑。他上奏说云南的官吏在治理政务方面荒废松弛，府、州、县大多亏空钱财，应赶快清理。皇上想任用和珅为云南总督，因处分李侍尧是出自于和珅的审处、弹劾，要避嫌疑，就用福康安代替他任总督。命和珅返京，还未抵京，就被提升为户部尚书、议政大臣。等他返回汇报时，当面陈述其对云南的盐务、钱法、边境事务的意见，多符合皇上的心意，都批准施行。任命他为御前大臣兼都统。赐他的儿子丰绅殷德与和孝公主结亲，为额驸，等待年长后举行婚礼。又任命为领侍卫内大臣，充任四库全书馆正总裁，兼任理藩院尚书的事务，所受到的宠信重用为朝廷同列之首。

四十六年，甘肃撒拉尔回族番民苏四十三等人反叛，逼近兰州，额驸拉旺多尔济、领侍卫内大臣海兰察、护军额森特等人率领军队讨伐。皇上命和珅为钦差大臣，偕同大学士阿桂前去督率军队。阿桂有病，催促和珅兼程先行。和珅抵达时海兰察等人已攻击贼寇并打了胜仗，和珅立即督促各位将帅兵分四路进军，海兰察将贼寇逼到山梁，歼灭了埋伏在那里的敌人。贼寇挖掘壕沟有几丈深，并且切断小路，无法越过。总兵图钦保阵亡。过了几天，阿桂抵达，和珅将打败仗的责任推在诸将不听调遣上。阿桂说："这样的人应当杀掉！"第二天，一起部署战斗，阿桂所作指挥，诸将都立即响应。阿桂于是说："根本不见诸将有什么怠慢，应当杀谁？"和珅非常羞愤。皇上对此略有察觉，下诏斥责和珅隐瞒图钦保阵亡之事不上报朝廷，还斥责他去军队时迟缓拖延反而弹劾海兰察、额森特不等他到就提前作战为颠倒是非；又说自从阿桂抵达军中，安排调度才有条理，他一个人足以解决贼寇了，和珅在军中，指挥就不能够统一，海兰察等人一直跟随阿桂，容易受阿桂指挥管辖，命令和珅火速回京。和珅因为这件事而对阿桂怀恨在心，终生与阿桂有磨擦。不久兼代理兵部尚书，管理户部三库事务。

四十七年，御史钱沣弹劾山东巡抚国泰、布政使于易简贪污恣纵、结党营私，皇上命令和珅偕同都御史刘墉核查审讯，沣跟随前往。和珅暗中袒护国泰，既到山东，盘点库藏，下令抽查验看了几十封银子，没有发现缺损，马上就起身返回自己的住所。沣请求封好仓库，第二天将库银全部拿出来查验，查获了借用市场上的银子冒充库银抵数的情况，国泰等人的罪行都经审讯而查实。

适逢皇上对朝廷内外大臣加恩封赏，和珅加封太子太保，充任经筵讲官。四十八年，赐予双眼花翎，充任国史馆正总裁、文渊阁提举阁事、清字经馆总裁。甘肃石峰堡的回民叛乱平定了，以禀承皇上旨意评定功绩，再次赐予和珅轻车都尉世职，加上以前官职授予一等男爵。调任吏部尚书、协办大学士，与以前一样管理户部事务。

五十一年，御史曹锡宝弹劾和珅的家奴刘全奢侈超越自己的本分，建造房屋超过了法律规定，皇帝觉察到他是想弹劾和珅，又不敢明说，所以以他的家人为由头。便命令诸王、大臣会同都察院传唤提问锡宝，让他直率地陈述和珅的营私舞弊行为，但终究没能指出真凭实据。和珅也预先叫刘全拆毁房屋重新建造，察看后无法证实锡宝的指控，锡宝因此受到处分。过了一个月，授予和珅文华殿大学士。下诏说因他主管崇文门监督已经八年，而大学士不适宜兼任税收事务，况且锡宝弹劾他的家人，事情未必就不是由此而起，于是免去了他崇文门税务监督的职务。户部官员湛露提升为广信知府，皇上见他年纪轻，无法胜任独当一面的地方事务，斥责和珅滥行保举。还有两广总督富勒浑纵容家人贪婪勒索，和珅请求将富勒浑调回京师，不作大案处理。京师的米价昂贵，和珅请求禁止囤积，超过五十石的上交户部仓厂减价卖出，商人百姓都认为不方便，而朝廷臣僚迁就和珅原来的提议，皇上一并严词指责。

五十三年，因平定了台湾叛匪林爽平，和珅晋封为三等忠襄伯，赐予紫韁。五十五年，赐予黄带、四开衩袍。皇上八十岁生日，命令和珅偕同尚书金简专门主持有关庆贺大典的事务。内阁学士尹壮图上疏说各省的库藏空虚，皇上因此流露出了一种不寻常的神色。和珅请求立即命令壮图前往勘察各省府库，并派侍郎庆成监督这件事。庆成每到一省总是处处牵制壮图，等到挪借得够数了，然后再开始盘查，一直查不出亏损空虚。壮图因此以妄言的罪名被贬职。

五十六年，在国子监刻石经，命和珅为正总裁。当时总裁有八人，尚书彭元瑞单独承担校勘工作，奉皇上之命编纂《石经考文提要》，此事完成后，元瑞受到优厚的赏赐。和珅嫉妒元瑞，就诋毁元瑞所编《石经考文提要》不好，并说不是天子是不能考定经典文字的。皇上说："这书是朕御定的，怎么能视为私家著作呢？"和珅于是派人撰写了《考文提要举正》以攻击元瑞所编《提要》，并冒充为自己所作进呈皇上，污蔑《提要》对读书人不利，请求销毁，皇上不允许。翰林院的臣僚上疏请求颁发行世，被和珅阻拦，因而停止。又私下派人磨改石碑上的字，凡是遵从古代经文而与通行本不同的全部改掉。

五十七年，廓尔喀平定，命吏部论定其功赏，兼任翰林院掌院学士。六十年，充任殿试读卷官，教导庶吉士。当年只进行朝审而停止勾决，案情严重的则请示皇上以决定是否要在当年处死。和珅负责掌管理藩院，却将蒙古的重大案件搁起来不上奏，被降级留任。又在廷试武举时考策问，皇上命令检索《实录》中所记的成例。但《实录》中不记载武科廷试的策问；和珅不将此事老实回答，皇上下诏斥责和珅护过饰非，革职留任。原先考核京官时和珅多次获得论功嘉奖，这一年皇上特地下令停止京官考察中对高级官员的奖励。嘉庆二年，调任主管刑部事务。不久因为军费报销工作繁重，仍然兼管户部事务。三年，邪教匪首王三槐被擒获，和珅以在这一事件中辅佐皇帝有功晋升公爵。

和珅掌握国家政务时间很长，善于揣摹高宗的心意，因此能以玩弄手段、窃取权柄的办法作威作福，对不依附自己的人，窥伺机会激起皇上的怒气而陷害他；对给他贿赂的人则为之斡旋，或者故意拖延有关那人的事，以等待皇上的怒气消散。大官都仗他作为暗中的靠山，剥削自己的下属以满足他的欲望。盐政、河工历来是利益丰厚的部门，就因征求索要永无止境而日益腐败。四川、湖北的盗匪作乱，是由官府激得民众造反而引起的，前去征剿的将帅们大多倚仗和珅，滥用军饷奢侈无度，长期没有功绩。阿桂以功臣而担任首辅，与和珅素来不合，受到和珅的作梗排挤。入宫当值处理政事，和珅从不与阿桂一起留在当值的房中。阿桂去世，更加无所顾忌，在由军机处寄发的谕旨上只签署自己的名衔。同事嵇璜年老，因和珅的谗言多次被皇上斥责。王杰主持公道，经常触犯他，但也无法制止他。朱珪原先是仁宗的师傅，当时在两广总督任上，高宗想召回他任大学士，和珅妒忌他受重用，偷偷取来仁宗写给朱珪的贺诗告诉高宗，说仁宗向师傅买好。高宗大怒，靠着董诰的劝谏才得无事；不久以其他事情将珪降为安徽巡抚，把他屏弃在外不得召回京师任职。谏官中只有钱沣弹劾他的党羽国泰的事情得到符合实际的解决，后来向皇帝批评和珅与阿桂入宫当值时不在同一处休息、也不留在同一个当值房中，就奉皇帝之命监察二人在宫中当值的情况，因而劳累致死。曹锡宝、尹壮图则都受到责罚。所以没有人敢公开说出他的罪行。高宗虽然遇到事情就对他加以制抑，但和珅巧于弥缝，不但毫无悔改，反而更加放肆。仁宗在做太子时就知道他的奸诈，等到登位，因高宗年纪大了，不想马上揭发处理他，仍然对他优待宽容。

四年正月，高宗驾崩，给事中王念孙首先弹劾和珅的不法罪状，仁宗立即在宣读遗诏的当日传旨逮捕和珅治罪，命令诸王、大臣会审，罪行都得到证实。下诏宣布和珅的罪状，……朝廷内外诸臣上疏说和珅的罪行应当以大逆不道论处，但皇上还是因和珅曾经担任过首辅，不忍心让他陈尸街头，赐他自尽。

阮元传

阮元在清嘉庆、道光年间，历任侍郎、巡抚、总督、体仁阁大学士等显职，有一定的政绩，但他的贡献主要在学术和教育方面。他在学术上提倡汉学，师承戴震，研究经学。以文字训诂为基础，考订名物典章制度，通过诠释引申，阐发自己的观点。兼治校勘、金石。他每到一地，把兴办学校、教育人才作为当务之急，在浙江建立诂经精舍，在广东设立学海堂，聘请学识精深的学者为教师，培养出许多专门人才。他还罗致人才从事编书刊印工作，主编《经籍纂诂》，校刻《十三经注疏》，汇刻《皇清经解》等，都是研究经学的重要著作。所编《畴人传》，是我国第一部天文学家和数学家的传记专著。阮元为整理、研究中国传统文化所作的贡献，至今还有重要的作用。这篇传记除叙述阮元的政治活动外，对其学术工作也有简要的评价。

阮元字伯元，江苏仪征人。祖玉堂，官湖南参将，从征苗，活降苗数千人，有阴德。

元，乾隆五十四年进士，选庶吉士，散馆第一，授编修①。逾年大考②，高宗亲擢第一，超擢少詹事③。召对，上喜曰："不意朕八旬外复得一人！"直南书房、懋勤殿④，迁詹事⑤。五十八年，督山东学政⑥，任满，调浙江。历

① 散馆：清制，庶吉士在翰林院学习三年后举行考试，成绩优良者留翰林院授予编修、检讨等职，其他的分发各部为官，叫做散馆。阮元因是散馆第一名，故任命为编修。 ② 大考：清代对翰林、詹事等官所进行的考试，根据成绩分别给予升级、留任、降级等待遇。 ③ 少詹事：官名，詹事府副长官。文学侍从之臣。 ④ 南书房：在乾清宫西南，原为康熙皇帝读书处，康熙十六年(1677)始选翰林等官员入内当值，称"南书房行走"。懋勤殿：皇帝除在此工作和召见廷臣外，也常在此读书写作，故选文学侍从之臣入值。 ⑤ 詹事：官名，詹事府长官。文学侍从之臣。 ⑥ 督山东学政：清代于各省皆设"提督学政"官一人，简称学政。由朝廷派往各省，为负责地方教育文化的最高长官。督山东学政，指派往山东任提督学政。

兵部、礼部、户部侍郎。

嘉庆四年，署浙江巡抚，寻实授。海寇扰浙历数年，安南夷艇最强①，凤尾、水澳、箬黄诸帮附之②，沿海土匪勾结为患。元征集群议为弭盗之策，造船炮，练陆师，杜接济。五年春，令黄岩镇总兵岳玺击箬黄帮，灭之。夏，寇大至，元赴台州督剿③，请以定海镇总兵李长庚总统三镇水师④，并调粤、闽兵会剿。六月，夷艇纠凤尾、水澳等贼共百余艘，屯松门山下⑤。遣谍间水澳贼先退，会飓风大作，盗艇覆溺无算，余众登山，檄陆师搜捕，擒八百余人。安南四总兵溺毙三，黄岩知县孙凤鸣获其一，曰伦贵利，磔之。九月，总兵岳玺、胡振声会击水澳帮，擒歼殆尽。土匪亦次第歼抚。浙洋渐清，而余盗为蔡牵所并⑥，闽师不能制，势益炽，复时犯浙。李长庚已擢提督，元集资与造霆船成⑦，配巨炮，数破牵于海上。八年，奏

---

① 安南：即今越南。清嘉庆七年（1802）安南改国号越南，清政府亦改称越南。 ② 凤尾、水澳、箬黄：指当时出没于浙江、福建沿海的海盗帮派。 ③ 台州：今浙江临海及其附近地区，清设台州府。 ④ 镇：此处指清代军队的编制单位。三镇：定海镇、黄岩镇、温州镇。此三地各驻有一镇的军队，故以镇为名。 ⑤ 松门山：在今浙江温岭东南部，东临大海。 ⑥ 蔡牵：福建海盗，后活动于福建、浙江等地，一度攻入台湾。在海上活动十四年，至嘉庆十四年始被歼。 ⑦ 霆船：清嘉庆间浙、闽用于海防的一种大船的名称，船身坚固，配以大炮。

建昭忠祠，以历年捕海盗伤亡将士从祀。盗首黄葵集舟数十，号新兴帮，令总兵岳玺、张成等追剿，逾年乃平之。偕总督玉德奏请以李长庚总督两省水师，数逐蔡牵几获，而玉德遇事仍掣肘。十年，元丁父忧去职①，长庚益无助，复与总督阿林保不协，久无成功，遂战殁。

十一年，诏起元署福建巡抚，以病辞。十二年，服阕②，署户部侍郎，赴河南按事。授兵部侍郎，复命为浙江巡抚，暂署河南巡抚。十三年乃至浙，诏责其防海殄寇③。秋，蔡牵、朱渍合犯定海④，亲驻宁波督三镇击走之，牵复遁闽洋。时用长庚部将王得禄、邱良功为两省提督，协力剿贼，元议海战分兵隔贼船之策，专攻蔡牵。十四年秋，合击于渔山外洋⑤，竟殄牵，详得禄等传⑥。元两治浙，多惠政，平寇功尤著云。

方督师宁波时，奏请学政刘凤诰代办乡试监临⑦，有

---

① 丁忧：遭父母之丧称为“丁忧”。 ② 服阕（què 却）：古人父母死后守丧三年，期满后除去丧服，称为“服阕”。阕，终了。 ③ 殄（tiǎn 舔）：灭绝，消灭。 ④ 朱渍：广东海盗盗魁。⑤ 渔山：即今浙江渔山列岛，在临海东面的洋面上。 ⑥ 得禄等传：指《清史稿·王得禄传》及同书《李长庚传》、《邱良功传》等。 ⑦ 监临：官名。清代乡试时，除派主考官外，另派大员一人为监临，负责监察，以防止营私舞弊的事发生。

联号弊，为言官论劾，遣使鞫实，诏斥徇庇，褫职①，予编修，在《文颖》馆行走②。累迁内阁学士。命赴山西、河南按事，迁工部侍郎，出为漕运总督③。十九年，调江西巡抚。以捕治逆匪胡秉耀，加太子少保，赐花翎。二十一年，调河南，擢湖广总督。修武昌江堤，建江陵范家堤、沔阳龙王庙石闸④。

二十二年，调两广总督。先一年，英吉利贡使入京，未成礼而回，遂渐跋扈。元增建大黄滘、大虎山两炮台，分兵驻守。迭疏陈预防夷患，略曰："英吉利恃强桀骜，性复贪利。宜镇以威，不可尽以德绥。彼之船坚炮利，技长于水短于陆。定例外国货船不许擅入内洋，倘违例禁，即宜随机应变，量加惩创。各国知彼犯我禁，非我轻启衅也。"诏勖以德威相济⑤，勿孟浪⑥，勿葸懦⑦。道光

① 褫(chǐ耻)：剥夺。 ②《文颖》馆：乾隆帝曾命令编《皇清文颖》，嘉庆帝又命令编《续皇清文颖》；《文颖》馆即因此而成立的编纂馆。嘉庆帝命令编《全唐文》时，也使用了《文颖》馆臣的力量。行走：参加某机构工作而无正式职衔称为在某处行走。 ③ 漕运总督：官名，负责从南方各省通过运河向京师输送粮食。 ④ 江陵：今湖北江陵。沔(miǎn免)阳：今湖北沔阳及周围地区。 ⑤ 勖(xù序)：勉励。 ⑥ 孟浪：鲁莽、轻率。 ⑦ 葸(xǐ洗)：害怕、胆怯。

元年，兼署粤海关监督①。洋船夹带鸦片烟，劾褫行商顶带②。二年，英吉利护货兵船泊伶丁外洋③，与民斗，互有伤毙，严饬交犯，英人扬言罢市归国，即停其贸易。久之折阅多④，托言兵船已归，俟复来如命。乃暂许贸易，与约船来不交犯乃停止。终元任，兵船不至。元在粤九年，兼署巡抚凡六次。

六年，调云贵总督。滇盐久敝⑤，岁绌课十余万，元劾罢蠹吏，力杜漏私；盐井衰旺不齐，调剂抵补，逾年课有溢销，酌拨边用。腾越边外野人时入内地劫掠⑥，而保山等处边夷曰傈僳⑦，以垦山射猎为生，可用，乃募傈僳三百户屯种山地，以御野人，即以溢课充费，岁有扩充。野人畏威，渐有降附者。十二年，协办大学士，仍留总督任。车里土司刀绳武与叔太康争斗⑧，胁官求助，檄镇道

① 粤海关：设在广东的海关。 ② 行商：洋行的商人，即买办。他们有钱，一般都通过捐纳而具有某种官衔。顶带：清代用以区别官员级别的帽饰。因为只有官员或具有官衔的人才能有顶带，所以褫顶带也就是剥夺其官职、官衔。 ③ 伶丁外洋：广东珠江口外的洋面称伶丁外洋。 ④ 折(shé)阅：亏本。阅，本钱。“折阅”原作“拆阅”，据文意径改。 ⑤ 滇(diān)：云南省简称。 ⑥ 腾越：即今云南腾冲及附近地区。清置腾越厅。 ⑦ 保山：今云南保山及周围地区。傈僳(lì sù 利素)：我国少数民族傈僳族，主要分布在云南。 ⑧ 车里：清代土司名，属云南普洱府。治所在今云南景洪。

击走之[1]，另择承袭乃安。越南保乐州土官农文云内哄，严边防勿使窜入，亦不越境生事，寻文云走死。诏嘉其镇静得大体。十五年，召拜体仁阁大学士，管理刑部，调兵部。十八年，以老病请致仕，许之，给半俸，濒行，加太子太保。二十六年，乡举重逢[2]，晋太傅，与鹿鸣宴[3]。二十九年，卒，年八十有六，优诏赐恤，谥文达。入祀乡贤祠、浙江名宦祠。

元博学淹通，早被知遇。敕编《石渠宝笈》，校勘《石经》。再入翰林，创编《国史·儒林》、《文苑传》，至为浙江巡抚，始手成之。集《四库》未收书一百七十二种，撰提要进御，补中秘之阙。嘉庆四年，偕大学士朱珪典会试，一时朴学高才搜罗殆尽[4]。道光十三年，由云南入觐，特命典试，时称异数。与大学士曹振镛共事，意不合；元歉然，以前次得人之盛不可复继。历官所至，振兴

---

① 镇道：此处指当地的镇、道负责人，也即普洱总兵和迤南道道员。镇，清军队编制单位的名称。镇的军事长官为总兵。道，行政区划名，在省、府之间所设的监察区。普洱府属于云南迤南道。 ② 乡举重逢：阮元为乾隆五十一年丙午科举人，至此道光二十六年，又值丙午科乡试，故曰“乡举重逢”。 ③ 鹿鸣宴：乡试考试后，宴请考中的举人所举行的宴会，因在宴会上歌《诗经·小雅·鹿鸣》而得名。 ④ 朴学：指古籍研究中注重训诂考据的学派，此处指清代的乾嘉学派。

文教。在浙江立诂经精舍，祀许慎、郑康成①，选高才肄业；在粤立学海堂亦如之，并延揽通儒，造士有家法②，人才蔚起③。撰《十三经校勘记》、《经籍纂诂》、《皇清经解》百八十余种，专宗汉学④，治经者奉为科律。集清代天文、律算诸家作《畴人传》⑤，以章绝学。重修《浙江通志》、《广东通志》，编辑《山左金石志》、《两浙金石志》、《积古斋钟鼎款识》、《两浙輶轩录》、《淮海英灵集》，刊当代名宿著述数十家为《文选楼丛书》。自著曰《揅经室集》。他纪事、谈艺诸编，并为世重。身历乾、嘉文物鼎盛之时，主持风会数十年，海内学者奉为山斗焉⑥。

---

① 许慎：东汉的经学家、文字学家。郑康成：即东汉经学家郑玄，字康成。 ② 家法：汉儒说经，均秉承其老师的说法，称为“师法”；因其各自名家，故又称为“家法”。这些是指阮元聘请来的这些“通儒”的师门传统。 ③ 蔚：荟萃、聚集。 ④ 汉学：汉儒治经，多注重训诂文字，考订名物制度。清代乾隆嘉庆间称其学为汉学，以与宋明理学相对。 ⑤ 畴（chóu筹）人传：为天文、历算学家所作的传记。《史记·历书》云：“幽厉之后，周室微，陪臣执政，史不记时，君不告朔，故畴人子弟分散。”裴骃集解引如淳曰：“家家业业相传为畴。”因“历书”的内容是天文历算，故后世称历算学者为“畴人”。此句之“律算”即指“历算”，因“律”（音律）、“历”有相通之处，故自《汉书》起即有《律历志》，后人也常以“律历”并称。 ⑥ 山斗：泰山北斗，比喻大家尊崇钦慕的人。

【翻译】

阮元字伯元，江苏仪征人。祖父玉堂，任湖南参将，参加征讨苗人，曾保全过几千个投降的苗人的性命，有阴德。

阮元是乾隆五十四年进士，选拔为庶吉士，散馆时考了第一名，授官编修。过了一年参加大考，高宗亲自提拔他为第一名，越级提升为少詹事。召见应对时，皇上高兴地说："想不到朕八十岁以后又得到一个人才！"命他在南书房、懋勤殿当值办事，升为詹事。五十八年，去山东任提督学政，任期满后，调任浙江。历任兵部、礼部、户部侍郎。

嘉庆四年，代理浙江巡抚，不久正式授以此职。当时海寇骚扰浙江沿海已经多年，安南"夷人"的小艇最厉害，凤尾、水澳、箬黄各帮派都依附他们，与沿海地区的土匪勾结起来成为祸害。阮元征集多人的意见制定了消灭海盗的计划，建造船只大炮，训练陆地军队，杜绝海盗的陆上接济。五年春季，命令黄岩镇总兵岳玺攻打箬黄帮的海盗，消灭了他们。夏季，海寇大部队到来，阮元前往台州督军征剿，请求以定海镇总兵李长庚负责统率三个镇的水师，同时调遣广东、福建的军队会同征剿。六月，安南海盗的船艇纠集凤尾、水澳等盗贼共一百多艘船只，屯扎在松门山下。阮元派遣间谍离间他们，使水澳帮的盗贼先驶退，适逢狂风大作，盗贼艇船覆没，淹死的人不计其数，剩下的盗众逃到山上。阮元命令陆军搜捕，擒获八百多人。安南的四个总兵淹死了三个，黄岩知县孙凤鸣抓获了一个，叫伦贵利，将他分尸处死。九月，总兵岳玺、胡振声联合攻打水澳帮，将他们几乎擒获歼灭干净了。当地土匪也相继被歼灭或招抚。浙江沿海的洋面上渐渐清平，而其余的海盗被蔡牵所合并，福建的军队无法制服他们，气焰更加嚣张，又时时侵犯浙江。李长庚已经被提升为提督，阮元集资给他建造的霆船已建成，配备了大炮，多次在海上打败蔡牵。八年，上奏建立昭忠祠，将历年来为捕获海盗而伤亡的将士送进祠中陪同祭祀。海盗首领黄葵聚集船只几十艘，号称新兴帮，阮元命令总兵岳玺、张成等人追逐征剿，过了一年才平定了他们。偕同总督玉德上奏请求派李长庚统一督率两省的水师，多次追逐蔡牵几乎将他捕获，而玉德遇到事情总是牵制他。十年，阮元遭逢父亲之丧而离职，长庚更加无人帮助，以后又与总督阿林保关系不和协，很久没有成功，后来在战场上阵亡。

十一年，下诏起用阮元代理福建巡抚的职务，以有病推辞了。十二年，服丧期满，代理户部侍郎，前往河南查处事件。授官兵部侍郎，再次被任命为浙江巡抚，暂时代理河南巡抚。十三年才至浙江任职，皇上下诏责成他防守海疆消灭贼寇。秋季，蔡牵、朱渍会合侵犯定海，阮元亲自驻扎在宁波督率三镇军队攻击并赶走了敌人，蔡牵再次逃遁到福建的洋面上。当时用了长庚的部将王得禄、邱良功为两省提督，齐心协力征剿盗贼，阮元提出在海上作战时分兵将盗贼船只分隔开来的计策，专门攻打蔡牵。十四年秋季，在渔山外洋上进行合击，终于消灭了蔡牵，详情记载在得禄等人的传中。阮元两次治理浙江，多有德政，平定海寇的功绩尤为卓著。

当年阮元在宁波带兵打仗时，上奏请求由学政刘凤诰代为担任乡试监临的职务，发生了联号作弊的事，被谏官论奏弹劾，朝廷派遣使臣审讯属实，下诏斥责阮元徇情包庇，夺去巡抚等职务，授予编修，参加《文颖》馆工作。积官升为内阁学士。命他前往山西、河南查察事件，升工部侍郎，出任漕运总督。十九年，调任江西巡抚。因捕获叛逆匪徒胡秉耀，加太子少保衔，赐予花翎。二十一年，调任河南巡抚，提升为湖广总督。修筑了武昌的长江堤岸，建造了江陵的范家堤、沔阳的龙王庙石闸。

二十二年，调任两广总督。前一年，英吉利国的贡使进入京师，没有向皇上朝见行礼就回去了，就此逐渐地跋扈起来。阮元增建了大黄滘、大虎山两座炮台，分兵驻守。连续上疏陈述预防夷患之事，大略说："英吉利凭借着国力强大而桀骜不驯，其性又贪图利益。应当用威力镇住他们，不能完全用恩德去安抚他们。他们的舰船坚固，大炮厉害，从作战技能看擅长在水中作战而不善于在陆地作战。按惯例外国的货船是不许擅自进入内洋的，如果违反这种向来的禁令，就应当随机应变，适当加以惩罚。各国也会知道是他们侵犯了我国的禁令，而不是我国轻易地挑起事端。”皇上下诏勉励说应以恩德和威力相辅，切勿卤莽轻率，切勿怯懦害怕。道光元年，兼代理粤海关监督。外国船夹带鸦片烟，阮元经弹劾后剥夺了买办商人的顶带。二年，英吉利国保护商船的兵船停泊在伶丁外洋，与百姓发生争斗，互有伤亡，阮元严令英吉利人交出凶犯，英吉利人扬言说要停止贸易回国，阮元立即停止与他们的经商贸易。时间一长，他们亏本越来越多，就假托说兵船已经回国，等到再来中国一定服从命令。于是暂时批准贸易，与他们约定如果兵船再来仍不交出凶犯就停止贸易。一直到阮元任职结束，兵船没敢来。阮元在两广九年，兼任代理巡抚共六次。

六年，调任云贵总督。云南盐政久已衰败，每年亏空盐税达十多万，阮元弹劾罢免了侵蚀的官吏，全力杜绝走私；盐井产量寡丰不等，就进行调剂互相补充，过了一年税收除了上交还有赢余，酌量调拨为边境费用。腾越边境以外的野人经常进入内地抢劫掠夺，保山等地的边境有一种少数民族叫做傈傈，以垦荒打猎为生，可以运用他们的力量，于是招募傈傈族的三百户人家在山地屯种，用以抵御野人，就用赢余的盐税充当办这件事的费用，每年开垦的山地都有扩充。野人害怕这种威势，渐渐地有了投降归附的人。十二年，任协办大学士，仍留在总督任上。车里土司刀绳武和他的叔叔太康发生争斗，威胁官府要求帮助，阮元命令当地总兵、道员攻打并赶走了他，另外选择人承袭土司职位才安定下来。越南保乐州的土官农文云与人发生内哄，阮元严密加强边防，使他们不窜入境内，也不越过边境来生事，不久文云在逃亡途中死去。下诏嘉奖阮元在这件事上镇静、很得体。十五年，召回任体仁阁大学士，管理刑部事务，调任兵部。十八年，因年老有病请求致仕，皇上准许了，给予一半俸禄，临行前，加官太子太保。二十六年，又遇上丙午科乡试，晋升太傅，参加鹿鸣宴。二十九年去世，年龄为八十六岁，皇上下诏给以高度评价和优厚抚恤，谥号文达。作为祭祀对象列入乡贤祠和浙江名宦祠。

阮元学问广博贯通，很早就得到皇上的知遇之恩。奉敕令编纂《石渠宝笈》，校勘《石经》。再次进入翰林院时，开始编纂《国史》中的《儒林传》、《文苑传》，一直到任浙江巡抚时，才亲手完成了。搜集《四库全书》中没有收进的书达一百七十二种，并撰写提要进呈皇上，以补充皇宫秘府藏书的欠缺。嘉庆四年，配合大学士朱珪主持会试，将当时造诣深厚的朴学学者和高才的士人几乎搜罗尽了。道光十三年，从云南进京觐见，皇上特命他主持会试，在当时被认为是特殊的恩遇。这次是与大学士曹振镛共同主持的，二人意见不合，阮元心中歉仄，因为不能重新继续前次会试时获得那么多人才的盛况。凡是他任官所到之处，就振兴文教事业。在浙江建立了诂经精舍，祭祀许慎、郑康成，挑选高材生在其中肄业；在广东建立学海堂也是如此。在这两处都延揽学问通博的学者，培养人才都根据这些学者的优良传统，因此人才大量地起来。撰《十三经校勘记》、《经籍纂诂》、《皇清经解》一百八十多种，他一意遵奉汉学，被研究经学的学者奉为科律。收集清的天文、历算各家的事迹撰写《畴人传》，以表彰那些将要失传的学问。重新修纂《浙江通志》、《广东通志》，编写辑录《山左金石志》、《两浙金石志》、《积古斋钟鼎款识》、《两浙輶轩录》、《淮海英灵集》，刊行几十家当代有名望前辈的著述成为《文选楼丛书》。自己的文集叫《揅经室集》。其他有关纪事、谈艺的各种述作，都为当世所重视。他亲身经历了乾隆、嘉庆的文化鼎盛时期，主持风气几十年，全国的学者将他奉为泰山北斗。

林则徐传

林则徐是我国近代史上反抗帝国主义侵略的民族英雄，也是一位杰出的政治家、军事家。林则徐生活在我国由封建社会开始向半殖民地半封建社会转变的动荡时期，面对摇摇欲坠的清朝封建统治，他主张兴利除弊，改革内政，发展生产。他在任东河河道总督时曾修治黄河，后在江苏巡抚任内，又兴修浏河、白茆等水利，为三吴地区造福。他是禁烟派的代表人物，先在湖广禁鸦片，后又到广州领导禁烟和抗英斗争，屡次打退英军的武装侵略。但他并不盲目排外，而是努力了解和研究世界情况，学习外国的一技之长，从而成为近代中国资产阶级改良主义者的先驱。然而，林则徐虽然有经世救时的才志和抱负，但面对着日趋没落的清王朝也是回天乏术，第一次鸦片战争清政府战败。本篇是对他生平的较为客观的记述。

林则徐字少穆，福建侯官人①。少警敏，有异才。年二十，举乡试。巡抚张师诚辟佐幕②。嘉庆十六年进士，选庶吉士，授编修。历典江西、云南乡试。分校会试。迁御史③，疏论福建闽安副将张宝以海盗投诚，宜示裁抑，以防骄蹇④，被嘉纳。未几，出为杭嘉湖道⑤，修海塘，兴水利。道光元年，闻父病，引疾归。二年，起授淮海道，未之任，署浙江盐运使⑥。迁江苏按察使⑦，治狱严明。四年，大水，署布政使⑧，治赈。寻丁母忧，命赴南河修高家堰堤工⑨，事竣回籍。六年，命署两淮盐政，以

① 侯官：旧县名。在今福建闽侯境内。 ② 辟：征召。 ③ 御史：监察御史，都察院官员。 ④ 骄蹇（jiǎn 简）：傲慢，不顺从。 ⑤ 杭嘉湖道：这里指杭嘉湖道的道员。负责监察浙江杭州、嘉兴、湖州三府。 ⑥ 盐运使：官名。设于各产盐省区，负责盐法盐务，简称“运司”。 ⑦ 按察使：官名。主管一省的司法刑狱等事。 ⑧ 布政使：官名，负责一省政务。 ⑨ 南河：清代河道总督所辖江南河道的总称，包括江南地区的黄河、运河、洪泽湖等。

未终制辞，服阕，补陕西按察使。迁江布宁政使①，父忧归。十年，补湖北布政使，调河南，又调江宁。十一年，擢河东河道总督②。疏陈秸料为河工第一弊薮③，亲赴各厅察验；又言碎石实足为埽工之辅④，应随宜施用。十二年，调江苏巡抚。吴中洊饥⑤，奏免逋赋，筹抚恤。前在藩司任⑥，议定赈务章程，行之有效，至是仍其法，宿弊一清。赈竣，乃筹积谷备荒。清厘交代⑦，尽结京控诸狱⑧。考核属吏，疏言："察吏莫先于自察，必将各属大小政务，逐一求尽于心，然后能以验群吏之尽心与否。如大吏之心先未贯彻，何从察其情伪⑨？臣惟持此不敢不尽之心，事事与僚属求实际。"诏嘉之，勉以力行。

---

① 江宁：即今南京。 ② 河东河道总督：当为"东河河道总督"。河道总督：官名，负责黄河、运河、永定河的堤防疏浚等事。雍正年间分为北河、南河、东河三督。东河河道总督负责山东、河南的河道事务。 ③ 秸料：筑堤用的原材料。用麦秸、高粱秸等捆扎而成的梢料叫秸料。各地征收秸料后堆成垛以备用，但经常有以另物冒充等弄虚作假行为，不实地抽垛查看便无法知晓，故成为治河工程中的一大隐患。 ④ 埽(sào)工：修筑堤坝的工事。埽，梢料。 ⑤ 洊(jiàn 见)：屡次。 ⑥ 藩司：布政使的别称。 ⑦ 交代：指前后任的移交事务。 ⑧ 京控：清代法律规定，凡地方审理的案件，如当事人不服，可到京师向都察院、通政司或步军统领衙门控诉，称为京控。但京控的案件也常发回总督、巡抚重审。此处所说，就是经过京控而发回督、抚重审的案件。 ⑨ 情伪：真伪。

先是总督陶澍奏浚三江[①]，则徐方为臬司[②]，综理其事，旋以忧去。至是黄浦、吴淞工已竣[③]，则徐力任未竟者，刘河工最要[④]，拨帑十六万五千有奇，白茆次要[⑤]，官绅集捐十一万两，同时开浚，以工代赈[⑥]。两河旧皆通海，易淤，且菑河工巨。改为清水长河，与黄浦、吴淞交汇通流，各于近海修闸建坝，潮汐泥沙不能壅入，内河涨，则由坝泄出归海，复就原河逢湾取直[⑦]，节省工费三万余两，用浚附近刘河之七浦河，及附近白茆之徐六泾、东西护塘诸河。又浚丹徒、丹阳运河[⑧]，宝带桥、泖、淀诸工[⑨]，以次兴举，为吴中数十年之利。两署两江总督。

十七年，擢湖广总督。荆、襄岁罹水灾，大修堤工，

① 三江：指吴淞江、黄浦江、娄江（即浏河）。 ② 臬（niè）司：按察使的别称。 ③ 黄浦：黄浦江，源出浙江嘉兴塘，流经上海市与吴淞江合流入海。吴淞：吴淞江，又称苏州河，源出太湖，流经江苏、上海与黄浦江合流入海。 ④ 刘河：即浏河。源出太湖，流经江苏的苏州、昆山、太仓等地，东北入长江。 ⑤ 白茆：白茆河，由江苏常熟向东流入长江，在今浏河北面。 ⑥ 以工代赈：指以招募劳动力支付工钱来代替发放救济粮的方法。 ⑦ 逢湾取直：治理河流的一种方法，即在河段弯曲处，用人工开一条新河道，再接上旧河道，将河道修成直道。这样做有畅泄水流、降低上游水位、减少泛滥等功效。⑧ 丹徒、丹阳：即今江苏丹徒、丹阳，均为运河流经之地。⑨ 宝带桥：在今江苏苏州市南，跨运河。泖（mǎo）：泖湖，在今上海松江境内。淀：淀山湖，即今上海青浦之淀山湖。

其患遂弭。整顿盐课，以减价敌私无成效，专严缉私之禁，销数大增。湖南镇筸兵悍，数肇衅，巡阅抚驭，密荐总兵杨芳，擢为提督，移驻辰州①，慎固苗疆屯防。

十八年，鸿胪寺卿黄爵滋请禁鸦片烟，下中外大臣议。则徐请用重典，言："此祸不除，十年之后，不唯无可筹之饷，且无可用之兵。"宣宗深韪之，命入觐，召对十九次。授钦差大臣，赴广东查办。十九年春，至。总督邓廷桢已严申禁令，捕拿烟犯，洋商查顿先避回国。则徐知水师提督关天培忠勇可用，令整兵严备。檄谕英国领事义律查缴烟土，驱逐趸船②，呈出烟土二万余箱，亲莅虎门验收③，焚于海滨，四十余日始尽。请定洋商夹带鸦片罪名，依化外有犯之例④，人即正法，货物入官，责具甘结⑤。他国皆听命，独义律枝梧未从⑥。于是阅视沿海炮台，以虎门为第一门户，横档山、武山为第二门户⑦，大

① 辰州：今湖南沅陵及周围地区，清置辰州府。 ② 趸（dǔn 盹）船：平底匣形的非自航船，可供装卸货物用。 ③ 虎门：在广东东莞西南珠江口，有大小虎山二座山对列如门，故名。海船入广州必经此道，清代在此置重兵防守。 ④ 化外：政令教化达不到的地方称"化外"，这里指英国等外国。 ⑤ 甘结：旧时官署处理讼案后由受审理人出具的一种结文，似保证书一类。 ⑥ 枝梧：即"支吾"。 ⑦ 横档山、武山：均在珠江口虎门一带，上筑炮台，为海防要冲。

小虎山为第三门户。海道至横档分为二支，右多暗沙，左经武山前，水深，洋船由之出入。关天培创议于此设木排铁练二重，又增筑虎门之沙角炮台①，英国商船后至者不敢入。义律请令赴澳门载货，冀囤烟私贩，严斥拒之，潜泊尖沙嘴外洋。

会有英人殴毙华民，抗不交犯，遂断其食物，撤买办、工人以困之。七月，义律借索食为名，以货船载兵犯九龙山炮台②，参将赖恩爵击走之。疏闻，帝喜悦，报曰："既有此举，不可再示柔弱。不患卿等孟浪，但戒卿等畏葸。"御史步际桐言出结徒虚文。则徐以彼国重然诺③，不肯出结，愈不能不向索取，持之益坚。寻义律浼澳门洋酋转圜④，愿令载烟之船回国，货船听官查验。九月，商船已具结进口，义律遣兵船阻之，开炮来攻，关天培率游击麦廷章奋击败之。十月，又犯虎门官涌⑤，官军分五路进攻，六战皆捷。诏停止贸易，宣示罪状，饬福建、浙江、江苏严防海口。先已授则徐两江总督，至是调补两广。府尹曾望颜请罢各国通商⑥，禁渔船出洋。则徐疏

① 沙角炮台：原作"河角炮台"，误，据《清史稿·地理志》改。② 九龙山：在今香港九龙境内。③ 然诺：许诺。④ 浼（měi每）：请托。转圜（huán还）：调停、斡旋。⑤ 官涌：地名，在今香港九龙境内。⑥ 府尹：官名，清代顺天府、奉天府的最高长官。此处指顺天府（今北京市）尹。

言:"自断英国贸易,他国喜,此盈彼绌,正可以夷制夷。如概与之绝,转恐联为一气。粤民以海为生,概禁出洋,其势不可终日。"时英船寄椗外洋①,以利诱奸民接济销烟。二十年春,令关天培密装炮械,雇渔船疍户出洋设伏②,候夜顺风纵火,焚毁附夷匪船,接济始断。五月,再焚夷船于磨刀洋③。谍知新来敌船扬帆北向,疏请沿海各省戒严。又言夷情诡谲,若径赴天津求通贸易,请优示怀柔,依嘉庆年间成例,将递词人由内地送粤。

六月,英船至厦门,为闽浙总督邓廷桢所拒。其犯浙者陷定海,掠宁波。则徐上疏自请治罪,密陈兵事不可中止,略曰:"英夷所憾在粤而滋扰于浙,虽变动出于意外,其穷蹙实在意中。惟其虚骄性成,愈穷蹙时,愈欲显其桀骜,试其恫喝,甚且别生秘计,冀售其奸;一切不得行,仍必帖耳俯伏。第恐议者以为内地船炮非外夷之敌,与其旷日持久,不如设法羁縻④。抑知夷情无厌,得步进步,威不能克,患无已时。他国纷纷效尤,不可不虑。"因请戴罪赴浙,随营自效。七月,义律至天津,投书总督琦善,言广东烧烟之衅,起自则徐及邓廷桢二人,索价不与,又遭

---

① 椗(dìng):即"碇",船停泊时抛入水中以稳定船身的石块,用处如后来的锚。此处用作动词。 ② 疍(dàn 旦)户:水上居户。 ③ 磨刀洋:今澳门西面的洋面。 ④ 羁縻:笼络使之不生异心。

诟逐，故越境呈诉。琦善据以上闻，上意始动。

时英船在粤窥伺，复连败之莲花峰下及龙穴洲。捷书未上，九月，诏曰："鸦片流毒内地，特遣林则徐会同邓廷桢查办，原期肃清内地，断绝来源，随地随时，妥为办理。乃自查办以来，内而奸民犯法不能净尽，外而兴贩来源并未断绝，沿海各省纷纷征调，糜饷劳师，皆林则徐等办理不善之所致。"下则徐等严议，饬即来京，以琦善代之。寻议革职，命仍回广东备查问差委。琦善至，义律要求赔偿烟价，厦门、福州开埠通商，上怒，复命备战。二十一年春，予则徐四品卿衔，赴浙江镇海协防。时琦善虽以擅与香港逮治，和战仍无定局。五月，诏斥则徐在粤不能德威并用，褫卿衔，遣戍伊犁。会河决开封，中途奉命襄办塞决，二十二年，工竣，仍赴戍，而浙江、江南师屡败。是年秋，和议遂成。

二十四年，新疆兴治屯田，将军布彦泰请以则徐综其事。周历南八城，浚水源，辟沟渠，垦田三万七千余顷，请给回民耕种，改屯兵为操防，如议行。二十五年，召还，以四五品京堂候补①。寻署陕甘总督。二十六年，

① 京堂：清代对中央政府一些较重要机构的长官（含副长官）的称呼，一般至少为三品或四品官。但也有些小机构（例如光禄寺）的副长官只有五品。四五品京堂是京堂中最小的。

授陕西巡抚，留甘肃，偕布彦泰治叛番，擒其酋。

二十七年，授云贵总督。云南汉、回互斗焚杀，历十数年。会保山回民控于京，汉民夺犯，毁官署，拆澜沧江桥以拒，镇道不能制。则徐主止分良莠，不分汉、回。二十八年，亲督师往剿，途中闻弥渡客回滋乱[①]，移兵破其巢，歼匪数百。保山民闻风股栗，缚犯迎师。诛其首要，散其胁从，召汉、回父老谕以恩信。遂搜捕永昌、顺宁、云州、姚州历年戕官诸重犯[②]，威德震洽[③]，边境乃安。加太子太保，赐花翎。二十九年，腾越边外野夷滋扰，遣兵平之。以病乞归。逾年，文宗嗣位[④]，叠诏宣召，未至，以广西逆首洪秀全稔乱[⑤]，授钦差大臣，督师进剿，并署广西巡抚。行次潮州[⑥]，病卒。则徐威惠久著南服[⑦]，贼闻其出，皆震悚[⑧]，中道遽殁，天下惜之。遗疏上，优诏赐恤，赠太子太傅，谥文忠。云南、江苏并祀名宦，陕西请

---

① 弥渡：即今云南弥渡。清置弥渡州。 ② 永昌：今云南保山及附近地区，清置永昌府。顺宁：今云南凤庆及附近地区。云州：今云南云县及附近地区。姚州：今云南姚安及附近地区。 ③ 威德震洽：即威震德洽。洽，协和。 ④ 文宗：即咸丰皇帝奕詝，庙号文宗。 ⑤ 稔（rěn 忍）：熟。这里是指其所造成的“乱”已到极点。 ⑥ 潮州：今广东潮安及周围地区，清置潮州府。 ⑦ 南服：服，古代指王畿以外的地方，此处指南部边疆。 ⑧ 悚（sǒng 耸）：恐惧。

建专祠。

则徐才识过人，而待下虚衷，人乐为用，所莅治绩皆卓越。道光之季，东南困于漕运，宣宗密询利弊，疏陈补救、本原诸策，上《畿辅水利议》，文宗欲命筹办而未果。海疆事起，时以英吉利最强为忧，则徐独曰："为中国患者，其俄罗斯乎！"后其言果验。

【翻译】

林则徐字少穆，福建侯官人。年轻时颖悟敏捷，有非凡的才能。二十岁时，乡试中举。巡抚张师诚征召他为幕僚。嘉庆十六年进士，选为庶吉士，授官编修。先后主持江西、云南的乡试，并担任过会试的部分阅卷工作。升为御史，上疏提出福建闽安的副将张宝是从海盗投诚过来的，应当显示对他的制抑，以防止他桀骜不驯，被嘉许采纳。不久，出任杭嘉湖道，在当地修筑海塘，兴修水利。道光元年，听到父亲生病的消息，称病返乡。二年，重新起用，授为淮海道，还没有到任，就被委派去代理浙江盐运使职务。升为江苏按察使，审理案件严格公正。四年，江苏发大水，代理布政使职务，处理赈灾事务。不久遭逢母丧，朝廷命他先往南河负责修筑高家堰大堤工程，完工后回原籍守丧。六年，受命代理两淮盐务，以丧期未满推辞了。丧期满后，补官陕西按察使。

升为江宁布政使。遭逢父丧返乡。十年，补官湖北布政使，调任河南，又调任江宁。十一年，提升为东河河道总督。上疏陈述秸料中的问题是治河工程中第一个弊端集中地。并亲自前往下属各厅查验；又上言说碎石块完全可以做堤坝工事中的辅助材料，应当根据情况适当使用。十二年，调任江苏巡抚。吴中地区屡遭饥荒，上奏免除了拖欠的赋税，筹划抚恤救灾。以前在布政使任上时，曾讨论制定赈灾事务的章程，行之有效，到此时仍旧遵照那时的办法，使多年的弊病一扫而清。赈灾结束，就筹划积储粮食以备荒年。他清理了前后任移交时的各项事务，把以前上京控告而发回重审的各项案件全部审结。他考核下属官吏，上疏说："考察官吏没有比先考察自己更为重要的了，必须对自己管辖范围内的大小政务，逐一做到心中全面了解，然后才能够检验众官吏竭尽心力与否。如果大臣的心中先就没有了解得全面透彻，又从何处去考察事情的真伪呢？臣只是凭着一颗不敢不竭尽全力的忠心，每件事都与同僚下属一起努力以求做到实事求是。"下诏嘉奖了他，勉励他身体力行。

在此以前总督陶澍曾上奏请求疏浚三江，则徐当时正在任按察使，全面负责这件事，不久因母丧离职。到这时黄浦江、吴淞江的工程已经完成，则徐就努力来承担其未完成的工程，其中浏河工程最为重要，拨发库银十六万五千多两；白茆河工程的重要性次之，由当地官僚士绅集资捐款十一万两。两条河同时开工疏浚，采取以工代赈的方法。它们原先都通海，但容易淤塞，而且凿通已淤河道的工程巨大。所以改为清洁水流延长河道，以与黄浦江、吴淞江交汇通流，各在其近海之处修闸建坝，使潮汐泥沙不能涌进，内河涨水时，就通过坝将水排泄入海，再就原有河道逢弯取直，共节省下工程费用三万多两，用它疏浚了浏河附近的七浦河，以及白茆河附近的徐六泾、东西护塘河等。还疏浚了丹徒、丹阳段的运河，宝带桥、泖湖、淀山湖等工程也相继兴举，为吴中地区带来了几十年的利益。在任巡抚期间，两次代理两江总督的职务。

十七年，提升湖广总督。荆州、襄阳地区年年遭水灾，他大力修筑堤坝，水患就消失了。他整顿盐税，由于用降低公盐价格以对抗私盐的方法没有成效，就专门严格执行禁止私盐的命令，加强缉查，使公盐销量大增。湖南镇筸的士兵凶悍，多次挑起事端，则徐巡视检阅，加强安抚和控制，秘密推荐总兵杨芳，将他提升为提督，并将提督移驻辰州，以谨慎加强苗族边疆的屯田防务。

十八年，鸿胪寺卿黄爵滋奏请禁止鸦片烟，下交朝廷内外的大臣讨论。则徐请求采用严厉的刑罚，上言：“这一祸害不除，十年之后，不只是没有可筹集的粮饷，而且没有了可以打仗的士兵。"宣宗非常赞同他的话,命则徐入京觐见,召见奏对十九次。任命为钦差大臣,前往广东查办。十九年春季,抵达广州。总督邓廷桢已经普遍宣布并严厉执行禁烟令,捕捉吸、卖鸦片的罪犯,洋商查顿已事先躲避回国。则徐了解到水师提督关天培忠勇可用,命令他整顿军队,严加防备。发文知会英国领事义律清查并缴出烟土,驱逐趸船,洋商呈交出烟土二万多箱,则徐亲自到虎门验收,在海边焚烧烟土,四十多天才烧完。请求制定洋商夹带鸦片的罪名,依照法律中"化外"地区的犯法条例,犯人立即处决,货物充公,责令在广州的各国有关人员出具保证书。其他国家都服从了命令,只有义律搪塞应付,不肯顺从。于是则徐检阅巡视沿海的炮台,以虎门为第一道防线,横档山、武山为第二道防线,大小虎山为第三道防线。海上航道到横档山分为二支,右边的一条水下多暗礁,左边的一条经过武山前面,水很深,外国的船就从这条航道出入。关天培首先提议在这里设置木排、铁链二重障碍,又增筑了虎门的沙角炮台,英国商船中后到的就不敢进来了。义律请求让他们前往澳门装货,想借此机会囤积烟土私自贩卖,则徐严厉斥责并拒绝了义律的请求,英国商船暗暗停泊在尖沙嘴外洋的洋面上。

恰在此时有英国人打死了中国百姓,义律拒不交出凶犯，于是则徐断绝了英国商馆的食物供应，撤走买办、雇工以使他们陷入困境。七月，义律借索取食物为名，用货船载着军队进犯我九龙山炮台，参将赖恩爵击退了敌人。奏疏上达朝廷，皇帝很高兴，回复说："既已有了这次的举动，就不能再显示出软弱。不怕卿等鲁莽轻率，只禁止卿等害怕退缩。"御史步际桐上言说出具保证书只是空文，不切实际。则徐因他们国家重视许诺，越是不肯出具保证书，就越不能不向他们索取，对此更加坚持。不久义律请出澳门的洋人首领从中调停，愿意让装有鸦片的船只回国，货船听凭官府检查验收。九月，商船已出具保证书并进入口岸，义律派遣兵舰阻止它们，并开炮进攻，关天培率领游击麦廷章奋起还击，打败了英军。十月，又进犯虎门的官涌，清军兵分五路发起进攻，六次战斗都获得了胜利。朝廷下诏停止贸易，公开宣布罪状，命令福建、浙江、江苏严密防守沿海口岸。在此之前已授予则徐为两江总督，到这时调补为两广总督。府尹曾望颜请求停止与各国通商，禁止渔船出洋。则徐上疏说："自从断绝了与英国的贸易，其他国家暗自欢喜，这里得利那里吃亏，我们正可以利用外国人制服外国人。如果一概与所有国家断绝往来，反而恐怕他们会联合成一伙。广东百姓以海为生，如一概禁止出洋，势必只能维持很短的一段时期。"当时英国船只暂时抛锚在外洋，用钱财引诱不法之徒为他们接济食物，销售鸦片。二十年春季，则徐命令关天培秘密安装大炮器械，雇用渔船、疍户出洋设置埋伏，等到夜间顺风放火，焚烧那些依附外国人的不法船只，英国船的接济这才断绝。五月，在磨刀洋又焚烧了装载鸦片的洋船。派探子侦察到新近来的敌船扬帆向北驶去，上疏请求沿海各省戒严。又说外国人诡谲，如果他们直接前往天津请求通商贸易，请格外显示出对他们招徕安抚，依照嘉庆年间的惯例，将递交请求的使者从内地送回广东。

六月，英国船队抵达厦门，遭到闽浙总督邓廷桢的抵抗。他们进犯浙江的船队攻破定海，劫掠宁波。则徐上疏请求治自己的罪，并秘密陈述军事行动不能停止，大略说："英国人的怨恨在广东但却在浙江滋事骚扰，虽然这一变动出乎意料之外，但是他们的穷途困窘却实在意料之中。只是他们虚骄成性，越是在穷途困窘之时，就越是要显示他们的桀骜，用吓唬来进行试探，甚至将会另外使出诡计，以期达到他们的险恶目的；当这一切都行不通时，必定仍将俯首贴耳。只是恐怕朝廷中发议论的人认为中国的船炮不是外国人的对手，与其旷日持久地打下去，不如设法对他们加以笼络控制。然而要知道外国人性情贪得无厌，得一步就会更进一步，如果大清的威力不能克制他们，祸患就没有停止的时候。其他国家纷纷效法,不能不事先考虑到。”因而请求带罪前往浙江,随军报效国家。七月,义律抵达天津,投信给总督琦善,说广东焚烧鸦片的争端,是则徐以及邓廷桢二人引起的,索要赔偿不给,又遭到辱骂驱逐,所以才越过边境直接呈诉。琦善根据他所说的上报朝廷,皇上的决心开始动摇。

当时英国船队在广东窥伺,我军又连续在莲花峰下以及龙穴洲打败了他们。报捷奏疏还没来得及上达朝廷,九月,下诏说:“鸦片流毒于内地,特地派遣林则徐会同邓廷桢进行查办,原来期望能彻底清除内地的鸦片,断绝货源,根据当时当地的具体情况,妥善处理。但自从查办以来,对内,不法之徒的犯法行为未能消除干净,对外,大规模贩卖的货源未能断绝,沿海各省纷纷征集调用人员物质,耗费军饷,劳苦士兵,这些都是林则徐等人办事不妥善所造成的。”将则徐等人下交吏部严加议处,命则徐立即来京师,派琦善代替他的职务。不久,根据吏部建议革去职务,命他仍回广东听候查问和差遣。琦善抵达广州,义律要求赔偿被烧鸦片的钱款,开放厦门、福州二处口岸通商贸易,皇上发怒,再次命令备战。二十一年春季,授予则徐四品京卿的头衔,前往浙江镇海协助防务。当时琦善虽然已经因擅自割让香港而被逮捕治罪,是战还是和仍然没有定局。五月,下诏斥责则徐在广东没有能够做到恩德与威严并用，革去四品京卿头衔，遣送伊犁戍边。适逢黄河在开封决口，则徐在途中奉命去协助处理堵塞决口之事，二十二年，工程完工，仍旧前往戍地，而浙江、江南的军队屡遭失败。这一年的秋季，和议终于签订。

二十四年，新疆兴办屯田，将军布彦泰请求朝廷委派则徐全面负责此事。则徐跑遍了新疆南部的八个城镇，疏浚水源，拓宽沟渠，开垦荒田三万七千多顷，请求朝廷将这些土地分给回民耕种，将屯田的军队改为操练防守，朝廷依照他的提议实行了。二十五年，召回京师，以四五品京堂的头衔等候补官。不久代理陕甘总督。二十六年，授官陕西巡抚，留在甘肃，偕同布彦泰镇压叛乱的番民，擒获了他们的首领。

二十七年，授官云贵总督。云南的汉、回两族互相殴斗烧杀，持续了十多年。适逢保山的回民去京城告状，汉人抢夺罪犯，烧毁官署，拆掉澜沧江大桥抵抗官兵，地方上的军队也无法制服他们。则徐主张只区分好人坏人，而不分汉人回人。二十八年，亲自督率军队前去征剿，半路上听说客居弥渡的回民滋事作乱，移调部队攻破他们的巢穴，歼灭匪徒几百人。保山的汉民听到风声后吓得两腿发抖，捆绑了罪犯迎接官军。则徐诛杀他们的首犯，遣散胁从，召见汉、回两族中有声望的老人，用恩德和信义去开导他们。于是搜捕永昌、顺宁、云州、姚州历年来杀戮官军的各重要罪犯，以威力来镇服他们，以恩德来和协他们，边境于是安定了。加官太子太保，赐给花翎。二十九年，腾越边境之外的“野夷”滋事骚扰，则徐派遣军队加以平定。因为生病，经过恳求而回到了家乡。过了一年，文宗皇帝继位，连续下诏宣召则徐，还未抵达，因广西逆匪首领洪秀全大肆叛乱，命为钦差大臣，督率军队前往征剿，并命他代理广西巡抚。到潮州时，因病去世。则徐的威严仁慈久已著称于南部边陲，叛贼听说他重新出山，都感到震惊恐惧，他在路途中突然去世，天下人都感到痛惜。临终奏疏上达朝廷后，特下优诏赐予抚恤，赠官太子太傅，谥号文忠。云南、江苏都在名宦祠中祭祀他，陕西奏请建立专门的祠堂纪念他。

则徐的才能见识超出一般人，而对待属下很虚心，人们都乐于为他所用，所到任之处政绩都很卓越。道光晚期，东南地区被漕运所困扰，宣宗秘密地向他询问利弊，则徐上疏陈述“补救”、“本原”各策，呈上所作《畿辅水利议》，文宗本想命令他筹划办理而未能成为现实。沿海地区的事件发生后，当时都因为英吉利最为强大而为之担忧，只有则徐说：“成为中国祸患的，恐怕是俄罗斯吧！”后来他的话果然应验了。

洪秀全传

洪秀全领导的太平天国运动，在中国近代史上的重大事件。太平军席卷大半个中国，沉重地打击了清王朝的统治力量，建立了农民政权。定都南京后，他颁布《天朝田亩制度》，并制定一系列政治、军事、经济、文化政策，把历史上农民运动的要求发展到最高峰。同时，这一运动虽然跟西方思想存在一定联系，但其基本方面却是中国传统的农民思想，所以，其中也蕴含了中西方思想的融合和冲突。这篇传记的基本出发点虽是拥护清王朝和反对太平天国，但其所提供的史料，尚能大致反映洪秀全领导的这个运动由产生、发展直至失败的整个过程。

洪秀全，广东花县人。少饮博无赖，以演卜游粤、湘间。有朱九畴者，倡上帝会，亦名三点会，秀全及同邑冯云山师事之。九畴死，众以秀全为教主。官捕之急，乃往香港入耶苏教，藉抗官。旋偕云山传教至广西，居桂平。时秀全妹婿萧朝贵及杨秀清、韦昌辉皆家桂平，与相结纳。贵县石达开亦来入教①。秀全尝患病，诡云病死七日而苏，能知未来事。谓："上帝召我，有大劫，惟拜上帝可免。"凡会中人男称兄弟，女称姊妹，欲人皆平等，托名西洋教。自言通天语，谓天父名耶和华，耶苏其长子，己为次子。嗣是辄卧一室，禁人窥视，不进饮食，历数日而后出，出则谓与上帝议事。众皆骇服。复造《宝诰》、《真言》诸伪书，密为传布。潜蓄发，藏山菁间。嗾人分赴武宣、象州、藤县、陆川、博白各邑②，诱众入会。

初，粤西岁饥多盗，湖南雷再浩、新宁李沅发复窜入为乱。粤盗张家福等各率党数千，四出俘劫。秀全乘之，与杨秀清创立保良攻匪会，练兵筹饷，归附者益众。桂平知县诱而执之，搜获入教名册十七本；巡抚郑祖琛不能决，遂释之。秀全既出狱，秀清率众迎归，招集亡命，贵县秦日纲、林凤祥，揭阳海盗罗大纲、衡山洪大全

① 贵县：今广西贵平。② 武宣、象州、藤县、陆川、博白：县名，均在今广西。

皆来附①,有众万人。冯云山读书多智计,为部署队伍、攻守方略。以岁值丁未,应"红羊"之谶②,遂乘势倡乱于金田③。褫郑祖琛职,起前云贵总督林则徐为钦差大臣往督师。则徐薨于途,以两广总督李星沅代之,赴广西剿寇。寇窜平南思旺墟④,副将李殿元击却之。复回扑,巡检张镛不屈死;仍遁金田。星沅檄清江协副将伊克坦布往攻⑤,被围阵亡。星沅檄镇远总兵周凤岐往援⑥,战一昼夜,毙寇数百,围始解。上以寇势日炽,命前漕运总督周天爵署广西巡抚,乃请提督向荣专剿金田。

咸丰元年,秀全僭号伪天王,纵火焚其墟,尽驱众分扰桂平、贵、武宣、平南等县,入象州。上命广州副都统乌兰泰会讨,以大学士赛尚阿为钦差大臣,率都统巴清德、副都统达洪阿驰防。乌兰泰至象州,三战皆捷,疏

① 衡山:今湖南衡山。 ②"红羊":古人以为丙午、丁未两年是国家发生灾祸的年份。宋代柴望著《丙丁龟鉴》,历举战国到五代时的大变乱,发生在这两年的有二十一次。从五行学说来说,"丙"属火,火色红;据十二生肖之说,"未"为羊。故称这两年为"红羊"。 ③ 金田:村名,在今广西桂平境内,太平天国起义的发源地。 ④ 平南:今广西平南。 ⑤ 协:清代军队(绿营兵)的编制单位。 ⑥ 镇远:地名。贵州有镇远府镇远县。此处出现镇远总兵,是因围剿洪秀全的部队中有些是从贵州调来的。

言:“粤西寇众皆乌合,惟东乡僭号设官、易服蓄发有大志①,凶悍过群盗,实心腹大患。”周天爵主滚营进逼,驱诸罗渌洞尽歼之②,向荣不谓然。檄贵州镇总兵秦定三移营大林,堵北窜象州道,定三亦不奉命。四月,秀全自大林逸出走象州,犯桂平新墟。赛尚阿增调川兵,募乡勇,合三万人,分兵要隘。一日战七胜,斩捕二千,寇仍遁新墟。七月,窜紫金山③,山前以新墟为门户,后以双髻山、猪仔峡为要隘。巴清德与川、楚乡勇出其后,上下夺双髻山④,寇大溃,屯风门坳。向荣率诸军三路攻之,阵毙韦昌辉弟韦亚孙、韦十一等,始遁走。我军追之,会大雨,军仗尽失。

闰八月,寇分二路,东走藤,北犯永安⑤,陷之,遂僭号太平天国。秀全自为天王,妻赖氏为后,建元天德。以秀清为东王,军事皆取决,萧朝贵西王,冯云山南王,韦昌辉北王,石达开翼王,洪大全天德王;秦日纲、罗亚旺、范连德、胡以晃等四十八人任丞相、军师伪职。时官

① 东乡:地名。在今广西武宣境内,金田村西面。此处借指洪秀全的起义军。 ② 罗渌洞:地名,在今广西武宣东南罗渌山中,有上、中、下三洞。 ③ 紫金山:当为“紫荆山”,洪秀全在金田村起事,金田村即在紫荆山南。 ④ 双髻山:在今广西桂平西北。猪仔峡:在今广西武宣东。均在金田村西北部。 ⑤ 永安:清置永安州,治所即今广西蒙山。

军势胜，寇知不可敌，有散志。秀清独建策封王以羁縻之，势烬而复炽。九月，大军移阳朔[1]，会攻永安，贼分屯莫家村。乌兰泰建中军旗于秀才岭，上植一红盖，下埋地雷，诱敌燔杀四千，大军乘之，遂克莫家村。

二年正月，大兵围永安，毁东、西炮台。二月，石达开分兵为四，败我军于寿春营，进破古東冲、小路关。伪丞相秦日纲由水窦屯仙回岭。乌兰泰分兵夹击，毙寇数千，擒伪天德王洪大全，槛送京师，磔之市。时大雨如注，乌兰泰提精卒入山，山路泞滑，寇乘我军阵未定，短兵冲突，遂大败。秀全从杨秀清谋，由瑶山、马岭间道径扑桂林。乌兰泰率败卒追之城南将军桥，受重创，卒于军。三月，贼径趋广西省城。向荣先一时绕道至省，寇踵至，已有备，相持不能拔，解围而北。

冯云山、罗大纲先驱陷兴安、全州[2]，将顺流趋长沙。浙江知县江忠源御之蓑衣渡[3]，冯云山中炮死，寇退走道州[4]。道州俗悍，多会匪，所至争为效死，势复张。六月，陷江华、宁远、嘉禾[5]。七月，陷桂阳州[6]。江忠源蹑至，

① 阳朔：今广西阳朔。 ② 兴安：今广西兴安。全州：今广西全州。 ③ 蓑衣渡：在今广西全州县北，湘江渡口。 ④ 道州：即今湖南道县。 ⑤ 江华：县名，治所在今湖南江华西北部。宁远：今湖南宁远。嘉禾：今湖南嘉禾。 ⑥ 桂阳州：清置桂阳州，治所即今湖南桂阳。

一战走之，趋郴州①。萧朝贵以胆智自豪，谓群寇迟懦，又诇长沙守兵单②，可袭而取也，乃率李开芳、林凤祥由永兴、茶陵、醴陵趋长沙③，设幕城南。八月，萧朝贵攻南门，官兵击之，殪④，尸埋老龙潭，后起出枭其首。秀全闻朝贵死，自郴州至，督攻益急。九月，掘隧道攻城，屡不获逞。

十月，秀全于南门外得伪玉玺，称为天赐，胁众呼万岁。遂夜渡湘水，由回龙塘窜宁乡⑤，抵益阳⑥。掳民船数千，出临资口，渡洞庭，陷岳州⑦。城中旧储吴三桂军械，至是尽以资寇。寇入长江，旬日间夺五千艘，妇孺货财尽驱之满载。秀全驾龙舟，树黄旗，列巨炮，夜则张三十六灯，他船称是，数十里火光不绝如昼，遂东下，十一月，陷汉阳。十二月，攻武昌。时杨秀清司军令，李开芳、林凤祥、罗大纲掌兵事。值武汉二江届冬水涸⑧，乃掳船作浮桥，环以铁索，直达省城，分门攻之。向荣驰至，约城内夹攻，巡抚常大淳虑城启有失，不许。地雷

---

① 郴州：今湖南郴州。 ② 诇(jiǒng 窘)：刺探。 ③ 永兴：今湖南永兴。茶陵：今湖南茶陵。醴陵：今湖南醴陵。 ④ 殪：杀；常指用箭射死，这里指用炮射击而死。萧朝贵是中炮受伤最后死亡的。 ⑤ 宁乡：今湖南宁乡。 ⑥ 益阳：今湖南益阳。 ⑦ 岳州：今湖南岳阳，在洞庭湖东岸。 ⑧ 武汉二江：长江、汉水。

发，城遂陷。秀全出令，民人蓄发束冠巾，建高台小别山下，演说吊民伐罪之意。

三年，上以赛尚阿久无功，授两广总督徐广缙为钦差大臣。时石达开攻武昌，广缙逗留岳州不敢进，上责其罪，更以向荣为钦差大臣，日夜攻之急，寇弃武昌驾船东下，众号五十万，资粮、军械、子女、财帛尽置舟中，分两岸步骑夹行，进向九江①，下黄州、武昌、蕲水等十四州县②；抵广济县③，下武穴镇④。两广总督陆建瀛率兵二万余、船千五百艘上溯，遇寇不战而走，前军尽覆，建瀛狼狈还金陵。寇薄九江而下，收官军委弃炮仗，破安庆⑤，巡抚蒋文庆死之。寇夺银米无算，水陆并进，抵金陵，沿城筑垒二十四，具战船，起新州大胜关迤逦至七洲里止，昼夜环攻，掘地道坏城，守兵溃乱。建瀛易服走，为寇所戕。将军祥厚偕副都统霍隆武等守满城，二日城陷，皆死之。城中男女死者四万余，阉童子三千余人，泄守城之忿。

秀全既破金陵，遂建伪都，拥精兵六十余万。群上

① 九江：今江西九江。② 黄州：府名，治所在黄冈（今湖北黄冈）。武昌：府名，治所在江夏（今属湖北武汉）。蕲水：今湖北浠水。③ 广济县：县名，治所在今湖北广济东北的梅川镇。④ 武穴镇：镇名。在今湖北广济县境内，长江北岸。⑤ 安庆：府名。治所即今安徽安庆。

颂称明代后嗣。首谒明太祖陵，举行祀典。其祝词曰：“不肖子孙洪秀全得光复我大明先帝南部疆土，登极南京，一遵洪武元年祖制。”军士夹道呼汉天子者三，颁登极制诰。……

当是时[①]，向荣、张国梁负众望[②]，称江南劲旅。然频年征战，馈饷乖时，士卒常忍饥赴敌，颇缺望[③]，又分兵四处，所部兵力过单。杨秀清知可乘，请于秀全，定夹攻大营之策[④]。五月，密约吴如孝率镇江寇自东而西，拊大军之背；金陵寇自西而东与相应，更命溧水、金柱关诸寇旁出横截[⑤]。秀清自率劲旅出广济门，先遣赖汉英率紫荆山诸党攻七桥瓮以挑之[⑥]。向荣、张国梁狃常胜，并力

① 当是时：指咸丰六年(1856)。 ② 向荣：本为广西提督，洪秀全起事之初，向荣即是征剿洪秀全军的主力之一，咸丰三年(1853)被任命为钦差大臣，建立江南大营，对太平天国造成最严重的威胁；当时是清廷镇压太平天国的最重要的依靠力量。张国梁：清军将领。早年为盗，洪秀全起事，国梁附之，后降向荣，成为向荣最得力的战将。向荣死后，负责江南大营事务，任江南提督，后在丹阳一战中阵亡。 ③ 缺望：当作“觖望”，不满意、埋怨的意思。 ④ 大营：指江南大营。洪秀全打进南京后，清政府分别建立江南大营(驻扎南京城外孝陵卫)和江北大营(驻扎扬州城外)，围攻南京，阻止太平军东下苏、杭。 ⑤ 溧水：今南京溧水。 ⑥ 紫荆山诸党：洪秀全在地处紫荆山南的金田村起义，“紫荆山诸党”即指洪秀全部队中从一起事就参加的那些人。

截杀，汉英忽少却，向荣益策大军赴敌。吴如孝以镇江党突薄之，大营空虚，守兵惊散。向荣见大营火起，退无所据，军立溃。寇数路乘之，大军死伤遍地。国梁独以身翼荣出，稍收败卒退保丹阳。寇筑垒围之，向荣以病不能进，乃以军事付国梁，一恸而绝。

向荣既死，寇举酒相庆，颂秀清功。秀全益深居不出①；军事皆决于秀清，文报先白其府，刑赏黜陟皆由之，出诸伪王上。如韦昌辉、石达开虽同起草泽，比于裨将。大营既溃，南京无围师，秀清自以为功莫与京②，阴谋自立，胁秀全过其宅，令其下呼万岁。秀全不能堪，因召韦昌辉密图之。昌辉自江西败归③，秀清责其无功，不许入城，再请，始许之。先诣秀全，秀全诡责之，趣赴伪东王府请命，而阴授之计④，昌辉戒备以往。既见，秀清语以人呼万岁事，昌辉佯喜拜贺，秀清留宴。酒半，昌辉出不

---

① 益深居不出：在起事之初分封诸王时，军事就取决于杨秀清。洪秀全进入南京后，杨秀清的权更大；即使杨秀清带兵在外作战，南京的事也都由他决定。打破向荣江南大营后，他的权更大，所以“秀全益深居不出”。因本篇选录时有删节，有些记载被删去了，故为补连上。 ② 京：大的意思。 ③“昌辉”句：韦昌辉于这一年六七月间在江西作战，至七月在瑞州大败，返回南京。此事也记在本篇被删节的部分中。 ④ 阴授之计：即下文所说刺死杨秀清的事。韦昌辉此举，实出于洪秀全的策划。

意，拔佩刀刺之，洞胸而死。乃令于众曰："东王谋反，吾阴受天王命，诛之。"因出伪诏，縻其尸啖群贼，令闭城搜伪东王党歼焉。东党恟惧①，日与北党相斗杀，东党多死亡逃匿。秀全妻赖氏曰："除恶不尽，必留后祸。"因说秀全诡罪昌辉酷杀，予杖，慰谢东党，召之来观，可聚歼焉。秀全用其策，而突以甲围杀观者。东党殆尽，前后死者近三万人。

时石达开在湖北洪山②，黄玉昆在江西临江③，闻乱趋归。达开颇诮让昌辉④，昌辉怒，将并图之。达开缒城走宁国⑤，昌辉悉杀其母妻子女。秀全责以太过，昌辉负诛秀清功大，不服，率其党围攻伪天王府，秀全兵拒败之。昌辉遁，渡江为逻者所获，缚送金陵，磔之，夷其族。传首宁国，甘言召达开回。既至，或谓达开兵众功高，请留之京师，解其兵柄，否则又一杨秀清也。秀全心动，乃

---

① 恟(xiōng 凶)：恐惧。 ② 洪山：山名。在今湖北武昌(纸坊)东部。 ③ 黄玉昆：太平天国的重要将领之一，《清史稿·洪秀全传》："时江西寇势浩大，……自去年(咸丰五年)十一月至本年二月，以石达开为主；三、四、五月以黄玉昆为主；六、七月以韦昌辉为主。"(这一记载在本篇中已删)韦昌辉既于这年七月失败回南京，江西军事当仍以黄玉昆为主。临江：府名，治所在今江西樟树清江西临江镇。 ④ 诮(qiào 俏)让：责备、讥讽。 ⑤ 宁国：府名，治所即今安徽宣城。

命如秀清故事辅朝政。达开危惧不自安。其党张遂谋曰:"王得军心,何郁郁受人制?中原不易图,曷入川作玄德,成鼎足之业?"达开从之,乃还走安徽,约陈玉成、李秀成偕行,二人不从,益不能还金陵。于是始起事诸悍党略尽,乃以伪春官正丞相蒙得恩为正掌率①,调度军事;伪成天豫陈玉成为右正掌率②,伪合天侯李秀成为副掌率,兵事专属秀成、玉成,均听蒙得恩节制;而内政则秀全兄弟伪安王洪仁发、伪福王洪仁达操之。

……

同治元年正月,是时浙、苏两省膏腴尽为寇有,全浙所存,尚有湖州、海宁两城③,又孤悬贼中,独衢州一府尚可图存④。国藩疏荐福建延邵建宁道李鸿章署理江苏巡抚,别立一军,由沪图苏;以围攻金陵属曾国荃,以浙事属左宗棠。于是东南寇势日就衰熄。……

初,秀全以大军骤逼城下,日出扑犯,辄被创,趣浙酋李侍贤、苏酋李秀成还救江宁。……秀成亲率十三伪王,号称六十万,麇集金陵⑤,东自方山,西至板桥镇,旗帜林立,直逼我军营垒,尤趋重于东西两隅。……寇之

① 掌率:太平天国的官名,执掌统率军队。 ② 成天豫:太平天国的勋号名。 ③ 湖州:今浙江湖州。海宁:州名,治所即今浙江海宁西南的盐官镇。 ④ 衢州:府名,治所即今浙江衢州。 ⑤ 麇(qún 群)集:群集。

围逼西路者，历六昼夜，为我军击败。寇悉向东路，逼营而阵，潜通地道，百计环攻。各军将士负墙露立，掷火球击寇。寇负板蛇行而进，填壕欲上。我军丛矛击刺，寇拽尸复进，抵死不退。飞弹伤国荃颊，血流交颐，仍裹创上壕守御。……是役也，秀成自苏，侍贤自浙，先后围攻大营四十六昼夜。国荃率诸将居围中，设奇破之，弟贞幹力顾饷道，将士狞目髹面①，皮肉几尽。……

二年正月，秀成调集常州、丹阳诸寇屯江宁下关、中关，号二十万，自九洑洲陆续渡江②，意欲假道皖北，窜扰鄂疆，截断江、皖各军运道，图解江宁之困，盖近攻不如取远势也。既渡江，陷浦口③，李世忠退入江浦④。……

……曾国藩调成大吉回屯滠口⑤，檄水师赴武汉严防。秀成来犯石涧埠⑥，进逼我军，昼夜猛攻，相持不下。寇复于前营增百垒，层层合围。彭玉麟派队来援，会军夹击，尽平群垒，秀成遁走。……

① 髹(xiū休)：赤黑色的漆。 ② 九洑洲：长江流经南京市北部，江中有一岛，名九洑洲。 ③ 浦口：渡口，亦称浦子口，即今南京浦口，为南北津渡要冲。 ④ 李世忠：清军将领。初为捻军首领，附李秀成。后投诚于清军。仕至江南提督。江浦：今南京江浦。 ⑤ 滠口：镇名，在湖北黄陂西南滠水之口。⑥ 石涧埠：指石涧镇。地处今安徽无为县北。

曾国荃连日破平下关、草鞋峡、燕子矶①，收宝金圩，距芜湖、金柱关百里内已无寇踪。进攻克九洑洲，寇之在中关者，附城为垒，卒不稍动。其坚踞九洑洲者，下有列船，上有伪城，群炮轰发不息；复于东、西、南三面分伏洋枪队，伺间出击，我军多损伤。彭楚汉等负创角战，乘风纵火，夜二鼓，扑墙而入，聚歼无一脱者。……

寇自失九洑洲，下关江上接济已断，粮食渐乏，谍赴苏州、嘉兴，力图接济。……国荃调江浦、浦口防军，别募万人，为火举围城之计②。……

十二月，秀成留苏州败党分布丹阳、句容间③，自率数百骑潜入江宁太平门，苦劝秀全弃城同走。秀全侈然高座曰④："我奉天父、天兄命，令为天下万国独立真主，天兵众多，何惧之有？"秀成又曰："粮道已绝，饥死可立待也！"秀全曰："食天生甜露，自能救饥。"甜露，杂草也。……

三年正月，……国荃分檄诸将屯太平门、洪山、北固山，塞神策门，余玄武湖阻水为围。于是江宁四面成包

---

① 草鞋峡：亦作"草鞋夹"，一名南京河。指南京与长江中小岛九洑洲之间的水面。燕子矶：地名，地处南京市北郊。因临江的观音山上有石突出如飞燕而得名。 ② 为火举围城之计：据文意，"火举"当为"大举"之误，译文径改。 ③ 句容：今江苏句容。 ④ 侈然：犹言大模大样。侈，大。

举之势，寇援及粮路皆绝。

……

是月洪秀全以金陵危急①，服毒死。群酋用上帝教殓法，绣缎裹尸，无棺椁，瘗伪宫内，秘不发丧。其子年十六，袭伪位。……

六月十六日，国荃饬诸军发太平门地雷，塌城垣二十余丈，前敌总兵李臣典、朱洪章等九人先登，诸将分门合力，攻克江宁省城，获伪玉玺二方、金印一方。是夜，寇自焚伪天王府，秀成携秀全幼子从城垣倒口遁去，并以己马与之乘以行。国荃令闭门封缺口，搜杀三日，毙寇十余万，凡伪王以下大小酋目约三千余。最后城西北隅清凉山伏寇数千出与官军死战，卒歼之。其伪天王府妇女多自缢，及溺城河而死。国荃派马队追至淳化镇②，生擒伪列王李万才。其自城破后逸出者，洪秀全之兄伪巨王、伪幼西王、伪幼南王、伪定王、伪崇王、伪璋王悉为马队杀毙。萧孚泗搜获李秀成及洪仁发、洪仁达于江宁天印山，搜掘洪秀全尸于伪宫，戮而焚之。国藩亲讯秀成等，供谳成，骈诛于市。

……

① 是月：指同治三年(1864)四月。 ② 淳化镇：镇名。在今南京江宁境内。

【翻译】

洪秀全，广东花县人。年轻时饮酒赌博，是个无赖，以算卦来往于广东、湖南之间。有一个叫朱九畴的人，创立上帝会，也称为三点会，秀全以及同乡冯云山拜他为老师。九畴死，大家拥秀全为教主。官府追捕他很急，于是前往香港入了耶苏教，借此对抗官府。不久偕同云山到广西传教，居住在桂平。当时秀全的妹夫萧朝贵以及杨秀清、韦昌辉都住在桂平，与他们互相结交。贵县的石达开也来入教。秀全曾经生病，诈说生病死后七天而苏醒，从此能够知晓未来的事情。说："上帝召我去，说即将有大灾难，只有拜上帝方可免祸。"凡是会中的人男的称兄弟，女的称姐妹，要使人人都平等，托名为西洋教。自称通晓天语，说天父名叫耶和华，耶苏是他的长子，自己是次子。自此常睡在一个房间里，禁止别人偷看，不吃不喝，经历几天而后出来。出来就说与上帝在一起商议事情。众人都惊骇并服从他。又造出《宝诰》、《真言》等各种伪书，秘密地加以传播。偷偷地留起头发，藏身在山间草丛中。指使别人分头前往武宣、象州、藤县、陆川、博白各县，诱使众人入会。

原先，广西由于年成不好发生饥荒，盗贼很多，湖南的雷再浩、新宁的李沅发又窜入境内作乱。广东的盗贼张家福等人各自率领党羽数千人，四出掳掠抢劫。秀全乘此机会，与杨秀清创立了保良攻匪会，操练军队筹措粮饷，来归附的人更加多了。桂平知县把他诱去抓了起来，查获了入教人的花名册十七本；巡抚郑祖琛不能决断，于是释放了他们。秀全既已出狱，秀清率领众人把他接回来，召集亡命之徒，贵县的秦日纲、林凤祥、揭阳的海盗罗大纲、衡山的洪大全都来归附，有部众一万人。冯云山是读书的，多智慧计谋，为洪秀全部署队伍，谋划进攻防守的策略。因为这一年正值丁未年，应着"红羊"大乱的预言，于是乘势在金田村发起叛乱。朝廷革了郑祖琛的职，起用前云贵总督林则徐作为钦差大臣前去督率军队，则徐死于途中，以两广总督李星沅代替他，奔赴广西征剿贼寇。贼寇流窜到平南的恩旺墟，副将李殿元击退了他们。贼寇又回过来反扑，巡检张镛不屈而死；仍然逃回金田。星沅发文命令清江协副将伊克坦布前往攻打，被包围而阵亡。星沅发文命令镇远总兵周凤岐前往增援，战斗了一昼夜，杀死贼寇几百人，包围才解除。皇上因为贼寇气焰日益嚣张，命令前漕运总督周天爵代理广西巡抚，周天爵就请求由提督向荣专门负责征剿金田。

咸丰元年，秀全僭称天王——伪天王，放火焚烧了他所居住的村落，驱使全部部众分别骚扰桂平、贵、武宣、平南等县，进入象州。皇上命令广州副都统乌兰泰会同征讨，以大学士赛尚阿为钦差大臣，率领都统巴清德、副都统达洪阿驰往防守。乌兰泰到象州，三次战斗都获胜，上疏说："广西的贼寇都是乌合之众，只有东乡僭用名号设置官员，改换服饰留起头发，有大志向，凶猛强悍超过其他盗贼，实在是心腹大患。"周天爵主张以各营逐步推进的方法进逼，把贼寇驱赶到罗渌洞中全部歼灭。向荣不以为然。发文命令贵州镇总兵秦定三把军营迁移到大林，堵塞贼寇往北逃窜到象州的道路，定三也不奉命。四月，秀全从大林逃出奔往象州，进犯桂平的新墟。赛尚阿增调四川的军队，又招募地方武装，合起来共三万人，分兵把守险要之处。一日作战七次都胜了，斩杀捕获二千贼寇，贼寇仍然逃回新墟。七月，窜入紫荆山，此山前面以新墟为门户，后面以双髻山、猪仔峡为险要。巴清德与川、楚的地方武装从他们的后面出兵，上下夹攻夺取双髻山，贼寇大败溃散，屯驻风门坳。向荣率领各军分三路进攻，在战场上击毙韦昌辉的弟弟韦亚孙、韦十一等人，贼寇方逃走。我军追赶他们，适逢大雨，兵器全部丢失。

闰八月，贼寇兵分二路，往东奔向藤县，向北进犯永安，并攻陷了它，于是僭称名号为太平天国。秀全自己为天王，妻赖氏为王后，建年号天德。以秀清为东王，军事都取决于他，萧朝贵为西王，冯云山为南王，韦昌辉为北王，石达开为翼王，洪大全为天德王；秦日纲、罗亚旺、范连德、胡以晃等四十八人担任丞相、军师等伪官职。当时官军声势比他们大，贼寇知道不可抵敌，有散伙的想法。惟独秀清提出用封王来笼络那些将帅的计策，于是贼寇的势力如同死灰复燃。九月，大军转移到阳朔，会师攻打永安，贼寇分兵屯守莫家村。乌兰泰在秀才岭竖起中军的旗帜，上面树起一个红色的伞盖，下面埋设地雷以引诱敌人进攻，烧死四千人，大军乘机攻击，于是攻克了莫家村。

二年正月，朝廷大军包围永安，毁坏东、西炮台。二月，石达开分兵为四路，在寿春营打败我军，进而攻破古東冲、小路关。伪丞相秦日纲从水窦村移驻仙回岭。乌兰泰分兵夹击，击毙贼寇几千，擒获伪天德王洪大全，用囚车送往京城，在闹市碎割而死。当时大雨像泼水一般，乌兰泰带领精兵进山，山路泥泞滑溜，贼寇乘着我军阵势未布置停当，手持短兵器急冲猛闯，于是我军大败。洪秀全听从杨秀清的计谋，从瑶山、马岭的小路直接扑向桂林。乌兰泰率领败兵追到城南将军桥，身受重伤，死于军中。三月，贼寇直接奔向广西省城。向荣抢先一段时间绕道到达省城，贼寇接踵而至，因已有准备，双方相持，不能攻克，就解除包围而向北去。

冯云山、罗大纲先是迅急行军，陷了兴安、全州，即将顺流奔赴长沙。浙江知县江忠源在蓑衣渡抵抗他们，冯云山中炮而死，贼寇退走道州。道州民俗强悍，会匪很多，贼寇所到之处争着卖命效力，贼寇的势力重新大起来了。六月，攻陷江华、宁远、嘉禾。七月，攻陷桂阳州。江忠源跟踪到来，一战就打退了他们，贼寇奔向郴州。萧朝贵以胆识智谋而自豪，认为群寇迟疑软弱，又侦探到长沙守卫的兵力薄弱，可以袭击而攻下，就率领李开芳、林凤祥从永兴、茶陵、醴陵奔向长沙，在城南设置营幕。八月，萧朝贵攻打南门，官兵反击，把萧朝贵用炮射击而死，尸体埋在老龙潭，后来挖出并割下了他的首级。秀全听说朝贵死去，从郴州来到，督促攻城更加紧急。九月，掘隧道攻城，屡次不能得逞。

十月，秀全在南门外得到伪玉玺，声称是上天所赐，胁迫部众高呼万岁。于是夜间渡过湘水，由回龙塘窜到宁乡，抵达益阳。掳掠民船数千艘，出临资口，渡洞庭湖，攻陷岳州。城中原先储存着吴三桂的军械，到这时全部资助了贼寇。贼寇进入长江，十日之间夺得五千艘船只，把妇女小孩货物钱财全部强迫装上船去，船都装满了。秀全驾着龙舟，树起黄旗，排列巨炮，晚上则张点三十六盏灯，其他船只相应如此，数十里火光不绝，如同白昼。于是东下，十一月，攻陷汉阳。十二月，进攻武昌。当时杨秀清为军队的司令，李开芳、林凤祥、罗大纲执掌军队具体事务。恰值武汉的长江、汉水因临近冬季河水干涸，于是抢掠船只作浮桥，用铁索环绕起来，直达省城，分别在各门攻打。向荣急驰赶到，约城内部队夹攻贼寇，巡抚常大淳怕打开城门时会被贼寇乘机攻入，不答应。其时地雷爆发，城市就陷落了。秀全发出命令，要人民留头发束头巾，又在小别山下建筑高台，登台演说其起事的意图是哀怜人民的疾苦、讨伐有罪的清朝君臣。

三年，皇上因为赛尚阿久而无功，任命两广总督徐广缙为钦差大臣。当时石达开进攻武昌，广缙逗留在岳州不敢前进，皇上斥责他的罪状，改任向荣为钦差大臣，日夜攻打很急，贼寇放弃武昌乘船东下，部众号称五十万，物资粮食、军械、子女、钱财布帛全部放在船中，并分别在两岸以步兵骑兵夹江而行，向九江进发，攻克黄州、武昌、蕲水等十四个州县；抵达广济县，攻克武穴镇。两广总督陆建瀛率领士兵二万多、船一千五百艘逆流而上，遇见贼寇未经交战就退走，前军全部覆没，建瀛狼狈地回到金陵。贼寇进据九江后顺流而下，收取官军丢弃的大炮兵器，攻破安庆，巡抚蒋文庆死难。贼寇夺取银两粮米无数，水陆并进，抵达金陵，沿着城建筑堡垒二十四座，所具战船，从新州大胜关起连绵不断一直到七洲里为止，昼夜轮流进攻，掘地道以毁坏城墙，防守的军队溃乱。建瀛更换服装逃走，被贼寇所杀。将军祥厚偕同副都统霍隆武等防守满城，两天后城陷落，都死于难。城中男女死去的四万多人，阉割孩童三千余人，发泄对官军守城抵抗的愤恨。

秀全既已攻破金陵，于是建立了伪首都，拥有精兵六十余万。众人进上颂赞之作，说他是明代的后裔。他首先拜谒明太祖的陵墓，举行祭祀的典礼。那祝词中说："不肖子孙洪秀全得以光复我大明先帝的南部疆土，在南京登基，一切都遵守洪武元年的祖宗制度。"军队士兵夹道欢呼"汉天子"三次，颁布登基的皇帝诏书。……

当时咸丰六年，向荣、张国梁身负众望，被称为江南劲旅。然而连年征战，发放粮饷不及时，士兵们常常忍着饥饿去跟敌人死战，很不满意，又四处分兵，所部署的兵力过于薄弱。杨秀清知道有机可乘，请求洪秀全的同意，制定了夹攻江南大营的计策。五月，秘密约吴如孝率领镇江的贼寇自东向西，攻击朝廷大军的背部，金陵贼寇自西向东与他相呼应，又命令溧水、金柱关诸贼寇从旁侧出兵横截。秀清亲自率领劲旅出广济门，先派遣赖汉英率领从金田起事时就参加的部众攻打七桥瓮来挑逗官军。向荣、张国梁因为经常获胜而不复措意，合力截杀，汉英忽然少为退却，向荣指挥大军加紧追赶敌兵，吴如孝带领镇江的党羽突然切入，大营空虚，防守的士兵惊慌逃散。向荣见大营火起,要后退已无可依据,军队立即溃散。贼寇分数路追击,大军死伤遍地。国梁独自用身体掩护向荣突围而出,逐渐收集败兵退守丹阳。贼寇建筑堡垒包围他们,向荣因为有病不能前进,就把军队事务交付给国梁,大哭一场而死。

向荣既已死去,贼寇举杯相庆,颂杨秀清的功劳。秀全更加深居简出,军队事务都取决于秀清,公文报告先禀报秀清的东王府,赏罚升降都由他作主,地位超出于其他各伪王之上。如韦昌辉、石达开虽然一同从草莽起家,秀清把他们当作自己的部将。大营既已溃散,南京没有了包围的军队,秀清自以为功劳再没有与他一样大的了,阴谋自立为王。胁迫秀全到他住宅去看望,命令自己的部下向自己高呼万岁。秀全不能忍受,因而召见韦昌辉秘密商量对付他。昌辉从江西战败返回,秀清指责他没有功劳,不许他入城,再次请求,才准许他进城。昌辉先到秀全那里,秀全假装责备他,催促他前往伪东王府请示,而暗中传授计策给他,昌辉作了准备前去。既而见了秀清,秀清把别人欢呼万岁的事情告诉他,昌辉佯装高兴向他行礼祝贺,秀清留下并宴请他。酒喝到一半,昌辉出其不意,拔出佩刀刺他,穿透胸部而死。于是晓谕众人说:"东王谋反,我秘密接受天王的命令,诛杀了他。"因此出天王诏书,将秀清的尸体剁成肉糜让群贼吞下，下令关闭城门搜索伪东王的党羽把他们消灭掉。东王党羽恐惧，每日与北王的党羽互斗相杀，东王的党羽多数死去或逃匿。秀全的妻子赖氏说：“翦除恶人不穷尽的话，必会留下后患。”因此劝说秀全假装怪罪昌辉残酷滥杀，给予杖责，以此安抚东王的党羽，召集他们前来观看，就可以集中消灭他们了。秀全用了赖氏的计谋，突然用士兵包围诛杀了那些观看的人。东王的党羽几乎全部被消灭，前后死去的将近三万人。

当时石达开在湖北的洪山，黄玉昆在江西的临江，听到变乱急忙赶回。达开很是谴责昌辉，昌辉发怒，要把达开一并杀死。达开用绳子从城墙上吊下去逃往宁国府，昌辉把他的母亲、妻子和子女全都杀了。秀全责备他太过分了，昌辉仗着诛杀秀清的功劳大，不服气，率领他的党羽包围攻打伪天王府，秀全的部队抵抗并打败了他。昌辉逃走，在渡长江时被巡逻的士兵们抓获，绑了送到金陵，将他碎割而死。并杀光他的族人，把昌辉的首级送往宁国府。好言好语地召达开回来。既已到了，有人说达开兵多功高，请将他留在京师，解除他的兵权，否则又是一个杨秀清。秀全心动了，就命令达开像秀清原先那样辅助朝政。达开感到危险恐惧，不能安于此种处境。他的党羽张遂为他谋划说：“王很得军心，为什么要抑郁地受制于人？中原地区不容易谋取，为什么不进入四川去作刘玄德，成就三足鼎立的大业呢？”达开听从了他的意见，于是返回到安徽，约陈玉成、李秀成同行，二人不同意，达开就更不能返回金陵了。到这时候，开始起事时各凶悍的同党大都不在了，便以伪春官正丞相蒙得恩为正掌率，负责调度军事行动；伪成天豫陈玉成为右正掌率，伪合天侯李秀成为副掌率，军队事务专门托付给秀成、玉成，他们都得听从蒙得恩的指挥管辖；而内政则由秀全的兄弟伪安王洪仁发、伪福王洪仁达掌管。

……

同治元年正月，这时浙江、江苏两省的肥沃富饶的地区已全被贼寇占有，清政府在整个浙江所保存的，尚有湖州、海宁两城，又是孤立在贼寇占领区中，只有衢州一府还可以争取存在下去。国藩上疏推荐福建延邵建宁道李鸿章代理江苏巡抚的职务，由他另外建立一支部队，从上海谋取苏州，把围攻金陵的任务交给曾国荃，把浙江的战事交给左宗棠。于是东南地区贼寇的势力日趋衰败。……

起初，秀全因为朝廷大军突然进逼城下，每日出兵反扑顽抗，总是受到损伤，就催促浙江的首领李侍贤、苏州的首领李秀成回师救援江宁。……秀成亲自率领十三个伪王的部队，号称六十万大军，群集在金陵，东面从方山起，西面一直到板桥镇，旗帜林立，直逼我军的营垒，尤其重视对东西两个方向的攻击。……贼寇围攻西路的部队，经过六个昼夜的战斗，被我军击败。于是贼寇全部针对东路，逼近我军营垒排列阵势，暗地里挖掘地道，用各种方法四面围攻。各军将士靠墙站立，没有别的遮蔽，投掷火球打击贼寇。贼寇背着木板匍匐行进，填塞壕沟想爬上来。我军的长矛像丛林似的密集地击刺贼寇，贼寇拖走尸体再进攻，拼死也不退却。流弹击伤国荃的脸颊，血流下巴上交叉纵横，仍然在包扎好伤口后登上城壕防守。……这一仗，秀成从苏州，侍贤从浙江，先后包围攻打江南大营四十六个昼夜。国荃率领各位将帅身居重围之中，设奇计打破了包围，弟贞幹竭力守卫输送粮饷的通道，将士们眼目狰狞、面色赤黑，皮肉几乎消尽。……

二年正月，秀成调集了常州、丹阳的各路贼寇屯扎在江宁的下关、中关，号称二十万人马，从九洑洲陆续渡过长江，想要借道皖北，流窜骚扰湖北疆土，截断江苏、安徽各路清军的运输通道，企图解除江宁的困境，这是因为近距离的攻击不如取得远距离的优势。既已渡过长江，攻陷浦口，李世忠退入江浦。……

……曾国藩调成大吉回兵屯扎在滠口，发文命令水师开赴武汉严加防守。秀成前来进犯石涧埠，进逼我军，不分昼夜地猛烈进攻，双方相持不下。贼寇又在前沿增加了上百个营垒，层层合围。彭玉麟派部队前来增援，会合军队两面夹击，把众多的营垒全部扫平，秀成逃走。……

曾国荃连日攻破、平定了下关、草鞋峡、燕子矶，收复了宝金圩，距离芜湖、金柱关百里之内已经没有贼寇的踪迹。进兵攻克了九洑洲，在中关的贼寇，靠着城墙修筑堡垒，始终毫不动摇。那些坚守在九洑洲的，下面有排列的船队，上面有他们修的城墙，众多的大炮不停地轰鸣发射；又在东、西、南三面分别埋伏洋枪队，一有机会就射击，我军多有损伤。彭楚汉等人带伤战斗，乘风放火，夜晚二更天，摧毁城墙而进入，聚歼贼寇没有一个逃脱的。……

贼寇自从丢失九洑洲，从下关和长江来的接济已经断绝，粮食逐渐缺乏，派出间谍前往苏州、嘉兴，极力求取接济。……国荃调动江浦、浦口的守卫部队，另外召募一万人，作大规模围城的打算。……

十二月，秀成留下其在苏州被打败的同党分布在丹阳、句容之间，自己率领几百骑兵暗中进入江宁的太平门，苦苦劝说秀全放弃金陵城一起逃走。秀全大模大样地高坐在座位上说："我接受了天父、天兄的命令，让我担任天下万国的独立真主，天兵很多，有什么可害怕的?”秀成又说:“运输粮食的道路已经断绝,饿死的日子马上就到了!”秀全说:“吃天然生成的甜露,自然就能解救饥饿了。”他所说的甜露,是指野草。……

三年正月,……国荃分别发文命令各将领屯守太平门、洪山、北固山,封锁神策门,余下的地段有玄武湖,用湖水将贼党阻截围困。到这时江宁四面已经形成包围合拢的势态,贼寇的增援及运粮的道路都已断绝。

……

这一月(四月)洪秀全因为金陵危急,服毒药死去。众将领以上帝教的入殓方法,用绣缎包裹尸体,不用棺材和外椁,埋葬在伪天王宫中。对他的死保守秘密,不予发布。他的儿子十六岁,继承了伪王位。……

六月十六日,国荃严令各部队引爆太平门的地雷,炸塌城墙二十多丈,前敌总兵李臣典、朱洪章等九人先行登城,诸将领分别在各门同心合力,攻克了江宁省城,搜获伪玉玺二方、金印一方。这天晚上,贼寇自己焚烧了伪天王府,秀成带着秀全的小儿子从城墙缺口中逃去,并且把自己的马给他骑了走。国荃下令关闭城门封住缺口,搜查屠杀三天,杀死贼寇十多万人,其中伪王以下的大小头目总共约三千多人。最后城西北角清凉山潜伏的几千名贼寇出来与官军作殊死的战斗,官军终于歼灭了他们。伪天王府中的妇女大多数上吊自杀和跳在护城河里淹死。国荃派出马队追赶到淳化镇，生擒伪列王李万才。那些在城破后逃出的，洪秀全的哥哥伪巨王、伪幼西王、伪幼南王、伪定王、伪崇王、伪璋王全部被马队击毙。萧孚泗在江宁天印山中搜查捕获了李秀成以及洪仁发、洪仁达，在伪王宫中搜查挖掘出洪秀全的尸体，斩戮后焚毁。国藩亲自审讯李秀成等人，取得供词审结定案后，将他们一并在街市处死。

……

曾国藩传

曾国藩是中国近代史上的重要人物。他一生的主要活动是镇压太平天国。在这过程中，他的手段十分残酷。仅在其办团练之初，就不经府县审判，“旬月中”捕斩了“莠民猾胥”二百余人。镇压并消灭太平天国，是中国近代史上的重大事件。他还通过办团练建立了自己的军队，通常称为“湘军”，由此，李鸿章、左宗棠也都自建军队，在某些方面实可视为中国现代军阀的前身。同时，他又是最早把西方科技（虽然其重点在于军火工业）引入中国并提倡向西方派遣留学生的人，开洋务运动的先声。他在思想上，积极维护以孔孟为主的传统观念，并力求在实践中加以贯彻，因此企图把儒学中不切实用的一面加以改造。总之，曾国藩是中国近代史上一个很值得研究的人物。这篇传记虽对他一味歌颂，有失客观，但也提供了不少关于他的生平、思想的材料。

曾国藩初名子城，字涤生，湖南湘乡人。家世农。祖玉屏，始慕向学。父麟书，为县学生，以孝闻。

国藩，道光十八年进士。二十三年，以检讨典试四川[1]，再转侍读[2]，累迁内阁学士、礼部侍郎、署兵部。时太常寺卿唐鉴讲学京师，国藩与倭仁、吴廷栋、何桂珍严事之，治义理之学。兼友梅曾亮及邵懿辰、刘传莹诸人，为词章考据，尤留心天下人才。

咸丰初，广西兵事起[3]，诏群臣言得失。奏陈今日急务，首在用人，人才有转移之道，有培养之方，有考察之法。上称其剀切明辨。寻疏荐李棠阶、吴廷栋、王庆云、严正基、江忠源五人。寇氛益炽，复上言："国用不足，兵伍不精，二者为天下大患。于岁入常额外，诚不可别求

① 检讨：官名。翰林院官员。② 侍读：官名。翰林院官员，级别高于检讨。③ 广西兵事：指洪秀全领导的太平天国起义。

搜刮之术，增一分则民受一分之害。至岁出之数，兵饷为巨，绿营兵额六十四万①，常虚六七万以资给军用。自乾隆中增兵议起，岁糜帑二百余万。其时大学士阿桂即忧其难继，嘉、道间两次议裁，不及十之四，仍宜汰五万，复旧额。自古开国之初，兵少而国强，其后兵愈多则力愈弱，饷愈多则国愈贫。应请皇上注意将才，但使七十一镇中有十余镇足为心腹，则缓急可恃矣。”又深痛内外臣工谄谀欺饰，无陈善责难之风。因上《敬陈圣德预防流弊》一疏，切指帝躬，有人所难言者，上优诏答之。历署刑部、吏部侍郎。二年，典试江西，中途丁母忧归。

三年，粤寇破江宁，据为伪都，分党北犯河南、直隶②，天下骚动，而国藩已前奉旨办团练于长沙③。初，国藩欲疏请终制，郭嵩焘曰：“公素具澄清之抱，今不乘

① 绿营兵：清代军制，以汉人（不包括汉军）士兵所组成的军队和以旗人（包括满洲八旗、蒙古八旗、汉军八旗）士兵组成的军队属于两个系统。以汉人士兵组成的军队用绿旗，故称绿营兵。 ② 直隶：清置直隶省，相当于今北京、天津两市、河北大部和河南、山东部分地区。 ③ 团练：地方绅士编练的非政府武装。

时自效，如君父何？且墨绖从戎[1]，古制也。”遂不复辞。取明戚继光遗法，募农民朴实壮健者，朝夕训练之。将领率用诸生，统众数不逾五百，号“湘勇”。腾书遐迩[2]，虽卑贱与钧礼[3]。山野材智之士感其诚，莫不往见，人人皆以曾公可与言事。四境土匪发，闻警即以湘勇往。立三等法，不以烦府县狱。旬月中，莠民猾胥，便宜捕斩二百余人。谤讟四起[4]，自巡抚司道下皆心诽之，至以盛暑练操为虐士。然见所奏辄得褒答受主知，未有以难也。一日标兵与湘勇哄[5]，至阑入国藩行台[6]。国藩亲诉诸巡抚，巡抚漫谢之，不为理，即日移营城外避标兵。或曰：“曷以闻？”国藩叹曰：“大难未已，吾人敢以私愤渎君父乎？”

尝与嵩焘、忠源论东南形势多阻水，欲剿贼非治水师不可，乃奏请造战舰于衡州。匠卒无晓船制者，短桡

① 墨绖(dié 叠)从戎：出《左传》僖公三十三年。当时秦国攻打晋国，晋国君主正在为父亲守丧期间，但又不得不带兵作战。因丧服是凶服，对军队不吉利，所以他“墨衰绖”，即把衰绖涂黑，后世也简称“墨绖”。古人的丧服，胸口处缀有一块麻布，称为“衰”；同时在头颈上套根麻绳，腰部束麻带，麻绳和麻带都称为“绖”。 ② 遐迩：犹言远近。 ③ 钧：通“均”，平等的意思。 ④ 讟(dú 毒)：诽谤，怨言。 ⑤ 标兵：指绿营兵。总督统辖的绿营兵称督标，巡抚统辖的称抚标，这里所说当是抚标，所以曾国藩向巡抚申诉。 ⑥ 阑入：擅自闯入。

长桨，出自精思，以人力胜风水，遂成大小二百四十舰。募水陆万人，水军以褚汝航、杨载福、彭玉麟领之，陆军以塔齐布、罗泽南领之。贼自江西上窜，再陷九江、安庆。忠源战殁庐州①，吴文熔督师黄州亦败死。汉阳失，武昌戒严，贼复乘势扰湖南。国藩锐欲讨贼，率水陆军东下。舟师初出湖，大风，损数十艘。陆师至岳州，前队溃退，引还长沙。贼陷湘潭，邀击靖港，又败，国藩愤投水，幕下士章寿麟掖起之，得不死。而同时塔齐布大破贼湘潭，国藩营长沙高峰寺，重整军实，人人揶揄之。或请增兵，国藩曰："吾水陆万人非不多，而遇贼即溃。岳州之败，水师拒战者惟载福一营；湘潭之战，陆师塔齐布、水师载福各两营：以此知兵贵精不贵多。故诸葛败祁山②，且谋减兵损食，勤求己过，非虚言也。且古人用兵，先明功罪赏罚。今世乱，贤人君子皆潜伏，吾以义声倡导，同履危亡。诸公之初从我，非以利动也，故于法亦有难施，其致败由此。"诸将闻之皆服。

陆师既克湘潭，巡抚、提督上功，而国藩请罪。上诘责提督鲍起豹，免其官，以塔齐布代之。受印日，士民聚观，叹诧国藩为知人，而天子能明见万里也。贼自岳州

---

① 庐州：今安徽合肥及周围地区。 ② 祁山：在今甘肃西和县东北。

陷常德[1]，旋北走，武昌再失。国藩引兵趋岳州，斩贼枭将曾天养，连战，下城陵矶。会师金口[2]，谋取武昌。泽南沿江东岸攻花园寇屯，塔齐布伏兵洪山，载福舟师深入寇屯，士皆露立，不避铅丸。武昌、汉阳贼望见官军盛，宵遁，遂复二郡。国藩以前靖港败，自请夺官，至是奏上，诏署湖北巡抚，寻加兵部侍郎衔，解署任，命督师东下。

当是时，水师奋厉无前，大破贼田家镇，毙贼数万，至于九江，前锋薄湖口[3]。攻梅家洲贼垒不下，驶入鄱湖。贼筑垒湖口断其后，舟不得出，于是外江、内湖阻绝。外江战船无小艇，贼乘舴艋夜袭营[4]，掷火烧坐船，国藩跳而免，水师遂大乱。上疏请罪，诏旨宽免，谓于大局无伤也。五年，贼再陷武汉，扰荆襄。国藩遣胡林翼等军还援湖北，塔齐布留攻九江，而躬至南昌抚定水师之困内湖者。泽南以征江西，复弋阳[5]，拔广信[6]，破义宁[7]，而塔齐布卒于军。国藩在江西与巡抚陈启迈不相能，泽南奔命往来，上书国藩，言东南大势在武昌，请率

① 常德：今湖南常德市。② 金口：镇名，与当时武昌府城较近。③ 湖口：在今江西湖口县境内。地处长江南岸，西滨鄱阳湖，为鄱阳湖入长江之口。④ 舴艋（zé měng）：小船。⑤ 弋阳：今江西弋阳。⑥ 广信：即今江西上饶市。⑦ 义宁：州名，治所在今江西修水。

所部援鄂，国藩从之。幕客刘蓉谏曰："公所恃者塔、罗。今塔将军亡，罗又远行，脱有急，谁堪使者？"国藩曰："吾计之熟矣，东南大局宜如是，俱困于此无为也。"嵩焘祖饯泽南曰[①]："曾公兵单，奈何？"泽南曰："天苟不亡本朝，公必不死。"九月，补授兵部侍郎。

六年，贼酋石达开由湖北窜江西，连陷八府一州，九江贼踞自如，湖南北声息不相闻。国藩困南昌，遣将分屯要地，羽檄交驰[②]，不废吟诵。作《水陆师得胜歌》，教军士战守技艺、结营布阵之法，歌者咸感奋，以杀贼敢死为荣。顾众寡[③]，终不能大挫贼。议者争请调泽南军，上以武汉功垂成，不可弃。泽南督战益急，卒死于军。玉麟闻江西警，芒鞋走千里，穿贼中至南昌助守。林翼已为湖北巡抚，国藩弟国华、国葆用父命乞师林翼，将五千人攻瑞州[④]。湖南巡抚骆秉章亦资国荃兵援吉安[⑤]，兄弟皆会行间[⑥]。而国藩前所遣援湖北诸军，久之再克武汉，直下九江，李续宾八千人军城东，续宾者，与弟续宜皆泽南高第弟子也；载福战船四百泊江两岸；江宁将军都兴阿马队、鲍超步队驻小池口；凡数万人。

---

① 祖饯：古代出行时祭祀路神叫"祖"，后因称设宴送行为"祖饯"。 ② 羽檄：即羽书，古代征调军队的文书，插上羽毛表示紧急。 ③ 顾：只是。 ④ 瑞州：今江西高安。 ⑤ 吉安：今江西吉安。 ⑥ 行间：行旅之间。

国藩本以忧惧治军，自南昌迎劳，见军容甚盛，益申儆告诫之。而是时江南大营溃①，督师向荣退守丹阳，卒。和春为钦差大臣，张国梁总统诸军攻江宁。

七年二月，国藩闻父忧，径归。给三月假治丧，坚请终制，允开侍郎缺②。林翼既定湖北，进围九江，破湖口，水师绝数年复合。载福连拔望江、东流③，扬帆过安庆，克铜陵、泥汊④，与江南军通。由是湘军水师名天下。林翼以此军创始国藩，杨、彭皆其旧部，请起国藩视师。会九江克复，石达开窜浙江，浸及福建，分股复犯江西，朝旨诏国藩，出办浙江军务。

国藩至江西，屯建昌⑤，又诏援闽。国藩以闽贼不足虑，而景德地冲要⑥，遣将援赣北，攻景德。国荃追贼至浮梁⑦，江西列城次第复。时石达开复窜湖南，围宝庆。上虑四川且有变，林翼亦以湖北饷倚川盐，而国藩又久

---

① 江南大营：清政府为镇压太平天国而在南京城外建立的军事指挥机构，驻扎在孝陵卫。参见《洪秀全传》。
② 开缺：旧时官吏由于自己请求或由于被解职而不再担任其现任职务，称为“开缺”。意即使这一职务空缺出来了。
③ 望江：今安徽望江。东流：县名，治所在今安徽东至县西北的东流。 ④ 铜陵：今安徽铜陵。泥汊：镇名，在今安徽无为县东南。 ⑤ 建昌：府名，治所即今江西南城。 ⑥ 景德：今江西景德镇市。 ⑦ 浮梁：县名，治所即今江西景德镇市北浮梁镇。

治兵，无疆寄，乃与官文合疏请国藩援蜀。会贼窜广西，上游兵事解，而陈玉成再破庐州，续宾战殁三河①，林翼以群盗蔓庐、寿间②，终为楚患，乃改议留国藩合谋皖。军分三道，各万人。国藩由宿松、石牌规安庆③、多隆阿、鲍超出太湖取桐城④，林翼自英山向舒、六⑤。多隆阿等既大破贼小池，复太湖、潜山⑥，遂军桐城。国荃率诸军围安庆，与桐城军相犄角。安庆未及下，而皖南贼陷广德⑦，袭破杭州。

李秀成大会群贼建平⑧，分道援江宁，江南大营复溃，常州、苏州相继失，咸丰十年闰三月也。左宗棠闻而叹曰："此胜败之转机也！江南诸军将蹇兵疲久矣。涤而清之，庶几后来可藉手乎？"或问："谁可当者？"林翼曰："朝廷以江南事付曾公，天下不足平也。"于是天子慎选帅，就加国藩兵部尚书衔，署理两江总督，旋即真⑨，授钦差大臣。是时江、浙贼氛炽，或请撤安庆围，先所急。

① 三河：镇名，即今安徽肥西东南三河镇。 ② 寿：寿州，即今安徽寿县。 ③ 宿松：今安徽宿松。石牌：镇名，即今安徽怀宁县治所在地。 ④ 桐城：今安徽桐城。 ⑤ 舒：舒城县，治所即今安徽舒城。六：六安州，治所即今安徽六安。 ⑥ 太湖：今安徽太湖县。潜山：今安徽潜山。 ⑦ 广德：州名，治所即今安徽广德。 ⑧ 建平：县名，治所即今安徽郎溪。 ⑨ 即真：指正式任命。

国藩曰:“安庆一军为克金陵张本,不可动也。”遂南渡江,驻祁门[①]。江、浙官绅告急书日数十至,援苏、援沪、援皖、援镇江诏书亦叠下。国藩至祁门未数日,贼陷宁国[②],陷徽州[③]。东南方困兵革,而英吉利复失好,以兵至。僧格林沁败绩天津,文宗狩热河[④],国藩闻警,请提兵北上,会和议成,乃止。

其冬,大为贼困,一出祁门东陷婺源[⑤];一出祁门西陷景德;一入羊栈岭攻大营。军报绝不通,将吏惵然有忧色[⑥],固请移营江干就水师。国藩曰:“无故退军,兵家所忌。”卒不从,使人间行檄鲍超、张运兰亟引兵会。身在军中,意气自如,时与宾佐酌酒论文。自官京朝,即日记所言行,后履危困无稍间。国藩驻祁门,本资饷江西,及景德失,议者争言取徽州通浙米。乃自将大军次休宁[⑦],值天雨,八营皆溃,草遗嘱寄家,誓死守休宁。适宗棠大破贼乐平[⑧],运道通,移驻东流。多隆阿连败贼桐城,鲍超一军游击无定居,林翼复遣将助之。十一年八

① 祁门:今安徽祁门县。 ② 宁国:府名,治所即今安徽宣城。 ③ 徽州:府名,治所即今安徽歙县。 ④ 狩:巡狩,皇帝出行到地方上去。此处以去热河(今河北承德)巡狩的托词掩盖出逃的实情。 ⑤ 婺源:今江西婺源。清属安徽省。 ⑥ 惵(dié 碟)然:恐惧的样子。 ⑦ 休宁:今安徽休宁。 ⑧ 乐平:今江西乐平。

月，国荃遂克安庆。捷闻，而文宗崩，林翼亦卒。穆宗即位①，太后垂帘听政②，加国藩太子少保衔，命节制江苏、安徽、江西、浙江四省。国藩惶惧，疏辞，不允，朝有大政，咨而后行。

……江宁平，天子褒功，加太子太傅，封一等毅勇侯，赏双眼翎。开国以来，文臣封侯自是始。朝野称贺，而国藩功成不居，粥粥如畏③。穆宗每简督抚，辄密询其人，未敢指缺疏荐，以谓疆臣既专征伐，不当更分黜陟之柄，外重内轻之渐，不可不防。

……捻匪者，始于山东游民相聚，其后剽掠光、固、颍、亳、淮、徐之间④，捻纸燃脂，故谓之"捻"。有众数十万、马数万，蹂躏数千里，分合不常。捻首四人，曰张总愚、任柱、牛洪、赖文光。自洪寇、苗练尝纠捻与官军战⑤，益悉攻斗，胜保、袁甲三不能御。僧格林沁征讨数

① 穆宗：即同治皇帝载淳，庙号穆宗。② 太后：指慈安、慈禧两位太后。③ 粥粥：卑谦貌。④ 光、固、颍、亳（bó博）、淮、徐：指光州（今河南潢川）、固始（今河南固始）、颍州（府名，治所即今安徽阜阳）、亳州（州名，治所即今安徽亳州），淮安（今江苏淮安）、徐州（今江苏徐州）。⑤ 苗练：指苗沛霖。沛霖于1855年在寿州（今安徽寿县）办团练，故称苗练。后加入捻军，受太平天国封为奏王。又暗投清军，诱执英王陈玉成，被英王旧部所杀。

年，亦未能大创之。国藩闻僧军轻骑追贼，一日夜三百余里，曰："此于兵法，必蹶上将军。"未几而王果战殁曹州[①]，上闻大惊，诏国藩速赴山东剿捻，节制直隶、山东、河南三省，而鸿章代为总督，廷旨日促出师。……

山东、河南民习见僧格林沁战，皆怪国藩以督兵大臣安坐徐州，谤议盈路。国藩在军久，益慎用兵。初立驻军四镇之议，次设扼守黄运河之策。既数为言路所劾，亦自以防河无效，朝廷方起用国荃，乃奏请鸿章以江督出驻徐州，与鲁抚会办东路；国荃以鄂抚出驻襄阳，与豫抚会办西路：而自驻周家口策应之[②]。或又劾其骄妄，于是国藩念权位不可久处，益有忧谗畏讥之心矣。丐病假数月[③]，继请开缺，以散员留军效力；又请削封爵：皆不许。

五年冬，还任江南，而鸿章代督军。时牛洪死，张总愚窜陕西，任柱、赖文光窜湖北，自是有东西捻之号。六年，就补大学士，留治所。……以东捻平，加国藩云骑尉世职。西捻入陕后，为松山所败。乘坚冰渡河窜山西，入直隶，犯保定、天津。松山绕出贼前，破之于献县[④]。

① 曹州：今山东菏泽。② 周家口：在河南商水县境内，亦名周口镇。③ 丐：乞求。④ 献县：今河北献县。

诸帅勤王师大至，贼越运河窜东昌、武定①。鸿章移师德州②，河水盛涨，扼河以困之。国藩遣黄翼升领水师助剿，大破贼于茌平③。张总愚赴水死，而西捻平。凡防河之策，皆国藩本谋也。是年授武英殿大学士，调直隶总督。

国藩为政务持大体，规全势。其策西事④，议先清陇寇而后出关；筹滇、黔⑤，议以蜀、湘二省为根本。皆初立一议，后数年卒如其说。自西人入中国，交涉事日繁。金陵未下，俄、美、英、法皆请以兵助，国藩婉拒之。及廷议购机轮，置船械，则力赞其成，复建议选学童习艺欧洲。每定约章，辄诏问可许不可许，国藩以为争彼我之虚仪者可许，其夺吾民生计者勿许也。既至直隶，以练

---

① 东昌：府名，治所即今山东聊城。武定：府名，治所即山东惠民。 ② 德州：县名，治所即今山东德州市。 ③ 茌平：今山东茌平。 ④ “其策”二句：“西事”指陕西、甘肃乃至新疆一带所发生的反清事件，以回民为主体，开始发生于同治时期，经历相当长的时间，最后由左宗棠率兵平定。左宗棠所采取的步骤也是“先清陇寇”，至光绪初年才出关而至新疆。 ⑤ “筹滇”二句：“滇、黔”指云南、贵州发生的反清事件，分别以回民、苗民为主体、汉人也有参加的，自咸丰时直延续至同治末期。自同治时湘、蜀形势稳定后，云、贵形势才逐渐变得对清政府有利，终至平定。其间湘、蜀并曾出兵云、贵，参加征剿。这跟曾国藩所说“以蜀、湘二省为根本”也相符。

兵、饬吏、治河三端为要务，次第兴革，设清讼局、礼贤馆，政教大行。

九年四月，天津民击杀法领事丰大业，毁教堂，伤教民数十人。通商大臣崇厚议严惩之，民不服。国藩方病目，诏速赴津，乃务持平保和局，杀十七人，又谴戍府县吏。国藩之初至也，津民谓必反崇厚所为，备兵以抗法。然当是时，海内初定，湘军已散遣，天津咫尺京畿，民、教相哄，此小事不足启兵端，而津民争怨之。平生故旧持高论者，日移书谯让①，省馆至毁所署楹帖，而国藩深维中外兵势强弱②，和战利害，唯自引咎，不一辩也。丁日昌因上奏曰："自古局外议论，不谅局中艰苦，一唱百和，亦足以荧上听，挠大计。卒之事势决裂，国家受无穷之累，而局外不与其祸，反得力持清议之名③，臣实痛之！"

国藩既负重谤，疾益剧，乃召鸿章治其狱，逾月事定，如初议。会两江缺出，遂调补江南，而以鸿章督直隶。江南人闻其至，焚香以迎。以乱后经籍就熸④，设官书局印行，校刊皆精审。礼聘名儒为书院山长⑤，其幕府亦极一时之选。江南文化遂比隆盛时。

---

① 谯(qiào 俏)让：犹"诮让"，谴责。 ② 维：通"惟"，考虑。 ③ 清议：公正的评论。 ④ 熸(jiān 尖)：火熄灭。这里是消灭的意思。 ⑤ 山长：书院的负责人。

国藩为人威重，美须髯，目三角有棱。每对客，注视移时不语，见者竦然，退则记其优劣，无或爽者。天性好文，治之终身不厌，有家法而不囿于一师。其论学兼综汉、宋，以谓先王治世之道，经纬万端，一贯之以礼。惜秦蕙田《五礼通考》缺食货，乃辑补盐课、海运、钱法、河堤为六卷；又慨古礼残缺无军礼，军礼要自有专篇，如戚敬元所纪者①。论者谓国藩所订营制、营规，其于军礼庶几近之。晚年颇以清静化民，俸入悉以养士。老儒宿学，群归依之。尤知人，善任使，所成就荐拔者，不可胜数。一见辄品目其材，悉当。时举先世耕读之训，教诫其家。遇将卒僚吏若子弟然，故虽严惮之，而乐为之用。居江南久，功德最盛。

同治十三年，薨于位，年六十二。百姓巷哭，绘像祀之。事闻，震悼，辍朝三日。赠太傅，谥文正，祀京师昭忠、贤良祠，各省建立专祠。

【翻译】

曾国藩原名子城，字涤生，湖南湘乡人。家中世代务农，祖父玉屏，才对专心学问开始羡慕。父亲麟书，是

---

① 戚敬元：即明代抗倭名将戚继光。戚继光还有不少军事方面的著作。

县学的学生，以孝闻名。

国藩是道光十八年的进士。二十三年，以翰林院检讨的身份主持四川的乡试，经提升两次而任翰林院侍读，又经多次升迁成为内阁学士、礼部侍郎，代理兵部侍郎。当时太常寺卿唐鉴在京师讲学，国藩与倭仁、吴廷栋、何桂珍敬谨地向他学习，研究义理之学。又与梅曾亮以及邵懿辰、刘传莹等人为友，从事诗文写作和考据之学，尤其留心天下的人才。

咸丰初年，广西的战事爆发，咸丰皇帝下诏令群臣议论朝政的得失。国藩上奏章陈述说，当今急事，首先在于用人，人才有转移的法则，有培养的方法，有考察的措施。皇上称赞他的意见切实明晰。不久，国藩上疏推荐李棠阶、吴廷栋、王庆云、严正基、江忠源五人。当贼寇的气焰更加嚣张时，又上言说："国家的财政费用不充足，军队不精良，这两条是天下的大患。在每年固定的税收之外，国家实在不能再另外寻求搜刮钱财的办法了，多增加一分，人民就多受一分害。至于每年财政支出的数目，以兵饷最为巨大，绿营兵的名额是六十四万，却经常虚领六七万人的饷来补贴军队费用。自从乾隆中期开始提出增加兵额的建议以来，每年耗费国库银二百多万两。那时大学士阿桂就已经担心这项开支难以维持下去，嘉庆、道光年间两次讨论裁减兵员，但裁减的人数不到超额的十分之四，现在还应当淘汰五万，才能恢复到原来的定额。自古以来，一个国家在开国的初期，兵少而国家强盛，往后是兵员越多而国力越衰弱，军饷越多而国家越贫困。应请皇上注意将才，只要使全国七十一镇中有十多个镇足以成为心腹，那么遇到紧急之事就可依靠了。”国藩又深深痛心于朝廷内外的臣子阿谀奉承和欺骗隐瞒，没有陈述好的意见，相互批评辨难的风气，因而上了一道《敬陈圣德预防流弊》的奏疏，恳切地指出皇帝的问题，有些话是别人所不敢说的，皇上赞许地下诏答复他。先后代理刑部侍郎、吏部侍郎的职务。咸丰二年，主持江西乡试，中途遭逢母丧而返回家乡。

三年，广东的贼寇攻破江宁，并占据它作为伪首都，分派党羽向北进犯河南、直隶，天下为之骚动，而国藩在此之前已奉皇帝的旨令在长沙创办地方武装。起初，国藩想上疏请求让他守孝满期，郭嵩焘劝他说：“您一直有澄清天下的抱负，现在不乘着这个时机自请效力，您把君父放在什么地位呢？况且在守孝间涂黑丧服去从军，也是古代就有的制度。”国藩就没有再推辞。他采用明代戚继光遗留下来的方法，召募朴实健壮的农民，从早到晚训练他们。将领常用诸生来担任，每一诸生统领的部众人数不超过五百，这支武装称之为“湘勇”。他写信给各方人士，即使是地位卑贱的人，也平等地以礼相待。隐居在山野中有才智的人士都被他的诚意所感动，没有不前往会见他的。人人都认为可以向曾公议论国事。当时四方境内土匪骚动，国藩一得到警报，立即派湘勇前往平乱。他设立了三等刑法，不去烦劳府、县审理。几个月之中，根据情况的需要，自行捕获、斩杀不法之民和奸诈胥吏二百多人。一时诽谤怨言四起，自巡抚、司道以下的官员都在心里指责他，甚至认为他在酷热的夏天操练部队是虐待士兵。但是看见他上奏总是得到褒奖性的答复，为皇上所赏识，也无法去为难他。一天，标兵与湘勇之间发生了争斗，甚至擅自闯入国藩军营的司令部。国藩亲自将此事向巡抚申诉，巡抚空洞地向他道歉，并不处理这件事。于是国藩当天就把军营移驻到城外回避标兵。有人说："为什么不把这件事报告皇上呢？"国藩感叹地说："国家的大难还没有结束，我们作臣子的怎么敢为泄私愤而去烦劳君父呢？"

国藩曾经和郭嵩焘、江忠源一起议论，东南地区的地形多为河流所阻隔，要剿灭贼寇非训练水师不可，于是国藩上奏请求在衡州建造战舰。军中工匠没有人通晓战船的规模尺度，无论短桡长桨，都出自国藩的精密思考，以人力来战胜风和水，于是造成大小战舰二百四十艘，召募水兵陆军共万人，水师由褚汝航、杨载福、彭玉麟统领，陆军由塔齐布、罗泽南统领。贼寇从江西向上流窜，再次攻陷九江、安庆。江忠源战死在庐州，吴文熔在黄州督率部队战斗时也兵败而死。汉阳失守，武昌戒严，贼寇又乘势骚扰湖南。国藩坚决要讨平贼寇，率领水师陆军东下。船队刚出洞庭湖就遇上大风，损失了几十艘战舰。陆军到达岳州，先头部队溃退，引兵退回长沙。贼寇攻陷湘潭，国藩率水师在靖港迎击贼寇，又被打败，国藩愤极投河，幕僚章寿麟把他从水中拉起来，才得以不死。而与此同时塔齐布在湘潭大破贼寇。国藩驻扎在长沙高峰寺，重新整顿军队补充物资，人人都嘲笑他。有人建议增加军队，国藩说："我们的水师和陆军有上万人，不可谓不多，但遇到贼寇就马上溃败。岳州兵败时，水师拒敌迎战的只有杨载福一个营；湘潭之战，只有陆军塔齐布、水师杨载福各两个营；由此可知兵贵在精而不在多。所以诸葛亮在祁山战败，甚至计划裁减兵员，减少军饷，努力寻找自己的过失，这不是空话。况且古人用兵，首先要功罪赏罚分明。当今适逢乱世，贤人君子都隐藏不出，我以忠义相号召，他们才与我共赴危难。各位当初追随我，并不是被利打动的，所以也难以对各位执行军法，导致失败的正是这个原因。"各位将领听了这番话都很信服。

　　陆军既已攻克湘潭，巡抚、提督向皇上陈述功绩，而国藩却向皇上请罪。皇上斥责了提督鲍起豹，罢免了他的官职，以塔布齐代替他。塔布齐接受官印的那一天，读书人和老百姓都聚在一起围观，感叹、诧异国藩能识别人才，而天子能清楚了解万里之外的情况。贼寇又从岳州进兵攻陷常德府，随即向北进兵，武昌再度失守。国藩领兵奔赴岳州，斩杀了贼寇的猛将曾天养，又连续作战，攻下城陵矶。各部队在金口会师，谋划夺取武昌。罗泽南沿着长江东岸攻打花园的贼寇营地，塔齐布在洪山布下伏兵，杨载福的船队深入贼寇的防地，士兵们都没有遮拦地站着，不躲避敌人射来的铅弹。武昌、汉阳城中的贼寇望见官军士气旺盛，在晚上逃跑了，于是收复了武昌、汉阳两郡。国藩因为前次在靖港战败，上疏请求罢官，到这次捷报上奏朝廷后，咸丰皇帝下诏任命他代理湖北巡抚，不久加兵部侍郎的头衔，解除他代理湖北巡抚的任命，令他督率部队东下。

这时候，水师奋发凌厉，一往无前，在田家镇大破贼寇，斩杀贼兵数万人，到达九江，先锋部队逼近湖口。攻打梅家洲的贼寇堡垒没有攻下，船队驶入鄱阳湖。贼寇在湖口修筑堡垒，切断水师后路，使战船不能出湖，于是外江水师与内湖水师被隔绝了。外江的战船没有小艇，贼寇乘坐小船在夜间偷袭水师营地，丢掷火把烧毁了主将的指挥船，国藩跳上别的船只才幸免于难，水师于是大乱。国藩上疏请罪，皇上下诏宽容，免于处分，说这次失败对大局没有妨碍。咸丰五年，贼寇再次攻陷武昌、汉阳，骚扰荆州、襄阳两府。国藩派遣胡林翼等人的部队回师增援湖北，塔齐布留在江西攻打九江，自己亲自到南昌安抚稳定被困在内湖的水师。罗泽南跟随国藩征伐江西，恢复弋阳，攻克广信，打破义宁，而塔布齐却死在军中。国藩在江西与巡抚陈启迈不和，罗泽南遵照命令频繁地奔波往来，于是上书国藩，说东南的大局在武昌，请求率领所属部队增援湖北，国藩答应了他。幕僚刘蓉劝阻说："您能依靠的人是塔齐布和罗泽南，现在塔将军已经阵亡，罗泽南又将远行，假若有急难，还能够指挥谁呢?"国藩说："我已经考虑成熟了，为了东南地区的大局就应当这样，都困在这里没有意义。"郭嵩焘设宴为泽南送行，说："曾公兵力单薄，怎么办?"泽南说："假如上天不让本朝灭亡，曾公就一定不会死。"九月，朝廷补授国藩兵部侍郎。

六年，贼寇首领石达开从湖北窜入江西，接连攻陷八府一州，盘踞在九江的贼寇无所遏阻，湖南、湖北两地的消息互相隔绝。国藩被困在南昌，派遣将帅分别扼守要地，虽然紧急公文络驿不绝，他还是没有停止吟诵诗文。他作《水陆师得胜歌》，在歌中教授士兵们攻战和防守的技术，扎营和布阵的方法。唱歌的士兵们都感动奋发，以杀贼不怕死为荣。只是部队人数太少，始终不能给贼寇以重大的打击。议政的臣子争着请求皇上调动泽南的部队去增援江西，皇上认为武昌、汉阳的战斗成功在即，不可放弃。泽南在湖北加紧督率部队战斗，终于死在军中。彭玉麟听到江西的警报后，穿着草鞋步行千里，穿越贼寇的防地，赶到南昌协助防守。这时胡林翼已担任湖北巡抚，国藩的弟弟国华、国葆奉父亲之命向林翼借兵，率领五千人攻打瑞州。湖南巡抚骆秉章也把士兵拨给国荃以增援吉安，几兄弟都到了部队中。而国藩原先派去支援湖北的各路部队，经过长久的战斗再次攻克武昌、汉阳，直下九江，李续宾的八千人驻扎在九江城东，续宾和他的弟弟续宜都是泽南最为优秀的弟子，杨载福的四百艘战船停泊在长江两岸；江宁将军都兴阿的马队和鲍超的步兵驻扎在小池口；共有数万人。

国藩的治理军队，本来就要大家认识到自己处境的可忧、可惧，自从在南昌迎接慰劳部队后，因见到军容很壮威，就更加对部下提出警告，加以告诫。而这时清军江南大营溃败，督师向荣退守丹阳，不久就死了。和春被任命为钦差大臣，由张国梁统一指挥各路部队进攻江宁。

七年二月，国藩听到父亲去世的消息，径自回到家中。皇上给了三个月的假期治理丧事，国藩坚持请求守满三年丧期，皇上仅仅准许免去他兵部侍郎的职务。胡林翼既已平定湖北，进军包围九江，攻破湖口，内湖、外江水师被隔绝几年后重新会合了。杨载福的水师连续打下望江、东流，扬帆驶过安庆，攻克铜陵、泥汊镇，与江南的大军建立了联系。从此湘军的水师名闻天下。胡林翼因为湘军的创建始于国藩，杨载福、彭玉麟都是他的老部下，奏请朝廷起用国藩统帅军队。正值此时九江克复，石达开窜入浙江，逐渐接近福建，并分出几股兵来再次侵犯江西，朝廷就下旨命令国藩复出，办理浙江军务。

国藩抵达江西，驻扎在建昌，朝廷又下诏令他支援福建。国藩认为福建的贼寇不足以担忧，而江西景德镇地处冲要，因此派遣部队增援江西北部地区，攻打景德镇。国荃追击贼寇到浮梁，江西各城相继光复。这时石达开又一次窜犯湖南，包围了宝庆。皇上担忧四川将有变乱，胡林翼也认为湖北的军饷一直依赖四川的盐税收入，而国藩又长期统率军队，没有地方大权，就与官文联合上疏请派国藩支援四川。这时候贼寇流窜到广西，长江上游的战事停歇了，而陈玉成再次攻破庐州，李续宾在三河阵亡，胡林翼因为群盗在庐州、寿州一带扩展蔓延，终将成为湖北的祸患，就改而建议留下国藩共同谋划安徽的战事。于是湘军分为三路，每一路一万人。国藩从宿松、石牌谋取安庆，多隆阿、鲍超从太湖出兵进取桐城，胡林翼从英山出发奔向舒城、六安。多隆阿等人在小池大破贼寇，收复了太湖、潜山，就驻扎在桐城。国荃率领各路军队围攻安庆，与桐城驻军互成犄角之势。安庆还没来得及攻下，而皖南的贼寇已经攻陷了广德，袭破杭州。

李秀成在建平大规模集结贼寇的部队，分道援助江宁，江南大营再次溃败，常州、苏州相继失守，这是咸丰十年闰三月的事。左宗棠闻讯后感叹地说："这是胜败的转机啊！江南各部队将帅疲软士兵疲沓的情况已经很久了，现在把他们荡涤一清，也许还可以让后来的人有所凭藉和作为吧！"有人问："谁能够担当起这个重任呢？"胡林翼说："朝廷能把江南的事情交付给曾公，那么平定天下就绰绰有余。"这时天子正在慎重地选择统帅，就加封国藩兵部尚书的头衔，代理两江总督，随即加以正式的任命，并授以钦差大臣。当时，江苏、浙江的贼寇气焰更为嚣张，有人建议撤销对安庆的包围，先去救援危急的地方。国藩说："安庆方面的军队是克复金陵的依据，不能动。"于是他南渡长江，驻守祁门。每天有几十件江苏、浙江官员士绅的告急文书送到，要他增援苏州、增援上海、增援安徽、增援镇江的诏书也纷至沓来。国藩到祁门没有几天，贼寇就攻陷了宁国、徽州。东南地区正被战争所困扰，而英吉利国又与清政府失和，发兵到中国。僧格林沁在天津被打败。文宗皇帝出逃到热河，国藩接到警报后，请求领兵北上，适逢和议已成，就停止行动。

这年冬天，大为贼寇所困窘。贼寇一支部队到祁门东面攻陷婺源；一支部队到祁门西面攻陷景德镇；一支部队进入羊栈岭攻击大营。军事信息也阻绝不通，将吏们惶惶然面有忧色，坚持请求国藩将大营移至长江边向水师靠拢，国藩说："无缘无故地退兵，这是兵家所忌讳的。"终于没有听从。派人从小路送公文给鲍超、张运兰，命令他们立即领兵与大营会合。国藩身在军中，神态安详自如，经常和宾客助手在一起饮酒论文。自从在京师做官以来，他就每天把自己的言行记录下来，即使后来处在危困的境地也不稍有间断。国藩驻扎在祁门，原本是从江西征取军饷的，等到景德镇失守，谋士们都争着说应该夺取徽州以便运输浙江的米作军饷。于是国藩自己率领大军屯扎在休宁，正值下大雨，八营的部队都打败溃散了，国藩起草遗嘱寄往家中，誓死守卫休宁。正好左宗棠在乐平大破贼寇，运粮的道路畅通了，于是国藩移驻东流。这时多隆阿在桐城接连打败贼寇，鲍超这一支军队则打游击而没有固定的驻地，胡林翼再次派遣将领去援助他们。十一年八月，国荃终于攻克安庆。捷报上达朝廷，而文宗皇帝已驾崩，林翼也去世了。穆宗皇帝登位，皇太后垂帘听政，加封国藩太子少保的头衔，命他统辖江苏、安徽、江西、浙江四省的军务。国藩惊惶恐惧，上疏辞谢，但未被允许。以后朝廷凡有重大的政事，都向他咨询后再施行。

……江宁平定后，天子论功行赏，加封国藩太子太傅，封一等毅勇侯，赏赐双眼花翎顶戴。清朝开国以来，文臣封侯就是从这时开始的。朝廷和民间都称颂祝贺，而国藩建立了大功却并不以功自居，时时露出谦卑而害怕的样子。每当穆宗选拔总督巡抚时，总要私下向国藩询问合适的人选，国藩从不敢提名填补或上疏推荐，他认为封疆大臣既然专门负责打仗的事，就不应当再去分掌官员罢黜升迁的权柄，外官权重，中央官权轻的苗头不可不防。

……

捻匪开始是由山东的游民聚集而成的，以后在光州、固始、颍州、亳州、淮安、徐州之间抢劫掠夺。他们把纸搓成捻子，燃烧油脂，所以称之为“捻”。有部众几十万人，马几万匹，蹂躏的地区达几千里，有时分别行动，有时合在一起。捻军首领有四人：张总愚、任柱、牛洪、赖文光。洪秀全、苗沛霖都曾经纠集捻军一起与官军作战，自此以后，他们更加熟悉攻战，胜保、袁三甲无法抵御他们。僧格林沁征讨几年，也未能给他们以沉重的打击。国藩听说僧格林沁以轻骑追击贼寇，一天一夜行军三百多里，就说："这种做法，按兵法上说，一定会损失大将的。"不久僧格林沁亲王果然在曹州阵亡。皇上闻讯后大惊，下诏命令国藩迅速赶赴山东征剿捻匪，并管辖直隶、山东、河南三省军务，而用李鸿章代替他为两江总督，朝廷每天都下旨催促国藩出师。……

山东、河南的人对于僧格林沁的战术已经见惯，所以都奇怪国藩作为督兵大臣却安坐徐州，一时间诽谤他的言论充斥道路。国藩在军队中久了，用兵打仗更加谨慎。他先是提出部队分兵驻守四镇的建议，其次又设计了扼守黄河运河的策略。既然几次遭到言官的弹劾，自己也认为扼守黄河并无成效，朝廷又刚起用国荃，他就上奏请朝廷派李鸿章以两江总督的身份出驻徐州，与山东巡抚共同负责东路军务；派国荃以湖北巡抚的身份出驻襄阳，与河南巡抚共同负责西路军务，而自己驻守在周家口策应他们。有人又弹劾他骄傲狂妄，于是国藩心想有权势的高位是不能久居的，就更加有忧虑谗言、害怕讥议的心思了。他请了几个月的病假，继而又请求免除自己的职务，以闲散官员的身分留在军队中效力；又请求削除封爵，都没有得到朝廷的准许。

五年冬天，国藩回到江南旧任，而以鸿章代替他统帅军队。当时牛洪已死，张总愚流窜到陕西，任柱、赖文光流窜到湖北，从此开始有"东捻"、"西捻"的称号。六年，国藩就地补授大学士，仍留在两江总督任所。……因为东捻被平定，加封给国藩云骑尉的世袭职衔。西捻进入陕西后，被松山击败，乘黄河结冰坚厚，渡过河窜到山西，进入直隶，侵犯保定、天津。松山绕道出现在贼寇的前面，在献县打败了他们。各将帅所率领的赶来保护皇帝的部队大批到达，贼寇就越过运河窜到东昌、武定。鸿章将部队移到德州，黄河水大涨，于是就扼守黄河来困住他们。国藩派遣黄翼升率领水师协助围剿，在茌平大败贼寇。张总愚投水而死，从而西捻得以平定。这次防守黄河的所有计策，都是出自国藩原先的谋划。这一年国藩被授予武英殿大学士，调任直隶总督。

国藩处理政务首先考虑把握大局，规划整体。他策划西部的事件，提议先肃清甘肃的贼寇，然后出嘉峪关；策划云南、贵州的事件，提出四川、湖南二省是其根本。许多事情都是他最初提出一种意见，过了几年事情最终与他说的一样。自从西方人进入中国以来，外交事务日益繁重。金陵未攻克时，俄、美、英、法各国都请求出兵相助，国藩婉言拒绝了他们。等到朝廷商议购买机器，置办船舶枪械时，国藩就极力促成其事，还建议选拔学生去欧洲学习技艺。每当朝廷与外国签订协定章程时，总要下诏询问他可以答应还是不可答应，国藩认为那些为两国之间争没有实际意义的礼仪的事情可以答应，而那些有损于我国民众生计的事情是不可以答应的。国藩既到直隶，以操练军队、整顿吏治、治理河道三件事作为首要的任务，依次兴办改革，设立了清讼局、礼贤馆，政治和教化都推行得很好。

九年四月，天津的民众打死法国领事丰大业，烧毁教堂，打伤教民几十人。通商大臣崇厚主张严厉惩办，民众不服。这时国藩正患眼病，朝廷下诏命令他火速赶赴天津处理这件事。国藩力求做到持平，保持和平局面，捕杀了十七个中国人，又将府、县官吏发配戍边。国藩初抵天津时，天津的民众都以为他一定会跟崇厚的做法相反，准备兵力以抗击法国人。然而在当时，国内刚刚安定下来，湘军已经遣散，天津离京师近在咫尺，民众和教民互相争斗，不值得为这种小事挑起军事争端，而天津的民众却因此纷纷怨恨国藩。国藩平生的亲朋旧识中那些发高论的人，天天写信谴责他，省里的会馆甚至毁掉了他所写的对联，可是国藩深刻地考虑到中外军事力量的强弱，和与战之间的利害关系，只是自己承担失误，不说一句话为自己辩护。丁日昌因而上奏说："自古局外人的议论，不体谅局中人的艰苦，一唱百和，亦足以迷惑皇上的视听，阻挠重大的决策。最后事态发展到破裂不可收拾，国家受到无穷的祸害，而局外人不受其祸，反而得到极力保持公正议论的名声，臣实在为此痛心！”

国藩既受到严重的诽谤，疾病就更加严重了，于是朝廷就召来鸿章审理这件案子，过了一个多月事情定下来了，就像当初国藩的主张一样。适逢两江总督的位置空缺，于是被调到江南补缺，而以鸿章总督直隶。江南人听说国藩到了，都烧着香来迎接他。因为战乱以后经籍将要没有了，国藩就设立官办书局印行，校刊都很精确审慎。他还礼聘有名的学者做书院的负责人，他的幕僚也都是当时能选择到的最突出的人物。江南地区的文化因此而能与其鼎盛时期相媲美。

国藩为人威严庄重，须髯丰美，眼睛呈三角形锐利而有威势。每当他接待客人时，长时间注视对方而不说话，见他的人就感到害怕，等人走后他便记住了此人的优缺点，没有一次失误。天性爱好文学，终身事而不厌倦。治学有家法但不局限于师法一家。他论述学问把汉儒和宋儒加以综合，认为先王治理天下的法则，尽管头绪繁复，然而是用礼来贯穿一切的。他对秦蕙田的《五礼通考》中缺乏经济方面的内容而感到惋惜，于是辑补了盐税、海运、钱法、河堤各项，分为六卷。他又感慨于古礼残缺，没有“军礼”，认为军礼应该自有专门的篇章，就像戚继光所记述的那样。有些论者说，国藩所制定的营制、营规，大概是与军礼接近的吧。国藩晚年侧重以清静无为来教化民众，官俸的收入都用来养士。高年的儒者与饱学之士，都纷纷归附他。他尤其能够识别人才，善于使用他们，所造就和推荐、提拔的人不可胜数。他见人一面就能品评此人的才能，而且都很恰如其分。他时常用祖先流传下来的关于耕读的训条来教育和告诫全家。他对待属下的将军士兵僚属官吏就像对待自己的子弟一样，所以那些人虽然很畏惧他，却乐意为他所用。国藩居住在江南的时间很久，在江南留下的功德也最盛。

同治十三年，国藩在任上去世，年龄为六十二岁。百姓们在街巷哭，画了他的像来祭祀他。死讯上报，皇上震惊悲痛，停止上朝三天。赠官太傅，谥号文正，在京师的昭忠、贤良祠祭祀他，各省为他建立了专门的祠堂。

文宗孝钦显皇后传

慈禧太后是清末同治、光绪两朝的实际统治者，也是中国女性中在历史上统治国家时间最久的一位。她权力欲极强，在长达半个多世纪的执政时期，任用曾国藩、李鸿章等人镇压了太平天国和其他反清武装斗争。面对当时企图瓜分中国的西方列强，签订了一系列丧权辱国的条约。以她为首的“后党”仇视以光绪皇帝为首的主张维新变法的“帝党”，发动戊戌政变，幽禁光绪帝，杀害维新派谭嗣同等六人。为保住自己的统治和对付要其“归政”的呼声，利用义和团来排外。八国联军侵入北京后，又仓皇出逃，下令剿杀义和团。这篇传记对慈禧一生中的上述重大事件，或记述简略，或隐讳不提，因而我们从中只能看到她的简单履历。

孝钦显皇后叶赫那拉氏①，安徽徽宁池广太道惠征女②。咸丰元年，后被选入宫，号懿贵人。四年，封懿嫔。六年三月庚辰，穆宗生③，进懿妃。七年，进懿贵妃。十年，从幸热河④。十一年七月，文宗崩⑤，穆宗即位，与孝贞皇后并尊为皇太后⑥。

是时，怡亲王载垣、郑亲王端华、协办大学士尚书肃顺等以文宗遗命，称"赞襄政务王大臣"，擅政，两太后患之。御史董元醇请两太后权理朝政，两太后召载垣等入议，载垣等以本朝未有皇太后垂帘，难之。侍郎胜保及

---

① 孝钦显皇后：即慈禧太后，"孝钦显皇后"是其谥号"孝钦慈禧端佑康颐昭豫庄诚寿恭钦献崇熙配天兴圣显皇后"的简称。"慈禧"为其生前同治帝所上的尊号。 ② 徽宁池广太道：清代官名，管辖徽州府、宁国府、池州府、太平府、广德直隶州的道员。 ③ 穆宗：爱新觉罗·载淳(1862—1874在位)，年号同治，庙号穆宗。 ④ 热河：今河北承德市。 ⑤ 文宗：爱新觉罗·奕詝(1851—1861在位)，年号咸丰，庙号文宗。

⑥ 孝贞皇后：即慈安太后。"孝贞显皇后"是其谥号"孝贞慈安裕庆和敬诚靖仪天祚圣显皇后"的简称。"慈安"为其生前同治帝所上的尊号。慈安太后姓钮祜禄，父亲穆杨阿为广西右江道。咸丰皇帝立她为皇后。

大学士贾桢等疏继至①。恭亲王奕䜣留守京师，闻丧奔赴，两太后为言载垣等擅政状。九月，奉文宗丧还京师，即下诏罪载垣、端华、肃顺，皆至死，并罢黜诸大臣预赞襄政务者。授奕䜣议政王，以上旨命王大臣条上垂帘典礼。

十一月乙酉朔，上奏两太后御养心殿，垂帘听政。谕曰："垂帘，非所乐为，唯以时事多艰，王大臣等不能无所禀承，是以姑允所请。俟皇帝典学有成，即行归政。"自是日，召议政王、军机大臣同入对。内外章奏，两太后览讫，王大臣拟旨，翌日进呈。阅定，两太后以文宗赐同道堂小玺钤识，仍以上旨颁示。旋用御史徐启文奏，令中外臣工于时事阙失，直言无隐；用御史钟佩贤奏，谕崇节俭，重名器；用御史卞宝第奏，谕严赏罚，肃吏治，慎荐举。命内直翰林辑前史帝王政治及母后垂帘事迹，可为法戒者，以进。同治初，寇乱未弭，兵连不解，两太后同心求治，登进老成，倚任将帅，粤、捻荡平②，滇、陇渐定。十二年二月，归政于穆宗。

十三年十二月，穆宗崩，太后定策立德宗③，两太后

①"侍郎"句：胜保等人的奏疏也是要求太后听政的。② 粤：指太平天国。捻：捻军。③ 定策：指拥立皇帝。德宗：即光绪帝爱新觉罗・载湉，1875—1908 年在位。醇亲王奕譞之子。庙号德宗，年号光绪。

复垂帘听政。谕曰:“今皇帝绍承大统,尚在冲龄,时事艰难,不得已垂帘听政。万几综理,宵旰不遑[1],矧当民生多蹙[2],各省水旱频仍。中外臣工、九卿、科道,有言事之责者[3],于用人行政,凡诸政事当举,与时事有裨而又实能见施行者,详细敷奏。至敦节俭,祛浮华,宜始自宫中,耳目玩好,浮丽纷华,一切不得上进。封疆大吏,当勤求闾阎疾苦[4],加意抚恤;清讼狱,勤缉捕。办赈积谷,饬有司实力奉行;并当整饬营伍,修明武备,选任贤能牧令,与民休息。”用御史陈彝奏,黜南书房行走、侍讲王庆祺;用御史孙凤翔等奏,黜总管内务府大臣贵宝、文锡;又罪宫监之不法者,戍三人,杖四人。一时宫府整肃。

光绪五年,葬穆宗惠陵。吏部主事吴可读从上陵,自杀,留疏乞降明旨,以将来大统归穆宗嗣子[5]。下大臣王议奏,王大臣等请毋庸议,尚书徐桐等,侍读学士宝

① 宵旰(gàn 干):宵衣旰食的略语。宵,夜;旰,晚上。即天不亮就起身,晚上才吃饭,形容帝王勤于政事。 ② 矧(shěn 审):况且。 ③ 科道:六科给事中和都察院各道监察御史的合称,均负责监察言事。 ④ 闾阎:指民间。 ⑤ 嗣子:自己没有儿子,另外找个人来作为儿子,称嗣子。嗣子一般应是近支兄弟的儿子。此处是说,如果光绪皇帝以后有了儿子,并继承帝位,那么,这个人应该作为同治帝的嗣子而继承帝位,并不以光绪帝儿子的身份继承帝位。换言之,今后继承帝位的,应是同治帝的子孙,而非光绪皇帝的子孙。

廷、黄体芳，司业张之洞，御史李端棻，皆别疏陈所见。谕曰："我朝未明定储位，可读所请，与家法不合。皇帝受穆宗付托，将来慎选元良[1]，缵承统绪，其继大统者为穆宗嗣子，守祖宗之成宪，示天下以无私。皇帝必能善体此意也。"

六年，太后不豫，上命诸督抚荐医治疾。八年，疾愈。孝贞皇后既崩，太后独当国。十年，法兰西侵越南。太后责恭亲王奕䜣等因循贻误，罢之，更用礼亲王世铎等；并谕军机处，遇紧要事件，与醇亲王奕譞商办[2]。庶子盛昱、锡珍，御史赵尔巽各疏言醇亲王不宜参豫机务，谕曰："自垂帘以来，揆度时势，不能不用亲藩进参机务。谕令奕譞与军机大臣会商事件，本专指军国重事，非概令与闻。奕譞再四恳辞，谕以俟皇帝亲政，再降谕旨，始暂时奉命。此中委曲，诸臣不能尽知也。"是年，太后五十万寿。

十一年，法兰西约定。醇亲王奕譞建议设海军。十三年夏，命会同大学士、直隶总督李鸿章巡阅海口，遣太监李莲英从。莲英侍太后，颇用事。御史朱一新以各直

---

① 元良：大善，犹言很好的人。出于《礼记·文王世子》："一有元良，万国以贞，世子之谓也。"大意是：王位继承人（"世子"）如果很好，万国都会遵循正道。故后世又以元良作为太子的代称。 ② 奕譞：光绪帝的生父。

省水灾，奏请修省，辞及莲英。太后不怿，责一新复奏。一新复奏，言鸿章具舟迎王，王辞之，莲英乘以行，遂使将吏迎者误为王舟。太后诘王，王遂对曰："无之。"遂黜一新。

太后命以次年正月归政，醇亲王奕𫍽及王大臣等奏请太后训政数年，德宗亦力恳再三，太后乃许之。王大臣等条上训政典礼①，命如议行。请上徽号②，坚不许。十五年，德宗行婚礼。二月己卯，太后归政。御史屠仁守疏请太后归政后，仍披览章奏，裁决施行。太后不可，谕曰："垂帘听政，本万不得已之举。深宫远鉴前代流弊，特饬及时归政。归政后，唯醇亲王单衔具奏，暂须径达。醇亲王密陈：'初裁大政，军国重事，定省可以禀承③。'并非著为典常，使训政永无底止。"因斥仁守乖谬，夺官。

同治间，穆宗议修圆明园，奉两太后居之。事未行。德宗以万寿山大报恩延寿寺，高宗奉孝圣宪皇后三次祝厘于此，命葺治，备太后临幸，并更清漪园为颐和园，太

① 训政：教训皇帝处理政事。在这样的情况下，皇帝只是以接受教训者的身份参预政务，实权仍掌握在太后手里。② 徽号：美好的称号。多指加于皇帝皇后尊号上的歌功颂德的词语。③ 定省：早晚问安。

后许之。既归政，奉太后驻焉。岁十月十日，太后万寿节①，上率王大臣祝嘏②，以为常。十六年，醇亲王奕譞薨。二十年，日本侵朝鲜，以太后命，起恭亲王奕䜣。是年，太后六十万寿，上请在颐和园受贺，仿康熙、乾隆间成例，自大内至园，跸路所经③，设彩棚经坛，举行庆典。朝鲜军事急，以太后命罢之。二十四年，恭亲王奕䜣薨。

上事太后谨，朝廷大政，必请命乃行。顾以国事日非，思变法救亡，太后意不谓然，积相左。上期以九月奉太后幸天津阅兵，讹言谓太后将勒兵废上；又谓有谋围颐和园劫太后者。八月丁亥，太后遽自颐和园还宫，复训政。以上有疾，命居瀛台养疴。二十五年十二月，立端郡王载漪子溥儁继穆宗为皇子。

二十六年，义和拳事起，载漪等信其术，言于太后，谓为义民。纵令入京师，击杀德意志使者克林德及日本使馆书记，围使馆。德意志、奥大利亚、比利时、日斯巴尼亚④、美利坚、法兰西、英吉利、义大利、日本、和兰、俄罗斯十国之师来侵。七月，逼京师。太后率上出自德胜门，道宣化、大同。八月，驻太原。九月，至西安。命庆

① 万寿节：旧指君主的生日。 ② 祝嘏（gǔ 古）：祝寿。嘏，福。 ③ 跸路：指皇帝出行时的车驾。古代帝王出行时，禁行人，清道路，谓之跸。路，车。 ④ 日斯巴尼亚：指西班牙。

亲王奕劻、大学士总督李鸿章与各国议和。二十七年，各国约成。八月，上奉太后发西安。十月，驻开封。时端郡王载漪以庇义和拳得罪废，溥儁以公衔出宫。十一月，还京师。上仍居瀛台养疴。太后屡下诏："母子一心，励行新政。"三十二年七月，下诏预备立宪。

三十四年十月，太后有疾。上疾益增剧。壬申，太后命授醇亲王载沣摄政王。癸酉，上崩于瀛台。太后定策立宣统皇帝，即日尊为太皇太后。甲戌，太后崩，年七十四，葬定陵东普陀峪，曰定东陵。初尊为皇太后，上徽号。国有庆，累加上，曰慈禧端佑康颐昭豫庄诚寿恭钦献崇熙皇太后。及崩，即以徽号为谥①。子一，穆宗。

【翻译】

孝钦显皇后。姓叶赫那拉，是安徽徽宁池广太道惠征的女儿。咸丰元年，皇后被选进宫中，封号为懿贵人。四年，封为懿嫔。六年三月庚辰，穆宗出生，进封为懿妃。七年，晋升懿贵妃。十年，跟随皇上临幸热河。十一年七月，文宗皇帝驾崩，穆宗登位，与孝贞皇后一起被

---

①"即以"句：慈禧太后的谥号为"孝钦慈禧端佑康颐昭豫庄诚寿恭钦献崇熙配天兴圣显皇后"，在徽号的基础上略有增补。

尊为皇太后。

这时候，怡亲王载垣、郑亲王端华、协办大学士尚书肃顺等人根据文宗皇帝临终时的遗命，被称为“赞襄政务王大臣”，掌握国政，两位太后很担忧。御史董元醇请求两位太后暂时管理朝廷政务，两位太后召集载垣等人入宫商议，载垣等人以本朝从未有皇太后垂帘听政为理由，认为很难这样做。侍郎胜保以及大学士贾桢等人的奏疏接着到了。恭亲王奕䜣在京师留守，听说皇上驾崩的消息飞驰前往，两位太后对他说了载垣等人独揽国事的情状。九月，侍奉文宗皇帝的灵柩返回京师后，立即下诏治载垣、端华、肃顺的罪，都判处死罪，同时罢免了参预“赞襄政务”的各位大臣。任命奕䜣为议政王，以皇上的圣旨命令亲王大臣分条上奏垂帘听政的典章礼仪。

十一月乙酉初一日，皇上侍奉两位太后登养心殿，垂帘听政。太后下谕说：“垂帘听政并不是我们乐意做的，只因为当前国事非常艰难，亲王大臣们不能够没有地方去请示和接受命令，因此姑且允准他们的请求。等到皇帝进学有所成就，立即归还朝政。”从此以后，每天召议政王、军机大臣一同入宫奏对。中央和地方上的奏章，两位太后阅览完毕，由亲王大臣起草皇上旨令，第二天进呈。经审定后，两位太后盖上文宗皇帝所赐的同道堂小印作标志，仍然作为皇上的旨令颁布。不久采纳御史徐启文的奏章,命令中央和地方上的臣子对当前政事的缺点错误要直言无隐;采纳御史钟佩贤的奏章,指示群臣要崇尚节俭,重视名物等级;采纳御史卞宝第的奏章,下谕说要严格执行赏罚,整肃吏治,慎重推荐人才。命令在官内当值的翰林辑录前代帝王治理国家的措施和皇太后垂帘听政事迹之可以作为效法和鉴戒的,把它们进呈上来。同治初年,贼寇作乱尚未平息,战事接连不断,两位太后同心同德,力求治理好国家,提拔进用老成持重的人,倚重信任军事将帅,扫平了太平军、捻军、云南、甘肃也逐渐平定。十二年二月,将朝政归还穆宗。

十三年十二月,穆宗皇帝驾崩,太后作主拥立德宗皇帝,两位太后再次垂帘听政。下谕说:"如今皇帝继承帝位,还在幼年,当前国事艰难,不得已而垂帘听政。总揽处理纷繁的政务,虽则天不亮就起来,很晚才吃饭,也是来不及处理的,况且当前百姓生计十分窘迫,各省的水灾旱灾连续不断。朝廷内外的群臣,九卿、科道,有上疏言事的责任,在用人行政方面,凡是你们认为有什么事应当兴办,兴办了对当前国事有帮助而又真正能够得到实施的,都要详细地陈奏上来。至于认真实行节俭,驱除浮华,应当从宫中做起。用来愉悦视听的玩物,一切浮华靡丽的东西全都不允许进贡。""省一级的地方长官,应当经常求访民间的疾苦,加意安抚体恤;整顿好刑狱、争讼，勤于搜捕。办理赈灾积储粮食，要命令有关部门实实在在地尽力执行，同时应当整顿军队，修整军备，选任贤能的州县长官，让百姓们休养生息。”采纳御史陈彝的奏章，贬斥南书房行走、侍讲王庆祺；采纳御史孙凤翔等人的奏章，罢免总管内务府大臣贵宝、文锡；又将宫内太监中不守法的人治罪，流放边疆三人，杖责四人。一时间宫中政府都得到了整顿。

光绪五年，将穆宗葬于惠陵。吏部主事吴可读随从到穆宗陵墓去，在那里自杀，留下遗疏恳求颁发圣旨，以将来的帝位归还给穆宗的嗣子。下交大臣们商议回奏，亲王、大臣们认为吴可读的请求用不着考虑，尚书徐桐等人，侍读学士宝适、黄体芳，司业张之洞，御史李端棻，都另有奏疏陈述自己的看法。下谕说：“我朝不公开册定太子，可读所请求的，与家族的法规不相符合。皇帝受穆宗的托付，将来慎重选择太子，以继承帝王的世业，那个继承帝位的人就是穆宗的嗣子，这样既遵守祖宗成法，又向天下显示自己的无私。皇帝一定能够很好地体会这个道理。”

六年，太后有病，皇上命令各总督、巡抚推荐医生为太后治病。八年，病痊愈了。孝贞皇后既已驾崩，太后独自主持国政。十年，法兰西入侵越南。太后指责恭亲王奕䜣等人拖沓玩忽以致造成这种不应有的后果，罢免了他，换用礼亲王世铎等人；同时谕示军机处，遇到紧急重要的事情，与醇亲王奕譞商量办理。庶子盛昱、锡珍、御史赵尔巽各自上疏说醇亲王不应当参预机要事务，太后谕告说："自从垂帘听政以来，审度当前的形势，不能不用皇族亲王进宫参预机务。谕令奕譞与军机大臣会同商议事情，本来专指军务国政的重大事件，并不是一概让他参预。奕譞再三再四地恳切推辞，下谕说等到皇帝亲自执政时，再降谕旨处理此事，他这才暂时奉命行事。这其中的曲折原委，各位臣子是不能完全知道的。"这一年，太后五十大寿。

十一年，与法兰西的和约鉴订了。醇亲王奕譞建议设置海军。十三年夏季，命令他会同大学士、直隶总督李鸿章视察海口，派遣太监李莲英随从。莲英侍候太后，很是当权。御史朱一新因为直隶和各省发生水灾，上奏请求太后修身反省，言辞中涉及到莲英。太后不高兴，责令一新再次上奏说清楚。一新再次上奏，说鸿章安排了船只迎接亲王，亲王推辞了，莲英却乘船去了，于是使得去迎接的将帅官吏误以为是亲王的船只。太后诘问醇亲王，醇亲王就回答说："没有这回事。"于是罢免了一新。

太后下令在次年的正月还政给皇帝，醇亲王奕譞以及亲王、大臣们上奏请求太后举行几年训政，德宗皇帝也再三极力恳求，太后这才答应了。亲王、大臣们奏上关于训政的各条典章礼仪，太后命令按照他们的建议执行。请求再加上太后的徽号，太后坚决不允许。十五年，德宗举行了大婚之礼。二月己卯，太后归还朝政。御史屠守仁上疏请求太后归还朝政以后，仍旧批阅奏章，作出裁决后再执行。太后不同意，下谕说："垂帘听政，本来是万不得已的举动。深居宫中而远溯历史，鉴察前代垂帘听政的流弊，特地下令及时归还朝政。归还朝政后，只有由醇亲王单独题名上奏的，暂时还必须直接送到我这儿。醇亲王曾秘密上言说：'皇上刚开始裁决重大政务，凡是军队、国家的重要事情，在早晚问安时可以向太后汇报和听取教导。'这并不是立为常法，使训政永无休止。"因而斥责守仁荒谬背理，削夺了他的官职。

同治年间，穆宗皇帝曾建议修建圆明园，侍奉两位太后居住那里。这件事情没有能够实行。德宗皇帝因为高宗皇帝曾侍奉孝圣宪皇后三次在万寿山的大报恩延寿寺拜佛祈福，下令进行修治，以备太后临幸，并将清漪园更名为颐和园，太后准许了。既已归还朝政，就侍奉太后留住颐和园。每年的十月十日，是太后的生日，皇上率领亲王大臣去祝寿，从此成为常礼。十六年，醇亲王奕譞薨。二十年，日本入侵朝鲜，以太后的命令，起用恭亲王奕䜣。这一年，是太后的六十寿辰，皇上请求太后在颐和园内接受祝贺，仿效康熙、乾隆年间的惯例，从宫内到颐和园，车驾所经之地，设置彩棚和经坛，举行庆贺大典。因朝鲜的军情紧急，以太后的命令停止了。二十四年，恭亲王奕䜣薨。

皇上侍奉太后很谨慎，朝廷的重大政事，必定请示后才施行。只是因为国家政事一天不如一天，就想以变法来挽救国家危亡，太后心中却不以为然，渐渐发展到意见不合。皇上定在九月侍奉太后临幸天津检阅军队，有谣言说太后将要驾驭军队废除皇上；又说有人图谋包围颐和园劫持太后，八月丁亥，太后突然从颐和园返回宫中，恢复训政。因为皇上有病，命他居住在瀛台养病。二十五年十二月，立端郡王载漪的儿子溥儁过继给穆宗作皇子。

二十六年，发生了义和拳事变，载漪等人相信他们的法术，告诉太后，说他们是义民。纵容他们进入京师，打死德意志国的使者克林德以及日本使馆的书记，并包围了使馆。德意志、奥大利亚、比利时、西班牙、美利坚、法兰西、英吉利、意大利、日本、荷兰、俄罗斯十个国家的军队来进犯我国。七月，逼近京师。太后带着皇上从德胜门出城，途经宣化、大同。八月，在太原停留。九月，抵达西安。命令庆亲王奕劻，大学士、总督李鸿章与各国商量议和。二十七年，与各国的和约签定。八月，皇上侍奉太后从西安出发。十月，停留在开封。当时端郡王载漪因庇护义和拳获罪被废黜，溥儁以公爵的头衔被驱逐出宫。十一月，返回京师。皇上仍然居住在瀛台养病。太后屡次下诏说："母子一心，励行新政。"三十二年七月，下诏进行立宪制的预备工作。

三十四年十月，太后有病。皇上的病更加严重了。壬申，太后命令授醇亲王载沣为摄政王。癸酉，皇上驾崩于瀛台。太后定策拥立宣统皇帝，当天被尊为太皇太后。甲戌，太后崩，年龄为七十四岁，下葬在定陵东面的普陀峪，称为定东陵。刚被尊为皇太后时，曾加上徽号。以后国家有庆典，多次增加徽号，叫做"慈禧端佑康颐昭豫庄诚寿恭钦献崇熙皇太后"。到驾崩时，就以她的徽号为谥号。有一个儿子，就是穆宗皇帝。

张之洞传

张之洞是中国近代史上洋务运动的代表人物，也是中国文化新旧交替时期的重要思想家。晚清的中国处于古今中西大交会的剧烈变化时期，张之洞在思想上经历了从“通经致用”到“中体西用”的变化，主张在维护封建政体及传统伦理道德的前提下接受西方先进的科学技术。这在客观上对中国的对外开放有一定的积极作用。本篇对张之洞的生平介绍较为客观、翔实。

张之洞字香涛，直隶南皮人。少有大略，务博览，为词章，记诵绝人。年十六，举乡试第一。同治二年，成进士，廷对策不循常式，用一甲三名授编修。六年，充浙江乡试副考官，旋督湖北学政。十二年，典试四川，就掌学政。所取士多隽才，游其门者，皆私自喜得为学途径。光绪初，擢司业①，再迁洗马②。之洞以文儒致清要，遇事敢为大言③。俄人议归伊犁，与使俄大臣崇厚订新约十八条④。之洞论奏其失，请斩崇厚，毁俄约。疏上，乃褫崇厚职治罪，以侍郎曾纪泽为使俄大臣，议改约。六年，授侍讲，再迁庶子⑤。复论纪泽定约执成见，但论界务，不争商务，并附陈设防、练兵之策。疏凡七八上。往者词臣率雍容养望，自之洞喜言事，同时宝廷、陈宝琛、张佩纶辈崛起，纠弹时政，号为清流⑥。七年，由侍讲学士擢阁学。俄授山西巡抚。当大祲后⑦，首劾布政使葆亨、冀宁道王定安等黩货，举廉明吏五人，条上治晋要务，未及行，移督两广。

八年，法越事起，建议当速遣师赴援，示以战意，乃

---

① 司业：学官名，国子监副长官。 ② 洗马：官名，詹事府所属司经局洗马的简称。负责掌管图书经籍。 ③ 大言：高瞻远瞩的勇敢言论。 ④ 新约十八条：即1879年崇厚在沙俄胁迫下签订的《里瓦几亚条约》，因丧失大片疆土，遭到朝野反对，次年据此修改为《中俄伊犁条约》。 ⑤ 庶子：官名。隶属詹事府，掌管记注撰文。 ⑥ 清流：旧时常称那些负有时望，不肯与权贵同流合污的士大夫为清流。 ⑦ 祲：妖气。此处指太平天国、捻军等的起事。《清史稿》此文作者从拥护清王朝的立场出发，把太平天国等都视为妖氛。

可居间调解。因荐唐炯、徐延旭、张曜材任将帅。十年春，入觐。四月，两广总督张树声解任专治军，遂以之洞代。当是时，云贵总督岑毓英、广西巡抚潘鼎新皆出督师，尚书彭玉麐治兵广东。越将刘永福者，故中国人，素骁勇，与法抗。法攻越未能下，复分兵攻台湾，其后遂据基隆。朝议和战久不决，之洞至，言战事气自倍，以玉麐夙著威望，虚己听从之。奏请主事唐景嵩募健卒出关，与永福相犄角。朝旨因就加永福提督、景嵩五品卿衔、炯、延旭亦皆已至巡抚，当前敌。被劾得罪去，并坐举者。之洞独以筹饷械劳，免议。广西军既败于越，朝旨免鼎新，以提督苏元春统其军，而之洞复奏遣提督冯子材、总兵王孝祺等，皆宿将，于是滇、越两军合扼镇南关①，殊死战，遂克谅山②。会法提督孤拔攻闽、浙，炮毁其坐船，孤拔殪，而我军不知，法愿停战，廷议许焉。授李鸿章全权大臣，定约③，以北圻为界。叙克谅山功，赏花翎。

之洞耻言和，则阴自图强，设广东水陆师学堂，创枪炮厂，开矿务局。疏请大治水师，岁提专款购兵舰。复

---

① 镇南关：即今友谊关。中越边境关隘，在今广西凭祥市西南。② 谅山：即今越南谅山省谅山，与我国广西交界。③ 定约：指光绪十一年（1885）六月九日与法国签订的《中法新约》。

立广雅书院。武备文事并举。十二年，兼署巡抚。于两粤边防控制之宜，辄多更置。著《沿海险要图说》上之。在粤六年，调补两湖。

会海军衙门奏请修京通铁路，台谏争陈铁路之害，请停办。翁同龢等请试修边地，便用兵；徐会沣请改修德州济宁路[①]，利漕运。之洞议曰："修路之利，以通土货、厚民生为最大，征兵、转饷次之。今宜自京外卢沟桥起，经河南以达湖北汉口镇。此干路枢纽，中国大利所萃也[②]。河北路成，则三晋之辙接于井陉，关陇之骖交于洛口[③]；自河以南，则东引淮、吴，南通湘、蜀，万里声息，刻期可通。其便利有数端：内处腹地，无虑引敌，利一；原野广漠，坟庐易避，利二；厂盛站多，役夫贾客可舍旧图新，利三；以一路控八九省之衢，人货辐辏[④]，足裕饷

① 德州：今山东德州。 ② 萃(cuì 脆)：聚集。 ③"则三"二句：意为山西省的人可通过井陉而乘坐从北京到汉口的火车，陕西、甘肃的人则可通过洛口而乘坐这一铁路线的火车。三晋，指先秦时的晋国地区，约相当于今山西省。因晋国后来被其三卿所分，成为韩、赵、魏三国，史称三家分晋，故其地又称三晋。井陉，今河北井陉，当地有井陉山、井陉关，为军事要地。骖(cān 参)，古代指同驾一辆车的三四马，此处泛指马车。洛口，指洛口仓，在今河南巩义东南，隋末曾在此处发生大战。 ④ 辐辏(fú còu 扶凑)：辐，连接车轮轴心和轮圈的直条。辏，聚集。比喻人或物很密地聚集在一起。

源，利四；近畿有事，淮、楚精兵崇朝可集①，利五；太原旺煤铁，运行便则开采必多，利六；海上用兵，漕运无梗②，利七。有此七利，分段分年成之。北路责之直隶总督，南路责之湖广总督，副以河南巡抚。”得旨报可，遂有移楚之命。大冶产铁，江西萍乡产煤，之洞乃奏开炼铁厂汉阳大别山下③，资路用，兼设枪炮钢铁专厂。又以荆襄宜桑棉麻枲而饶皮革④，设织布，纺纱，缫丝，制麻、革诸局。佐之以堤工，通之以币政。由是湖北财赋称饶，土木工作亦日兴矣。

二十一年，中东事棘，代刘坤一督两江，至则巡阅江防，购新出后膛炮，改筑西式炮台，设专将专兵领之。募德人教练，名曰“江南自强军”。采东西规制，广立武备、农工商、铁路、方言、军医诸学堂。寻还任湖北。时国威新挫⑤，朝士日议变法，废时文，改试策论。之洞言：“废

---

① 崇朝：终朝，一个早晨。 ②“海上”二句：漕粮原靠运河运输，同治十一年（1872）开始用海轮运漕粮之后，停止河运。所以一旦海上发生战事就会影响漕运。有了铁路，则即使海上发生战事，也可用铁路运输粮食。 ③ 大别山：一名龟山，在湖北汉阳城北。 ④ 枲（xǐ洗）：大麻的雄株，也叫花麻。 ⑤ 国威新挫：指光绪二十一年（1895）中日甲午战争中，北洋海军全军覆灭，中国被迫与日本签订了丧权辱国的《马关条约》。

时文，非废《五经》、《四书》也，故文体必正，命题之意必严。否则国家重教之旨不显，必致不读经文，背道忘本，非细故也。今宜首场试史论及本朝政法，二场试时务，三场以经义终焉。各随场去留而层递取之，庶少流弊。”又言：“武科宜罢骑射、刀石，专试火器。欲挽重文轻武之习，必使兵皆识字，励行伍以科举。”二十四年，政变作①，之洞先著《劝学篇》以见意②，得免议。

二十六年，京师拳乱，时坤一督两江，鸿章督两广，袁世凯抚山东，要请之洞，同与外国领事定保护东南之约。及联军内犯，两宫西幸③，而东南幸无事。明年，和议成④，两宫回銮。论功，加太子少保。以兵事粗定。乃与坤一合上变法三疏。其论中国积弱不振之故，宜变通者十二事，宜采西法者十一事。于是停捐纳，去书吏，考差役，恤刑狱，筹八旗生计，裁屯卫，汰绿营，定矿律、商

① 政变作：指光绪二十四年(1898)九月二十一日慈禧太后发动的戊戌政变。光绪帝被幽禁，维新派遭到捕杀和通缉，新政全部废除，戊戌变法失败。 ②《劝学篇》：张之洞著。其中认为“中国之祸不在四海之外，而在九州之内”，将维新思想的传播斥为“邪说暴行，横流天下”，提出“旧学为体、新学为用”，维护封建伦理纲常，反对戊戌变法，故而受到以慈禧太后为首的旧党的赏识。 ③ 两宫：指慈禧太后和光绪皇帝。西幸：指慈禧太后与光绪帝出逃西安。帝王到某个地方去称“幸”某地。 ④ 和议：指《辛丑条约》。

律、路律,交涉律,行银圆,取印花税①,扩邮政。其尤要者,则设学堂,停科举、奖游学。皆次第行焉。

二十八年,充督办商务大臣,再署两江总督。有道员私献商人金二十万为寿,请开矿海州②,立劾罢之。考盐法利弊,设兵轮缉私,岁有赢课。明年,入觐,充经济特科阅卷大臣③,厘定大学堂章程,毕,仍命还任。陛辞奏对,请化除满、汉畛域④,以彰圣德,遏乱萌,上为动容。旋裁巡抚,以之洞兼之。三十二年,晋协办大学士。未几,内召,擢体仁阁大学士,授军机大臣,兼管学部。三十四年,督办粤汉铁路。

德宗暨慈禧皇太后相继崩,醇亲王载沣监国摄政。之洞以顾命重臣晋太子太保。逾年,亲贵寖用事⑤,通私谒。议立海军,之洞言海军费绌可缓立,争之不得。移疾⑥,遂卒,年七十三,朝野震悼。赠太保,谥文襄。

之洞短身巨髯,风仪峻整。莅官所至,必有兴作。务宏大,不问费多寡。爱才好客,名流文士争趋之。任

---

① 印花税:国家对因商事、产权等行为所书写或使用的凭证征收的税。采用在凭证上贴印花税票的办法征税,所以称为印花税。 ② 海州:今江苏连云港。 ③ 经济特科:清末特设的为选拔"洞达中外时务"人才的科目。 ④ 畛(zhěn 枕)域:界限,隔阂。 ⑤ 用事:当权。 ⑥ 移疾:上书称病辞职。

疆寄数十年①,及卒,家不增一亩云。

【翻译】

张之洞字香涛,直隶南皮人。年轻时就有远大的谋略,努力博览群书,从事诗文创作,记忆背诵的本领超出其他人。十六岁时,考中乡试第一名。同治二年,考取进士,廷试时回答皇帝的策问不遵循常规,以一甲第三名授官编修。六年,充任浙江乡试的副考官,不久任湖北提督学政。十二年,主持四川乡试,从而任命为当地学政。所录取的士人很多是杰出的人才,在他门下从师求学的人,都暗自高兴能够从他那儿获得做学问的途径。光绪初年,升为司业,又升为洗马。之洞以一个文士儒生而得任清闲而显贵的官职,遇到国家大事敢于发表别人所不敢论想的见解。俄国人提出就归还伊犁的问题进行谈判,与出使俄国大臣崇厚签订了新约十八条。之洞上奏抨击这条约的错误,请求斩崇厚,撕毁与俄国签订的条约。奏疏上达,朝廷于是革了崇厚的职并将他治罪,派遣侍郎曾纪泽为出使俄国的大臣,谈判修改条约。六年,授官侍讲,又升任庶子。再次上疏批评纪泽与俄国签订条约固执成见,只讨论两国边界问题,

① 疆寄:指地方上的高级长官,即封疆大吏的意思。

不讨论商务，并附带陈述了设防、练兵的办法。奏疏共上了七八道。以往的文学侍从官大抵都从容不迫地培植自己的名望，从之洞开始喜欢对国家大事提出勇敢的意见以来，与他同时的宝廷、陈宝琛、张佩纶一辈人也超众而起，抨击时政，被称为清流。七年，从侍讲学士提升为内阁学士。不久授官山西巡抚。当时处在大变乱之后，他首先起来弹劾布政使葆亨、冀宁道王定安等人枉法贪财，荐举五名廉洁清明的官吏，并上疏分条陈述治理山西的重要事务，还没来得及实行，就调任两广总督。

八年，法越战事爆发，他建议应当迅速派遣军队前去增援，向法国显示参战的意向，这样才能在法、越之间进行调解。从而推荐唐炯、徐延旭、张曜的才能足以充任将帅。十年春季，入朝觐见。四月，两广总督张树声卸任而专门治理军务，于是派之洞代替他。当时，云贵总督岑毓英、广西巡抚潘鼎新都出来督率军队，尚书彭玉麐在广东治理军务。越南的将领刘永福，以前是中国人，向来勇猛善战，这时与法军相抗。法国军队进攻越南没能攻下，又分兵攻打台湾，这以后就占据了基隆。朝廷中商议是战是和很久决定不下来，之洞抵达广东，议论开战之事气势倍增，因彭玉麐向来威望很高，就虚心地听取他的意见。上奏请求派遣主事唐景嵩招募身强力壮的军士出兵镇南关，与永福的军队相互形成犄角之势。朝廷因而下旨就地加任永福为提督，加封景嵩五品卿的官衔，炯、延旭也都已经做到巡抚，在前线抵御敌人。后受到弹劾而获罪离去，并对荐举他们的人也给予处分。只有之洞一人因筹集粮饷武器有功，被免于追究。广西的军队既已在越南战败，朝廷下旨罢免了鼎新的职务，派遣提督苏元春统帅广西的军队，而之洞再次奏请派遣提督冯子材、总兵王孝祺等人，他们都是富有经验的老将，于是云南、越南的两支部队协同把守镇南关，经过殊死的战斗，终于克复谅山。适逢法国提督孤拔攻打福建、浙江，清军大炮击毁了他的指挥舰，孤拔中炮死去，而我军还不知道。法国表示愿意停战，经朝廷大臣商议后准许了法国的请求。授李鸿章为全权大臣，与法国签订了和约，以北圻为边境线。对克复谅山一事论功行赏，之洞被赏赐花翎顶戴。

之洞对言和感到耻辱，就暗自努力谋求国家的强盛，设立广东水、陆师学堂，创建枪炮厂，开办矿务局。上疏请求大规模训练水师，每年提拨专款购买军舰。又成立广雅书院。军备防务和文教事业同时兴举。十二年，兼任代理广东巡抚职务。对于广东、广西的边防控制事宜，他大部分进行了更改。撰写了《沿海险要图说》上奏朝廷。在两广任职六年后，调任两湖总督。

此时适逢海军衙门上奏请求修筑京师到通州的铁

路，负责监察、言事的官员们争相陈述铁路的害处，请求停止办理此事。翁同龢等人请求在边境地区试修铁路，便于用兵；徐会沣请求改为修筑德州到济宁的铁路，有利于漕运。之洞议论说："修筑铁路的利益，以运送各地土产货物、改善人民的经济状况为最大，调动军队、转运粮饷还在其次。现在应当修筑一条从北京城外卢沟桥开始，经过河南、到达湖北汉口镇的铁路。这一枢纽主干道，集中了中国的重大利益。就黄河以北说，铁路修成后，就会有许多人坐着各种车辆聚集到井陉来，陕西、甘肃也会有许多人乘着马车聚集在洛口；从黄河以南来说，东面可以接通淮扬、吴中地区，南面可以通往湖南、四川，万里之外的音信消息，短时期内便可通达。它的好处有以下几项：铁路地处腹心内地，不用担心招致敌人的进攻，这是第一件好处；铁路所经之地平原广阔，容易避开百姓的坟墓房舍，这是第二件好处；铁路沿线工厂多车站多，做工和经商的人可以舍弃旧行当，得到新生计，这是第三件好处；以一条铁路控制八九个省份的交通主道，人口货物集中，足可以充裕粮饷的来源，这是第四件好处；京师附近有意外事变，淮扬、湖北的精锐部队一个早晨便可集合起来，这是第五件好处；太原盛产煤、铁，运输方便则开采就一定更多，这是第六件好处；如海上有战事发生，漕运也不受影响，这是第七件好处。

有这样七件好处，可以分路段分几年修成它。北面的铁路责成直隶总督负责修筑，南面的铁路责成湖广总督负责修筑，由河南巡抚协助。”得到皇帝旨令批复同意，于是有把之洞调往湖北的任命。湖北大冶出产铁，江西萍乡出产煤，之洞于是奏请在汉阳大别山下开办炼铁厂，资助修筑铁路之用，同时兼设了专门制造枪炮钢铁的工厂。又因为荆川、襄阳地区适宜种植桑、棉、麻、枲，而且皮革出产丰富，设立了织布，纺纱，缫丝，制麻、革等局。并以修筑长江堤岸作为辅助，以铸造银元来加强流通。从此以后湖北的财政税收堪称富裕，土木工程也日益兴盛起来了。

二十一年，中日之间的战事日益棘手，之洞代替刘坤一总督两江事务。他一到任就巡视检阅长江的防务情况，购买最新生产的后膛炮，改筑西式炮台，并安排专门的将领和士兵统管。召募德国人进行教导和训练，命名为“江南自强军”。他采用东、西方的规章体制，广泛建立了武备、农工商、铁路、方言、军医各学校。不久返回湖北任职。当时国家的威望刚遭到新的挫折，朝廷中人士天天议论变法，废除八股文，改考策论等事。之洞说：“废除八股文，并不是废除《五经》、《四书》，所以文体一定要正，命题的意义一定要严。否则国家重视教化的宗旨就显示不出来，必然导致不读经书，背离正道忘却根本，这可不是小事啊。现在应当第一场考试史论以及本朝的政策法规，第二场考试当前国家大事，第三场以考试经义结束。每场考试都淘汰若干，留下若干，如此一层层地录取，也许能够减少流弊。”又说：“武科考试应当停止考骑马射箭、舞刀举石，而专门考试火器。要想改变重文轻武的积习，一定要让士兵都能识字，用科举来激励行伍之人。”二十四年，政变发生，因之洞在这之前著有《劝学篇》以表达其不同意维新变法的意见，得以免于追究。

二十六年，京师发生义和团之乱，当时刘坤一为两江总督，李鸿章为两广总督，袁世凯为山东巡抚，他们邀请之洞，共同与外国领事制定保护东南地区的条约。等到八国联军向内地进犯，慈禧太后及光绪皇帝西行巡幸，而东南地区则幸而平安无事。次年，和约签订，慈禧太后及光绪皇帝的车驾重返北京。评定功劳，加官太子少保。因战事已大致平定，于是之洞与坤一联合上了有关变法的三道奏疏。其中论述了中国长期羸弱、无法振作的缘故，提出应当对旧法加以变革的十二件事，应当采用西法的十一件事。于是停止以钱捐官，废除书办，考核差役，慎用刑法，筹措八旗兵丁的生计问题，裁减屯田的士兵，精简绿营兵，制定矿产法、商业法、铁路法、外交法，通行银元货币，征取印花税，扩大邮政业务。其中尤为重要的，是设立学堂，废除科举，奖励出洋留学。以上变革都陆续地得到施行。

二十八年，充任督办商务大臣，再次代理两江总督。有一道员偷偷地代替商人送二十万两银子给之洞以示礼敬，请求在海州开矿，之洞立即上疏弹劾罢免了这个道员。他考察盐法的利弊，设置兵船缉拿私盐商人，每年征收盐税都有盈余。次年，进京觐见，充任经济特科的阅卷大臣，制定大学堂的规章制度，事毕后，仍然命他返回任所。在朝廷上辞行回答皇帝的询问时，请求化解和消除满人、汉人之间的隔阂，以光大圣上的恩德，遏止祸乱的萌芽，皇上听后为之动容。不久裁去湖北巡抚，任命之洞兼任。三十二年，升为协办大学士。不久，召进朝内，提升为体仁阁大学士，授官军机大臣，兼管学部事务。三十四年，任督办粤汉铁路大臣。

德宗皇帝与慈禧皇太后相继驾崩，醇亲王载沣代理国政任摄政王。之洞因是奉命执行天子遗诏的顾命重臣，升为太子太保。过了一年，皇亲贵族逐渐当权，与一些走他们门路的人相勾结。讨论建立海军，之洞说建立海军经费不足，可延缓建立，经过力争后他的意见仍未被采纳。他上书称病辞职，不久就去世了，年龄为七十三岁。在朝和在野的人都震惊悲哀。赠官太保，谥号文襄。

之洞身材矮小，胡须浓密，风度仪表严峻整洁。任官所到之处，一定有工程兴建。务必使规模宏大，而不管费用的多少。爱护人才并好客，当时社会上的知名人士和文人学士都争先恐后地归附在他的门下。担任地方高级长官几十年，到去世时，家中却没有增加一亩田产。

康有为传

康有为是中国近代史上向西方寻找真理的代表人物之一，戊戌变法的领导者。他依靠光绪皇帝的支持发动了维新运动，力图从经济、政治、文化教育和科学技术等方面向西方学习以拯救中国。由于受到慈禧太后的镇压，变法维新运动失败了，但却对推动中国变革产生了深远影响。同时也进一步暴露了清政府的腐朽性，使广大民众越来越认识到只有依靠革命推翻清政府才能救中国。但康有为本人并未随着时代的进步而进步。他在变法维新失败后，一直鼓吹保皇（保卫光绪皇帝），光绪死后又效忠宣统，参预复辟事件，终于为时代所唾弃。本篇对其提倡变法维新的事记载简略，而对其变法维新失败后的活动则加以赞美，观点谬误很多。因考虑到康有为在历史上的重要性，且篇中也保存了若干康有为生平的史料，故予选入。又，此篇只见于《清史稿》的关外本，参见本书《前言》。

康有为字广厦，号更生，原名祖诒，广东南海人①。光绪二十一年进士，用工部主事。少从朱次琦游，博通经史，好公羊家言②，言孔子改制，倡以孔子纪年，尊孔保教，先聚徒讲学。入都上万言书，议变法。给事中余联沅劾以惑世诬民，非圣无法，请焚所著书。中日议款，有为集各省公车上书③，请拒和、迁都、变法，格不达。复独上书，由都察院代递，上览而善之，命录存备省览。再请誓群臣以定国是④，开制度局以议新制，别设法律等局以行新政，均下总署议。

二十四年，有为立保国会于京师，尚书李端棻、学士

---

① 南海：清代县名。治所即今广州市。 ② 公羊家：即公羊学派。汉代《春秋公羊传》是儒家经典著作之一，专门阐释《春秋》。属于经学中的今文学派。其中的有些议论可用来作为变革政治的依据。 ③ 公车：康有为联合各省在京举人签名上书，因举人进京会试乘坐公车，故称其“集各省公车”。④ 国是：国家大计。

徐致靖、张百熙、给事中高燮曾等，先后疏荐有为才，至是始召对。有为极陈："四夷交侵，覆亡无日，非维新变旧，不能自强。变法须统筹全局而行之，遍及用人行政。"上叹曰："奈掣肘何？"有为曰："就皇上现有之权，行可变之事，扼要以图，亦足救国。唯大臣守旧，当广召小臣，破格擢用；并请下哀痛之诏，收拾人心。"上皆韪之。自辰入，至日昃始退[①]，命在总理衙门章京上行走[②]，特许专折言事。旋召侍读杨锐、中书林旭、主事刘光第、知府谭嗣同参预新政。有为连条议以进，于是诏定科举新章，罢《四书》文，改试策论，立京师大学堂、译书局，兴农学，奖新书新器，改各省书院为学校，许士民上书言事，谕变法。裁詹事府[③]、通政司、大理、光禄、太仆、鸿胪诸寺[④]，及各省与总督同城之巡抚、河道总督、粮道、盐道，并议开懋勤殿，定制度，改元易服，南巡迁都。未及行，

① 日昃：太阳偏西。 ② 总理衙门章京上行走：官名。总理衙门，咸丰十一年(1861)清政府为办理洋务及外交事务而特设的中央机构。官员分为大臣、章京两级。章京上行走，担任章京职务，但不给予正式的章京职称。 ③ 詹事府：官署名。历代多为太子官署，清代不立太子，渐渐空有府名。通政司：官署名。掌内外奏章、封驳和臣民密封申诉之事。 ④ 大理：大理寺，官署名。掌审核刑狱案件。光禄：光禄寺，官署名，主要掌管皇室的膳食。太仆：太仆寺，官署名，掌舆马与马政。鸿胪：鸿胪寺，官署名，掌管宫廷的朝祭礼仪。

以抑言路，首违诏旨，尽夺礼部尚书、侍郎职。旧臣疑惧，群起指责有为，御史文悌复痛劾之。上先命有为督办官报，复促出京。

上虽亲政，遇事仍承太后意旨，久感外侮，思变法图强，用有为言，三月维新，中外震仰。唯新进骤起，机事不密，遂致害成。时传将以兵围颐和园劫太后，人心惶惑。上朱谕锐等筹议调和，有“朕位且不能保”之语，语具《锐传》。于是太后复垂帘，尽罢新政。以有为结党营私，莠言乱政，褫职逮捕。有为先走免，逮其弟广仁及杨锐等下狱，并处斩。复以有为大逆不道，构煽阴谋，颁朱谕宣示，并籍其家，悬赏购捕。有为已星夜出都航海南下，英国兵舰迎至吴淞[①]。时传上已幽废，且被弑，有为草遗言，誓以身殉，将蹈海。英人告以讹传，有为始脱走。亡命日本，流转南洋，遍游欧、美各国。所至以尊皇保国相号召，设会办报，集资谋再举，屡遇艰险不少阻。尝结富有会，起事江汉[②]，皆为官兵破获，诛其党。连诏大索，毁所著书，阅其报章者并罪之。初，太后议废帝，称病征医，久闭瀛台，旦夕不测。有为闻之，首发其谋，清议争阻，外人亦起责言，两江总督刘坤一言“君臣之分

---

① 吴淞：指上海吴淞江。 ② 江汉：此处指汉口及长江中游地区。

已定，中外之口难防”，始罢废立。拳匪起[①]，以灭洋人、杀新党为号，太后思用以立威，遂肇大乱，凡与有为往还者，辄以康党得奇祸。

宣统三年，鄂变作[②]，始开党禁，戊戌政变获咎者悉原之，于是有为出亡十余年矣，始谋归国。时民军决行共和，廷议主立宪，而有为创虚君共和之议，以“中国帝制行已数千年，不可骤变，而大清得国最正，历朝德泽沦浃人心[③]，存帝号以统五族，弭乱息争，莫顺于此。”内阁总理大臣袁世凯徇民军请，决改共和，遂下逊位之诏。有为知空言不足挽阻，思结握兵柄者以自重，颇游说当局，数年无所就。丁巳，张勋复辟[④]，以有为为弼德院副院长。勋议行君主立宪，有为仍主虚君共和。事变，有为避美国使馆，旋脱归上海。

甲子，移宫事起[⑤]，修改优待条件，有为驰电以争，略

① 拳匪：指义和团。 ② 鄂变：指1911年的武昌起义。 ③ 沦浃（jiā 夹）：深入、浸透的意思。 ④ 张勋复辟：1917年（丁巳年），军阀张勋在北京重新拥立溥仪（即原来的宣统皇帝）为帝，称当年为宣统九年，史称“张勋复辟”。但只经历十二天即告失败。 ⑤ 移宫：1912年中华民国成立，但清朝皇帝、后妃等仍居住皇宫内，并享受各种优待；这是在清朝皇帝宣布退位之前，由清政府与革命军等谈判确定的。1924年（甲子年），冯玉祥发动北京政变，命令当时还住在皇宫的清朝皇帝等人迁出皇宫。此处所说“移宫”，即指此事。

曰："优待条件，系大清皇帝与民国临时政府议定，永久有效，由英使保证，并用正式公文通告各国，以昭大信，无异国际条约。今政府擅改条文，强令签认，复敢挟兵搜宫，侵犯皇帝，侮逐后妃，抄没宝器，不顾国信，仓卒要盟，则内而宪法，外而条约，皆可立废，尚能立国乎？皇上天下为公，中外共仰，岂屑与争，实为民国羞也！"明年，移跸天津，有为来觐谒，以进德、修业、亲贤、远佞为言。丁卯，有为年七十，赐"寿"，手疏泣谢，历叙恩遇及一生艰险状，悲愤动人。时有为怀今感旧，伤痛已甚，哭笑无端。自知将不起，遂草遗书，病卒于青岛。

有为天资瑰异，古今学术无所不通，坚于自信，每有创论，常开风气之先，初言改制，次论大同，谓太平世必可坐致，终悟天人一体之理。述作甚多，其著者有《孔子改制考》、《新学伪经考》、《春秋董氏学》、《春秋笔削大义微言考》、《大同书》、《物质救国论》、《电通》，及《康子内外篇》、《长兴学舍》、《万木草堂》、《天游庐讲学记》，各国游记，暨文诗集。

【翻译】

康有为字广厦，号更生，原名祖诒，广东南海人。光绪二十一年考中进士，担任工部主事。年轻时跟随朱次琦学习，对于古代儒家的经籍和历史著作具有广博的知识，喜好公羊学派的理论，提出孔子改革体制之说，提倡以孔子的生年作为历史纪年的依据，尊崇孔子维护孔教。他先是招集学生讲学。到京城后给朝廷上万言书，议论变法。给事中余联沅弹劾他迷惑社会欺骗民众，诽谤圣人否定礼法，请求烧毁他所著的书。中国和日本订立议和条款时，有为集合各省进京应试的举人上书，请求朝廷拒绝和谈，迁移首都，实行变法，因受阻碍未能上达朝廷。有为又单独上书，由都察院代为递送，皇上看了很赞赏，下令把有为的上书抄录留存以备参考阅览。有为再请求皇上下令给群臣以决定国家大计，开设制度局来讨论新的体制，另外设立法律等局以推行新政，这些建议都被交给总理衙门讨论。

二十四年，有为在京师成立保国会，尚书李端棻、学士徐致靖、张百熙、给事中高燮曾等人，先后上疏推荐有为的才能，这时皇帝才召见他征询政事。有为极力陈述："四方外敌不断入侵，国家很快就要灭亡了，不推行新政改变旧制，就不能自强。变法必须先统筹全局而后推行，必须全面推广到用人、行政各个方面。"皇上叹息说："怎奈受人牵制！"有为说："就拿皇上现在掌握的权力来说，实施那些行得通的变革措施，抓住关键问题加以解决，也就足以救国了。只是大臣守旧，应当广泛召见官职较小的臣子，破格提拔使用，并请皇上下一道沉痛自责的诏书，以此来笼络人心。”皇上都表示同意。有为从辰时进宫，一直到太阳偏西时才退出，皇上命令他在总理衙门章京上行走，特别准许他用专门的奏折上疏言事。不久宣召侍读杨锐、中书林旭、主事刘光第、知府谭嗣同参预新政。有为把变法的事接连条议进呈，于是皇上下诏制定科举的新章程，废除八股文，改为考试策论，建立京师大学堂、译书局，兴办农业科学，奖励具有新内容的著作和新的器械，改各省书院为学校，允许士民向朝廷上书言事，下谕令变法。裁去詹事府、通政司、大理寺、光禄寺、太仆寺、鸿胪寺等机构，以及各省与总督驻在同一城市的巡抚、河道总督、粮道、盐道，并建议在懋勤殿公开讨论，以制定制度，改变年号，变易服饰，到南方巡视和迁移首都。这些建议还没有来得及实行，就以抑阻言路，带头违反皇上旨意的罪名，把礼部尚书、侍郎全部革职，旧臣们心中疑虑恐惧，一起起来指责有为，御史文悌又严厉地弹劾他。于是皇上先命令有为督办官报，继而催促他离开京城。

皇上虽然已经亲政，但遇到事情仍然要秉承太后的意旨，他长期感受到外来的欺凌和侵犯，想通过变法使国家强盛起来。他采用康有为的建议，实行三个月的维新政治，中外都感到震动敬仰。只是新入仕途的官员突然受到重用，策划事情不严密，以致危害了即将成功的事业。当时传说皇上将要用部队包围颐和园劫持太后，人心惶惑不安。皇上用朱笔批发诏谕令锐等人筹划商议调和新旧之间的矛盾，其中有“我的皇位且将不保”的话，这些话具体记载在《杨锐传》中。于是太后再次垂帘听政，废除全部新政。以有为结党营私，散布谬论扰乱朝政的罪名，革除他的职务并下令逮捕。有为事先逃避免难，于是逮捕了他的弟弟广仁及杨锐等人关进监狱，一并处以斩刑。又颁发朱笔批示的谕旨，宣示有为的大逆不道，策划、煽动阴谋，抄了他的家，悬赏缉捕。有为已连夜离开京城航海南下，英国兵舰把他迎接到吴淞。当时传说皇上已被幽禁废黜，而且被杀害。有为起草遗书，发誓要以身殉君，将要投海。英国人告诉他听到的消息是谣传，有为才逃走，流亡日本，辗转南洋，遍游欧美各国。所到之处以尊崇皇帝，保卫国家相号召，设立保皇会等，创办报纸，筹集资金，图谋东山再起，屡次遇到艰难险阻而不退缩。曾经组织富有会，在长江中游汉口一带起义，都被官兵破获，并诛杀了他们的同党。朝廷接连下诏书大举搜捕有为，焚毁他所著的书，对于阅读他报纸文章的人也一起治罪。起初，太后打算废黜光绪，宣称皇帝有病征召医生治疗，把他长久地关闭在瀛台，早晚之间都有可能遭遇不测之祸。有为听到这个消息，首先揭发太后的阴谋，公正的舆论也争相阻止太后这样做，外国人也发表反对的言论，两江总督刘坤一说"君臣的名分已定，中外的舆论难以阻止"，太后才放弃了废立的打算。拳匪起事，以灭洋人、杀新党为号召，太后想借用他们的力量来立威，于是造成了大乱。凡是与有为来往的人，常以康党的罪名遭到大祸。

宣统三年，湖北的变乱发生，才开放党禁，在戊戌政变中获罪的人全都受到宽免。这时康有为流亡外国已经十几年了，才计划回国。当时民军坚决要求实行共和制，朝廷大臣的议论则主张实行君主立宪，而有为提出虚君共和的主张，认为"中国的帝制已经实行了几千年，不可突然改变，而且大清国夺取天下最名正言顺，历朝的恩惠深入人心，保存皇帝的称号来统一五个民族，消除祸乱平息战争，没有比这更顺当的了。"内阁总理大臣袁世凯顺应民军的请求，决定改为共和制，于是颁发皇帝退位的诏书。有为知道空发议论不足以改变阻止此事，想结交掌握兵权的人来增强自己的力量，极力向当局游说，几年来无所成就。丁巳年，张勋复辟，以有为为弼德院副院长。张勋提议实行君主立宪，有为仍然主张虚君共和。事变之后，有为躲进美国使馆，不久逃脱回到上海。

甲子年，发生了移宫的事，修改对清室的优待条件，有为发电报相争，大略说：“优待条件是大清皇帝与民国临时政府议定的，永久有效，由英国公使作保证人，并且用正式公文通告各国，以明确表示其至高的信用，与国际条约没有两样。现在政府擅自修改条文，强迫命令清室签字承认，又敢带兵搜索皇宫，侵犯皇帝，侮辱驱逐后妃，搜查没收珍宝奇器，不顾国家的信誉，仓卒迫使清室签订盟约，那末对国内的宪法，对外的条约，全都可以立即废除，这样还能成为一个国家吗？皇上以天下为公，中外共同敬仰，怎屑与这些人争执，这实在是民国的羞辱啊！”次年，皇帝移居天津，有为前来觐见，以增进道德，加强学习，亲近贤人，远离奸佞等语向皇上进言。丁卯年，有为七十岁，皇帝赐“寿”字，有为手写奏疏感泣谢恩，详细叙述自己所受的恩遇以及一生艰难的情况，写得悲愤动人。当时有为痛心今事感伤旧事，伤痛过度，哭笑无常。自己知道将要死了，就起草了遗书，病死于青岛。

有为天资超特，对于古今的学术无不通晓，坚于自信，常有创新的议论，开创一个时代的风气。起初讲改革体制，后来又论述世界大同，认为太平之世一定能够坐致，最终领悟天人一体的道理。著述很多，著名的有

《孔子改制考》、《新学伪经考》、《春秋董氏学》、《春秋笔削大义微言考》、《大同书》、《物质救国论》、《电通》、及《康子内外篇》、《长兴学舍》、《万木草堂》、《天游庐讲学记》,各国游记,以及文集、诗集。

《古代文史名著选译丛书》编纂始末[①]

马樟根　安平秋

今年1月,《古代文史名著选译丛书》已经出到100种101册(其中《史记》为2册)。4月份,最后的33种也已交稿。这样,全书133种即将呈献在读者面前。[②] 一项服务当前、造福子孙的普及优秀古代文化、进行爱国教育的大工程将宣告完工了。回想

①《古代文史名著选译丛书》由全国高校古籍整理研究工作委员会主持,古委会直接联系的18个古籍整理研究所为主要承担机构,章培恒、安平秋、马樟根任主编。本文于1992年4月,在《中国典籍与文化》杂志发表时题目是《衣带渐宽终不悔——〈古代文史名著选译丛书〉编纂始末》。这次将此文作为2011年修订版附录时,去掉原正标题,以原副标题为正式题目。 ② 至1994年4月最后定稿时,全书为135部。2011年修订版出版时,全书为134部。

这一套丛书动员18所院校，投入100余人，从1985年筹划，1986年起步，到今天已度过了六七年的岁月，个中甘辛令人难以忘怀。

一、北大·苏州·北大

——酝酿与筹划

编纂这样一套丛书，起因于1981年7月。当时陈云同志派人到北京大学召开了小型座谈会。来人告诉与会人员陈云同志最近在考虑两个问题：一个是粮食，一个是古籍整理。对古籍整理，特别讲到陈云同志说："整理古籍，为了让更多的人看得懂，仅作标点、注释、校勘、训诂还不够，要有今译，争取做到能读报纸的人多数都能看懂。有了今译，年轻人看得懂，觉得有意思，才会有兴趣去阅读。今译要经过选择，要列出一个精选的古籍今译的目录，不要贪多。"这就是后来收入《陈云文选》的那段话。1981年9月，中共中央关于整理我国古籍的文件中一字不差地强调了这段话。1983年，教育部成立了全国高校古籍整理研究工作委员会（简称古委会）。古委会主任周林同志根据中央和陈云同志意见，提出了组织力量今译古籍。但在当时，经过"文革”后的古籍整理工作百废待兴，加之一些学者对今译重要性的认识远非今日之深，这一工作一拖便是两年。

1985年5月，全国高校古委会在苏州召开了一届二次会议。周林同志在会上作了“人才培养和古代文化遗产普及问题”的专题发言，他分析了“解放三十多年来，由于‘左’的路线干扰，特别是‘文化大革命’，几乎使我们的民族文化到了中断的边缘，出现了对古代文化知之不多，或知之甚少的状况”，要教育界的同志“做好普及古代文化知识的工作”，搞好古籍的今注今译就是其中的一项重要任务，“高校古委会要在这方面多下功夫”，“高校古籍研究所无疑应担负起这个任务”。他针对当时一些人轻视古籍的今注今译思想，呼吁“我们对于选本、今译等有利于教育普及的东西，应承认它的学术价值”，“《昭明文选》、《唐诗三百首》、《古文观止》等是地道的选本，流传几百年，发生那么大的影响，能说没有水平？”“专家们深入浅出的在对古文献研究基础上的译注，对普及古代优秀文化作出重大贡献，算不算高水平的成果呢？”“古文既要译得恰当、准确，又要通畅易懂，难度是很大的”，“为了社会主义精神文明建设，古籍整理这方面也要作出应有的贡献”。一石激浪，沉寂了几年的今译古籍的话题又重新活跃起来。会上作了一番认真讨论。

经过这样的酝酿，1985 年 7 月，全国高校古委会科研项目评审组的专家们聚集在北京大学勺园，筹划编纂一套古籍今译的精选本。初步定名为《古籍今译丛书》，议定了收书范围、内容，开列了 65 种书的选目。并决定由科研项目专家评审组召集人、复旦大学古籍所所长章培恒教授和参加过陈云同志在北大召开座谈会、当时古委会主管科研工作的副秘书长安平秋同志共同负责，与秘书处同志一起具体筹划。经几个月的筹备，决定由古委会直接联系的 18 个高校古籍研究所承担这一工作，组成编委会，并开列出 89 种书的选目，对选译的进度、规划亦作了设计。此时，几家出版社闻讯而至，表示愿意出版这套丛书。最早与我们联系的巴蜀书社的段文桂社长以其强烈的事业心和对古籍今译的高度重视感动了我们，于是决定邀请巴蜀书社编辑参加第一次编委会议。

二、从柳浪闻莺到桂子山上

——第一批书稿的产生

第一次编委会于 1986 年 5 月在杭州柳莺宾馆

召开。宾馆因位于西湖十景之一的柳浪闻莺而得名。全国高校18个研究所的24名学者和有关人员聚集在这风景胜地，无心观柳，亦无从闻莺，紧张地工作了三天。会上确定了这套普及读物的读者对象是具有中等以上文化程度的广大群众，收书范围是中国历代文史名著，在名著之中选精。所选书目，在原拟89种基础上，调整为116种，以形成系统性。书中选篇之下分提示、原文、今译、注释四部分，以译文为主，书前有一前言，书中加入必要的插图。每一种书约10—15万字。书名确定为《古代文史名著选译丛书》。即由到会的24位学者组成丛书编委会[①]，由章培恒、马樟根、安平秋三人任主编。于是，编委会立即分成三个工作小组，在会上分头拟出丛书《凡例》、《编写、审稿要求》和《文稿书写格式》，经讨论修改而形成了正式文字以供遵循。在

---

① 编委会成员按姓氏笔划排列为：

马樟根　平慧善　安平秋　刘烈茂　许嘉璐　李国祥

金开诚　周勋初　宗福邦　段文桂　董治安　倪其心

黄永年　章培恒　曾枣庄（以上为常务编委）

王达津　吕绍纲　刘仁清　刘乾先　李运益　杨金鼎

曹亦冰　常绍温　裴汝诚（以上为编委）

自报的前提下，会上确定了由18个研究所承担前40部书的今译任务，要求当年年底完成。古委会主任、丛书顾问周林同志对编委会的认真精神、紧张工作和显著效率十分赞赏，他说："有这样一个编委会，有这样一个阵容来做选译，使中国历史文化不成为专属于少数人的知识，使能看报纸的人都读懂自己民族的名著，从而树立爱国主义、建设有民族特色的精神文明，其意义之深远将会在今后愈益显露出来。"于是，有1000余万字的大工程便从这里开始了。

当年年底各研究所的今译书稿经作者完成后，由在该所的编委审改，到1987年5月和7月，先后在复旦大学、北京大学两次召开编委审稿会。这种审稿会，说是审稿，实际上是边审边改，字斟句酌，每部书稿必须经一位编委、一位常务编委审改把关，经过这样两道工序，汇总到主编手中，40部书稿通过了25部。其中部分书稿赶印了样稿征求意见。于是周林同志于7月6日在北大临湖轩邀请了在京十几位专家与正在审稿的编委一起研究样稿，探讨如何提高这套今译丛书的质量。

根据编委审稿发现的问题和在京专家们的意

见，从书亟需在已定体例的框架中条列细则；而出版单位巴蜀书社又希望所出版的第一批书为50种以便形成格局，需要布置各研究所承担新的今译任务。这样，1987年10月在华中师范大学再次召开了编委会，又请了詹锳、周振甫、刘乃和、郭预衡等先生到会指导。

这次编委会是在审看了40部书稿后，发现了一大批问题亟待解决，又是在需要布置下一步任务的状况下召开的，是一次承上启下的编委会。会议初期人们的心情和会上的气氛都带有一股子严峻与急切。会议从5日到8日开了三天半。但是在4日晚上开预备会的时候，主编章培恒先生尚未到会，亦无他是否已从上海出发的信息。5日上午就要开会了，主编不到怎么行呢？5日一早，我们还在沉睡之中，忽听有人敲门，进来的竟是章培恒！一向风神儒雅、衣装考究的章培恒先生，此时却是一身尘灰、满脸疲惫地站在我们面前。原来他从上海出发前，未能买到机票或船票，而上海到武汉又没有直达火车，只好先从上海坐火车到长沙，为了不误5日上午开会，他只好买了一张无座票，夜间从长沙出发一直站到武昌。一向走路辨不清方向的章培恒竟然在夜色未退之前一人从车站摸到了华中师大专家楼，也算是奇迹。

这次编委会，从体例的具体要求、书中选篇是否合适、每篇中的提示如何写、注释的繁简和语言的通俗性，到今译的信达雅如何把握，例如李白的“床前明月光，疑是地上霜，举头望明月，低头思故乡”这样通俗的诗是否要翻译，在在都有热烈的争论。感谢编委们的努力和学术判断力，最后终于形成了一个《细则》，一切争论都统一在这个《细则》之上。编委们在思想明确、分得新的任务之后，显出了少有的轻松与喜悦。会议结束正逢中秋节，华中师大的专家楼坐落在武昌桂子山上。入夜，桂子山上举行了赏月茶会，几张方桌，围坐着全体编委和特邀到会专家。天上明月如盘，清辉洒地，眼前桂树葱茏，桂花飘香，华中师大古籍研究所的青年们活跃席间，引得王达津先生即席赋诗，刘乃和先生清唱京戏。这气氛预示着《古代文史名著选译丛书》克服了当前的困难，第一批50种书稿有如母腹中的胎儿，快要降生了。

三、华清池畔的愁云与人民大会堂的欢欣

——第一批书出版的柳暗花明

1988年10月，编委们再一次聚会，审定第一批

50种中的最后十几部书稿、修改第二批50种中的大量书稿。这次审稿是在“东枕华山、西拒咸阳”的骊山脚下、华清池滨的一家招待所。这里古朴而不豪华，食宿低廉却又实惠，审稿之余，左近有风景可观，有古迹可寻，房内有43℃的温汤沐浴，编委们平日在校教学、科研工作劳累而生活清苦，如今有这样的环境与条件，感到少有的惬意。我们作为主编觉得这也是对编委们两年来辛勤编书的一点补偿。但这种适意之感很快就被两件事所驱散。一件事是书稿的质量。几十部书稿交来，一经审看，从注译到体例完全合格的只有寥寥可数的三四部，余下的，或需小改，或需大改，或根本不合格需退回重作。另一件事是出版发行成了问题。到会的巴蜀书社副社长黄葵同志向大家通报了即将印出的16本书征订情况，最多的为2000册，且只有一种，其他的只有800册、600册，甚至还有200余册。征订不佳，销路不畅，出书要赔钱，出版社为难，编委们又无计可施。此时哪还有心思去观赏“骊山云树郁苍苍，历尽周秦与汉唐”？也无心绪登上骊山，在烽火台前怀古。且正值“楼台八月凉”的节令，只有华清池畔秋雨飘零，秋风瑟瑟，落叶满地，不禁愁从中来。

愁则愁，还得面对现实。书稿质量不高，靠到会近20位编委十余天的逐字逐句修改，终于改定合格17部。至于出版发行问题，巴蜀书社的朋友费心经营，重新设计了封面，改进装帧，将第一批50种装成一个大礼品盒，成盒出售。从中又得到了国家新闻出版署、四川省出版局、国家教委有关司局和各省市教委的大力支持与帮助，发行面得以扩大，到了1990年下半年，首印的17000套书销售已尽，而问讯、索购者不绝，出版社决定再印30000套以供读者需要。中央领导了解到这套丛书受到读者欢迎，欣然为丛书题辞，江泽民总书记的题辞是"做好我国古代文史名著的传播普及工作，使其古为今用，以发扬爱国主义精神"，李鹏总理的题辞是"弘扬民族优秀文化，激励爱国主义精神"。李瑞环同志也为丛书题了辞。

1990年8月22日在北京人民大会堂召开了《古代文史名著选译丛书》出版座谈会。国家领导人李铁映、胡乔木、李德生、陈丕显、廖汉生、王汉斌、王光英出席，古委会主任周林同志主持会议，到会各阶层代表在发言中从不同角度肯定了这套书对促进青少年了解历史、了解国情、了解中华民族优秀传统文化、进行爱国主义教育的作用。时值盛夏，却逢喜雨，洗却了编委和出版社同志心中的忧虑，参加大会堂座谈会的13名常务编委会后又聚集在北京大学讨论深入认识编纂这套丛书的重大意义，研究审改好第二批书稿的具体措施。

四、从舜耕山庄耕作到乐山脚下

——第二批书稿审定之艰辛

第二批书稿50种50册，是1987年10月布置的。1988年10月在西安审改合格的17部书稿都已放入第一批中以替换原已通过的第一批中质量较差的书稿。这样，第二批书稿当时余下的已完成的有20余部，却都不合格，只能要求译注者和编委再行修改。一年之后，编委会汇总来重新改好和新译注交来的第二批书稿44部，1989年10月于济南千佛山下的舜耕山庄召开了常务编委审稿会。

这次审稿，发现的问题较多。有的选目不当，如有的史书重要人物的传不选却选入无关紧要而又无学习价值的人物传，有的名家的文章名篇不选却选入既无文学价值又无借鉴意义的篇章。有的选译所依据的底本不当，舍弃现有的精校本却用校勘不善的本子。有的虽有根据地改动正文却只在注释中说"原作……据别本改",而不指明据何本改。有的注释过繁,不利于一般读者阅读;有的注释极简,该注释的地方不注,使广大读者看了译文仍无法理解全文的精妙;而更多的是注释不准确,对一字一词增字为训而歪曲了原意的毛病也较普遍。译文问题更多,有的语义不清,佶屈聱牙,把"三顾频烦天下计,两朝开济老臣心"译为"三顾茅庐频烦为天下大计,两朝事业开济尽老臣忠心",有的为追求通俗生动把"君何往"中的"君"译为"老兄"。每篇的提示,有的写得很长变成了文章赏析,有的虽短却不中肯綮,用了类似"文革"期间的语言扣几顶大帽子了事。看这样的稿子都觉头痛,改这样的稿子更感艰难。审稿历时 12 天,参加审稿、当时 63 岁的黄永年先生向我们诉苦:"头发掉了一把!"有的编委说,千佛山古称历山,传说舜在这里开垦耕耘,十分艰辛,我们住在舜耕山庄,预示着我们为这套丛书垦荒笔耕,也要历尽千辛。这次审稿,经过审改之后,有 10 部书稿合格,有 11 部需会后再作小的修改方能通过,余下的均需作大的改动或另请人译注。

这次审稿还研究了所选戏曲部分的曲辞如何今译问题，如规定了念白中出现的诗句只注不译，上、下场诗只注不译，注而不译的文字在译文中应予保留以便参读。

到1990年12月，丛书常务编委在广州研究丛书如何体现批判继承精神、如何提高第二批书稿质量时，又有18部书稿完成交来。为了保证书稿质量，使1991年上半年召开的常务编委审稿会得以顺利进行，我们三个主编从广州匆匆赶到北京，用了一周时间审看了这18部书稿，通过了7部，11部退改。当我们看完最后一部书稿碰头研究时，已是12月31日。在1990年一年内，我们仅仅通过了这7部书稿。加上1989年在舜耕山庄通过的10部，也仅有17部，尚差33部方足第二批的50部。

1991年5月，常务编委来到古称嘉州的乐山市，在乐山山腰的八仙洞宾馆继续审改第二批书稿。改稿时间只有十天，要力争将50部推出，其繁重可知。我们在改稿过程中，不禁想到明万历年间嘉州知州袁子让的诗句"登临始觉浮生苦"，想到这套丛书从起步到这次审改已历时5年，当初怎么也没有想到完成这套丛书会是如此的艰辛，真是登临始觉笔耕苦啊！

这次乐山审稿，通过了13部书稿。好在余下的20部书稿只须小改即可在会后交稿，终于在1991年8月将这20部书稿全部改定交巴蜀书社。第二批50部历时近四年终于定稿了。

五、在金陵古都作光辉的一结

——第三批书稿的完成

1990年12月据出版社的要求，这套丛书出齐当为150种，到乐山会上又修正为110种至125种，最后数字的确定根据最后一次审稿结果而定，合格的即入选，不合格的不再修改选入。根据这一共识，今年4月中旬，我们一部分常务编委聚集到六朝古都南京，从已经交来的35部书稿中选择经小改合格的书稿。经过十一天的劳作，选择、改定33部，由到会的常务编委、巴蜀书社的段文桂总编和编委、巴蜀书社的刘仁清副编审带回成都，将经由他们的继续辛苦而使《古代文史名著选译丛书》以133部、1500万字之数呈献给热爱中华文化的读者。

这套丛书从1986年5月起步，历时整整六年，平日繁细工作不计，仅编委大小审稿会就开了12次之多。丛书的发起人、顾问、古委会主任周林同志先后参加了8次审稿会，每次都自始至终和大家在一起，听取审稿情况，了解遇到的问题；当我们遇到困难的时候他为我们鼓劲，当我们感到欣喜的时候他提醒我们不可大意。这次他又和我们一起来到虎踞龙蟠的石头城下，为我们督阵，看我们能否为这套丛书作出光辉的一结。

此时此刻，我们与这次会议的东道主、丛书常务编委、南京大学的周勋初先生漫步在中山陵旁，想到今译丛书已基本完成，自然感到如释重负，但理智却使我们不敢轻松，我们期待着全书133部出齐之后专家、读者的评头品足。

1992年4月26日

（原载《中国典籍与文化》1992年第1期）

古代文史名著选译丛书(修订版)总目

丛书主编:章培恒　安平秋　马樟根

书　名	译注者	审阅者	定价/元
老子注译	张玉春　金国泰	安平秋	16.00
庄子选译	马美信	章培恒	18.00
荀子选译	雪　克　王云路	董治安　许嘉璐	19.00
申鉴中论选译	张　涛　傅根清	董治安	18.00
颜氏家训选译	黄永年	许嘉璐	15.00
论语注译	孙钦善	宗福邦	34.00
孟子选译	刘聿鑫　刘晓东	黄　葵	20.00
墨子选译	刘继华	董治安	14.00
韩非子选译	刘乾先　张在义	黄　葵	19.00
新序说苑选译	曹亦冰	倪其心	25.00
论衡选译	黄中业　陈恩林	许嘉璐	22.00
管子选译	缪文远　缪　伟	董治安	18.00
列子选译	王丽萍	周勋初　倪其心	19.00
韩诗外传选译	杜泽逊　庄大钧	董治安	33.00
盐铁论选译	孙香兰　刘光胜	黄永年	13.00
诗经选译	程俊英　蒋见元	刘仁清	19.00
楚辞选译	徐建华　金舒年	金开诚	15.00
贾谊文选译	徐　超　王洲明	安平秋	17.00
司马相如文选译	费振刚　仇仲谦	安平秋	11.00
文心雕龙选译	周振甫	黄永年	17.00
庾信诗文选译	许逸民	安平秋	18.00

书　名	译注者	审阅者	定价/元
嵇康诗文选译	武秀成	倪其心	18.00
谢灵运鲍照诗选译	刘心明	周勋初	18.00
陈子昂诗文选译	王　岚	周勋初　倪其心	14.00
李白诗选译	詹　锳　等	章培恒	27.00
高适岑参诗选译	谢楚发	黄永年	23.00
元稹白居易诗选译	吴大逵　马秀娟	宗福邦	21.00
柳宗元诗文选译	王松龄　杨立扬	周勋初	18.00
李贺诗选译	冯浩菲　徐传武	刘仁清	20.00
杜牧诗文选译	吴　鸥	黄永年	14.00
李商隐诗选译	陈永正	倪其心	19.00
唐五代词选译	亦　冬	董治安	16.00
唐文粹选译	张宏生	周勋初	18.00
晚唐小品文选译	顾歆艺	平慧善	15.00
黄庭坚诗文选译	朱安群　等	倪其心	18.00
辛弃疾词选译	杨　忠	刘烈茂	24.00
元好问诗选译	郑力民	宗福邦	20.00
宋四家词选译	王晓波	倪其心	16.00
黄宗羲诗文选译	平慧善　卢敦基	马樟根	15.00
吴伟业诗选译	黄永年　马雪芹	安平秋	20.00
方苞姚鼐文选译	杨荣祥	安平秋	20.00
明代散文选译	田南池	马樟根	22.00
顾炎武诗文选译	李永祜　郭成韬	刘烈茂	23.00
张衡诗文选译	张在义　张玉春　韩格平	刘仁清	16.00
汉诗选译	张永鑫　刘桂秋	金开诚	19.00

书　名	译注者		审阅者		定价/元
阮籍诗文选译	倪其心		刘仁清		15.00
三曹诗选译	殷义祥		刘仁清		22.00
诸葛亮文选译	袁钟仁		董治安		16.00
陶渊明诗文选译	谢先俊	王勋敏	平慧善		16.00
杜甫诗选译	倪其心	吴　鸥	黄永年		21.00
王维诗选译	邓安生	等	倪其心		20.00
刘禹锡诗文选译	梁守中		倪其心		20.00
孟浩然诗选译	邓安生	孙佩君	马樟根		18.00
韩愈诗文选译	黄永年		李国祥		20.00
欧阳修诗文选译	林冠群	周济夫	曾枣庄		20.00
曾巩诗文选译	祝尚书		曾枣庄		19.00
苏轼诗文选译	曾枣庄	曾　弢	章培恒		28.00
李清照诗文词选译	平慧善		马樟根		15.00
陆游诗词选译	张永鑫	刘桂秋	黄　葵		24.00
朱熹诗文选译	黄　珅		曾枣庄		20.00
文天祥诗文选译	邓碧清		曾枣庄		20.00
袁枚诗文选译	李灵年	李泽平	倪其心		20.00
王安石诗文选译	马秀娟		刘烈茂	宗福邦	18.00
二程文选译	郭　齐		曾枣庄		25.00
范成大杨万里诗词选译	朱德才	杨　燕	董治安		26.00
萨都剌诗词选译	龙德寿		曾枣庄		28.00
王阳明诗文选译	吴　格		章培恒		18.00
徐渭诗文选译	傅　杰		许嘉璐	刘仁清	17.00
李贽文选译	陈蔚松	顾志华	李国祥	曾枣庄	17.00

书　名	译注者		审阅者	定价/元
三袁诗文选译	任巧珍		董治安	17.00
王士禛诗选译	王小舒	陈广澧	黄永年	13.00
龚自珍诗文选译	朱邦蔚	关道雄	周勋初	13.00
尚书选译	李国祥 谢贵安	刘韶军 庞子朝	宗福邦	14.00
礼记选译	朱正义	林开甲	宗福邦	22.00
左传选译	陈世铙		董治安	22.00
国语选译	高振铎	刘乾先	黄　葵	29.00
战国策选译	任　重	霍旭东	李国祥	21.00
吕氏春秋选译	刘文忠		董治安	17.00
吴越春秋选译	郁　默		倪其心	19.00
史记选译	李国祥 张三夕	李长弓	安平秋	45.00
汉书选译	张世俊	任巧珍	李国祥	22.00
后汉书选译	李国祥 彭益林	杨　昶	许嘉璐	24.00
三国志选译	刘　琳		黄　葵	18.00
晋书选译	杜宝元		许嘉璐	15.00
宋书选译	漆泽邦	孔　毅	李国祥	19.00
南齐书选译	徐克谦		周勋初	18.00
北齐书选译	黄永年		安平秋	16.00
梁书选译	于　白		周勋初	17.00
陈书选译	赵　益		周勋初	17.00
南史选译	漆泽邦		安平秋	22.00
北史选译	刁忠民		段文桂	20.00

书　名	译注者	审阅者	定价/元
周书选译	黄永年	安平秋	15.00
魏书选译	杨世文　郑　晔	周勋初	22.00
隋书选译	武秀成　赵　益	周勋初	20.00
新唐书选译	雷巧玲　李成甲	黄永年	16.00
旧唐书选译	黄永年	章培恒	16.00
新五代史选译	李国祥　王玉德　姚伟钧	周勋初	18.00
旧五代史选译	贾二强	黄永年	17.00
宋史选译	淮　沛　汤　墨	曾枣庄	30.00
辽史选译	郭　齐　吴洪泽	曾枣庄	21.00
金史选译	杨世文　祝尚书　李文泽　王晓波	曾枣庄	21.00
元史选译	樊善国　徐　梓	马樟根	25.00
明史选译	杨　昶	李国祥	20.00
清史稿选译	黄　毅	章培恒	32.00
贞观政要选译	裴汝诚　王义耀	黄永年	18.00
史通选译	侯昌吉　钱安琪	周勋初	16.00
资治通鉴选译	李　庆	黄永年	16.00
续资治通鉴选译	徐光烈	安平秋	24.00
通鉴纪事本末选译	谈蓓芳	章培恒	21.00
洛阳伽蓝记选译	韩结根	章培恒	22.00
梦溪笔谈选译	李文泽	曾枣庄	20.00
徐霞客游记选译	周晓薇　等	黄永年　马樟根	17.00
宋代笔记小说选译	朱瑞熙　程君健	金开诚等	19.00
关汉卿杂剧选译	黄仕忠	刘烈茂	24.00

书　名	译注者	审阅者	定价/元
明代文言短篇小说选译	黄　敏	章培恒	23.00
六朝志怪小说选译	肖海波　罗少卿	刘仁清	21.00
世说新语选译	柳士镇　钱南秀	周勋初	29.00
水经注选译	赵望秦　段塔丽　张艳云	许嘉璐	19.00
唐人传奇选译	周　晨	曾枣庄	24.00
唐五代笔记小说选译	严　杰	周勋初	21.00
大慈恩寺三藏法师传选译	贾二强	黄永年	18.00
宋代传奇选译	姚　松	周勋初	22.00
聊斋志异选译	刘烈茂　欧阳世昌	章培恒	22.00
阅微草堂笔记选译	黄国声	安平秋	16.00
清代文言小说选译	王火青	周勋初	23.00
历代名画记图画见闻志选译	周晓薇　赵望秦	黄永年	17.00
容斋随笔选译	罗积勇	宗福邦	20.00
唐才子传选译	张　萍　陆三强	黄永年	30.00
西厢记选译	王立言	董治安	20.00
元代散曲选译	彭久安	刘烈茂　金开诚	21.00
日知录选译	张艳云　段塔丽	黄永年	22.00
桃花扇选译	张文澍	章培恒　段文桂	15.00
牡丹亭选译	卓连营	章培恒	14.00
长生殿选译	戚海燕	董治安	20.00